CONGRÉGATIONS RELIGIEUSES

COMMENTAIRES

DES

LOI ET INSTRUCTION ADMINISTRATIVE

des 28 Décembre 1880 et 20 Juin 1881

SUR L'IMPÔT DIRECT DE 3 %

SUIVIS D'UNE

TABLE ALPHABÉTIQUE DES MOTS PRINCIPAUX

d'Extraits de Discours et de Décisions judiciaires

PAR

FÉLIX BOURGADE

Ancien Receveur de l'Enregistrement,
Auteur du Guide pratique de l'Enregistrement et de la transmission de la propriété,
du Crédit Foncier de France, le Crédit agricole et les Emprunteurs,
du Dictionnaire des lois et décrets codifiés sur l'Enregistrement et le Timbre,
du Répertoire mobile de jurisprudence sur les titres des Sociétés,
du Registre de l'État Civil de la Propriété foncière et de la Famille, etc., etc.

Prix : 7 francs

PARIS

CHEZ L'AUTEUR
M. Félix BOURGADE
40, RUE RAMEY

AU DÉPÔT DES LOIS
MM. MUZARD ET FILS, Libraires
26, PLACE DAUPHINE

Envoi franco de l'ouvrage contre un mandat postal de 7 francs.

1882

COMMENTAIRES

des Lois et Instruction administrative

SUR L'IMPÔT DIRECT DE 3 %

PARIS. — IMPRIMERIE P. MOUILLOT, 13, QUAI VOLTAIRE. — S. 1936.

CONGRÉGATIONS RELIGIEUSES

COMMENTAIRES

DES

LOI ET INSTRUCTION ADMINISTRATIVE
des 28 Décembre 1880 et 20 Juin 1881

SUR L'IMPÔT DIRECT DE 3 %

SUIVIS D'UNE

TABLE ALPHABÉTIQUE DES MOTS PRINCIPAUX
d'Extraits de Discours et de Décisions judiciaires

PAR

FÉLIX BOURGADE

Ancien Receveur de l'Enregistrement,
Auteur du Guide pratique de l'Enregistrement et de la transmission de la propriété,
du Crédit Foncier de France, le Crédit agricole et les Emprunteurs,
du Dictionnaire des lois et décrets codifiés sur l'Enregistrement et le Timbre,
du Répertoire mobile de jurisprudence sur les titres des Sociétés,
du Registre de l'État Civil de la Propriété foncière et de la Famille, etc., etc.

Prix : 7 francs

PARIS

CHEZ L'AUTEUR	AU DÉPÔT DES LOIS
M. Félix BOURGADE	MM. MUZARD ET FILS, Libraires
40, RUE RAMEY	26, PLACE DAUPHINE

Envoi franco de l'ouvrage contre un mandat postal de 7 francs.

1882

DIVISION DE L'OUVRAGE

1° LOIS DES 28 DÉCEMBRE 1880 ET 29 JUIN 1872,
ET DÉCRET DU 6 DÉCEMBRE 1872.

2° INSTRUCTION DE L'ADMINISTRATION DES FINANCES DU 20 JUIN 1881.

3° COMMENTAIRES DES LOIS ET INSTRUCTION.

4° TABLE ALPHABÉTIQUE
DES MOTS PRINCIPAUX DE L'OUVRAGE, D'EXTRAITS DE DISCOURS
ET DE DÉCISIONS JUDICIAIRES

COMMENTAIRES

des Lois et Instruction administrative

SUR L'IMPÔT DIRECT DE 3 %

LOI DU 28 DÉCEMBRE 1880

Portant fixation du Budget des Recettes de l'exercice 1881.

(Promulguée au *Journal officiel* du 29 décembre 1880.)

Art. 3. — L'impôt établi par la loi du 29 juin 1872 sur les produits et bénéfices annuels des actions, parts d'intérêts et commandites, sera payé par toutes les sociétés dans lesquelles les produits ne doivent pas être distribués en tout ou en partie entre leurs membres. Les mêmes dispositions s'appliquent aux associations reconnues et aux sociétés ou associations même de fait existant entre tous ou quelques-uns des membres des associations reconnues ou non reconnues.

Le revenu est déterminé :

1° Pour les actions, d'après les délibérations, comptes rendus ou documents prévus par le premier paragraphe de l'article 2 de la loi du 29 juin 1872;

2° Et pour les autres valeurs, soit par les délibérations des conseils d'administration prévues dans le troisième paragraphe du même article, soit par la déclaration des représentants des sociétés ou associations, appuyée de toutes les justifications nécessaires, soit, à défaut de délibérations et de déclarations, à raison de 5 pour 100 de l'évaluation détaillée des meubles et des immeubles composant le capital social.

Le payement de la taxe applicable à l'année expirée sera fait par la société ou l'association dans les trois premiers mois de l'année suivante, sur la remise des extraits des délibérations, comptes rendus ou documents analogues, et de la déclaration souscrite conformément à l'article 16 de la loi du 22 frimaire an VII.

L'inexactitude des déclarations, délibérations, comptes rendus ou documents analogues peut être établie conformément aux articles 17, 18 et 19 de la loi du 22 frimaire an VII, 13 et 15 de celle du 23 août 1871.

Chaque contravention aux dispositions qui précèdent et à celles du règlement d'administration publique qui sera fait, s'il y a lieu, pour leur exécution, sera punie conformément à l'article 5 de la loi du 29 juin 1872.

Sont maintenues toutes les dispositions de cette dernière loi et du règlement d'administration publique du 6 décembre 1872 qui n'ont rien de contraire aux présentes dispositions.

ART. 4. — Dans toutes les sociétés ou associations civiles qui admettent l'adjonction de nouveaux membres, les accroissements opérés par suite de clauses de réversion, au profit des membres restants, de la part de ceux qui cessent de faire partie de la société ou association, sont assujettis au droit de mutation par décès si l'accroissement se réalise par le décès, ou aux droits de donation s'il a lieu de toute autre manière, d'après la nature des biens existants au jour de l'accroissement, nonobstant toutes cessions antérieures faites entre vifs au profit d'un ou de plusieurs membres de la société ou de l'association.

La liquidation et le payement de ce droit auront lieu dans la forme, dans les délais et sous les peines établies par les lois en vigueur pour les transmissions d'immeubles.

LOI DU 29 JUIN 1872

Relative à un impôt sur le revenu des valeurs mobilières.

(Promulguée au *Journal officiel* du 30 juin 1872.)

1. Indépendamment des droits de timbre et de transmission établis par les lois existantes, il est établi, à partir du 1er juillet 1872, une taxe annuelle et obligatoire :

1° Sur les intérêts, dividendes, revenus et tous autres produits des actions de toute nature, des sociétés, compagnies ou entreprises quelconques, financières, industrielles, commerciales ou civiles, quelle que soit l'époque de leur création;

2° Sur les arrérages et intérêts annuels des emprunts et obligations des départements, communes et établissements publics, ainsi que des sociétés, compagnies et entreprises ci-dessus désignées;

3° Sur les intérêts, produits et bénéfices annuels des parts d'intérêt et commandites dans les sociétés, compagnies et entreprises dont le capital n'est pas divisé en actions.

2. Le revenu est déterminé :

1° Pour les actions, par le dividende fixé d'après les délibérations des assemblées générales d'actionnaires ou des conseils d'administration, les comptes rendus ou tous autres documents analogues;

2° Pour les obligations ou emprunts, par l'intérêt ou le revenu distribué dans l'année;

3° Pour les parts d'intérêt et commandites, soit par les délibérations des conseils d'administration des intéressés, soit, à défaut de délibération, par l'évaluation à raison de 5 pour 100 du montant du capital social ou de la commandite, ou du prix moyen des cessions de parts d'intérêt consenties pendant l'année précédente.

Les comptes rendus et les extraits des délibérations des conseils d'administration ou des actionnaires seront déposés, dans les vingt jours de leur date, au bureau de l'enregistrement du siège social.

3. La quotité de la taxe établie par la présente loi est fixée à 3 pour 100 du revenu des valeurs spécifiées en l'article 1er. — Le montant en est avancé, sauf leurs recours, par les sociétés, compagnies, entreprises, villes, départements ou établissements publics. — Pour l'année 1872, les revenus, intérêts et dividendes seront sujets à la taxe pour moitié seulement de leur montant, quelle que soit d'ailleurs l'époque à laquelle le payement aura lieu.

4. Un règlement d'administration publique fixera le mode d'établissement et de perception de ces droits, dont l'assiette pourra reposer sur une quotité déterminée du capital social. — Le même règlement déterminera les époques de payement de la taxe, ainsi que toutes les autres mesures nécessaires pour l'exécution de la présente loi.

5. Chaque contravention aux dispositions qui précèdent et à celles du règlement d'administration publique qui sera fait pour leur exécution sera punie conformément à l'article 10 de la loi du 23 juin 1857. — Le recouvrement de la taxe sur le revenu sera suivi, et les instances seront introduites et jugées comme en matière d'enregistrement.

DÉCRET DU 6 DÉCEMBRE 1872

Portant règlement d'administration publique pour l'exécution de la loi du 29 juin 1872, qui établit un impôt sur le revenu des valeurs mobilières.

(Promulgué au *Journal officiel* du 11 décembre 1872.)

---

1. La taxe de 3 pour 100 établie par la loi du 29 juin 1872 est avancée par les sociétés, compagnies, entreprises, départements, communes et établissements publics, et payée au bureau de l'enregistrement du siège social ou administratif désigné à cet effet, savoir :

1° Pour les obligations, emprunts et autres valeurs dont le revenu est fixé et déterminé à l'avance, en quatre termes égaux d'après les produits annuels afférents à ces valeurs;

2° Pour les actions, parts d'intérêt, commandites et emprunts à revenu variable, en quatre termes égaux déterminés provisoirement d'après le résultat du dernier exercice réglé, et calculés sur les quatre cinquièmes du revenu s'il en a été distribué, et, en ce qui concerne les sociétés nouvellement créées, sur le produit évalué à 5 pour 100 du capital appelé.

Chaque année, après la clôture des écritures relatives à l'exercice, il est procédé à une liquidation définitive de la taxe due pour l'exercice entier. Si de cette liquidation il résulte un complément de taxe au profit du Trésor, il est immédiatement acquitté. Dans le cas contraire, l'excédent versé est imputé sur l'exercice courant, ou remboursé si la société est arrivée à son terme ou si elle cesse de donner des revenus.

2. Les payements à faire en quatre termes doivent être effectués dans les vingt premiers jours des mois de janvier, avril, juillet et octobre de chaque année. — La liquidation définitive a lieu au moment du dépôt, prescrit par l'article 2 de la loi du 29 juin 1872, des comptes rendus et extraits des délibérations des assemblées générales d'actionnaires ou des conseils d'administration, ou de tous autres documents analogues fixant le dividende distribué. — Cette liquidation doit être établie dans les vingt premiers jours du mois de mai pour les sociétés auxquelles leurs statuts n'imposent pas l'obligation de prendre des délibérations sur cet objet. Dans ce cas, la liquidation définitive est opérée à raison de 5 pour 100 du prix moyen des cessions de parts d'intérêt consenties pendant l'année précédente et dûment enregistrées, et, à défaut de cessions, d'après l'évaluation à 5 pour 100 du montant du capital social ou de la commandite.

. . . .

6. Les dispositions des articles 1, 2, 3 et 5 qui précèdent sont applicables à la taxe due, pour l'année 1872, sur la moitié des revenus, intérêts et dividendes distribués, quelle que soit d'ailleurs l'époque du payement. — Le premier versement aura lieu dans les vingt jours de la promulgation du présent décret. — A cette époque, les sociétés qui n'auront pas encore effectué le dépôt prescrit par l'article 2 de la loi du 29 juin 1872 devront remettre au receveur de l'enregistrement les extraits ou comptes rendus des délibérations des assemblées générales d'actionnaires ou des conseils d'administration, ou de tous autres documents analogues qui ont fixé le chiffre total du dividende distribué pour le dernier exercice.

Direction générale de l'Enregistrement, des Domaines et du Timbre.

INSTRUCTION

Pour l'exécution des articles 3 et 4 de la loi du 28 décembre 1880, relatifs à la perception : 1° de la taxe de 3 pour 100 sur le revenu des valeurs mobilières; 2° des droits de mutation sur les accroissements entre associés.

Du 20 juin 1881.

L'Administration a notifié au service, le 29 décembre 1880 *(Instr. n° 2645)*, les articles 3 et 4 de la loi du 28 du même mois, relatifs à la perception :

1° De la taxe de 3 pour 100 sur le revenu des valeurs mobilières;

2° Des droits de mutation exigibles en cas d'accroissements opérés entre associés.

Pour assurer l'exécution de ces deux articles, les agents se conformeront aux dispositions suivantes :

PREMIÈRE PARTIE. — Impôt sur le revenu.

Section Ire. — *Sociétés soumises à la taxe.*

1. *But de la loi.* — La loi du 29 juin 1872 a établi une taxe de 3 pour 100 sur les intérêts, dividendes, revenus et tous autres produits des actions de toute nature des sociétés, compagnies et entreprises quelconques, financières, industrielles, commerciales ou civiles, ainsi que sur les intérêts, produits et bénéfices annuels des parts d'intérêt et commandites dans les sociétés, compagnies et entreprises dont le capital n'est pas divisé en actions.

Il a paru résulter de l'économie de cette loi que l'exigibilité de l'impôt se fondait non pas sur l'existence des produits réalisés par la société et tombés dans son patrimoine, mais sur la distribution qui les en fait sortir pour les attribuer aux membres de l'entreprise personnellement.

Certaines sociétés religieuses ont ainsi échappé à l'application de la loi parce que leurs statuts prohibaient formellement la distribution entre les associés des produits de la société, et que ces produits, à mesure de leur réalisation, devenaient la propriété définitive de la société pour augmenter son patrimoine.

D'autres associations semblables, et notamment les congrégations reconnues, ont profité de l'exemption, même en l'absence de cette clause, parce que l'impossibilité de la distribution des produits entre leurs membres et leur affectation à la société résultaient de la nature et des conditions de l'association.

Cette situation consacrait dans la perception une inégalité contraire à la pensée du législateur. Il a semblé d'autant plus opportun de la faire disparaître, que les produits exonérés de la taxe, en devenant la propriété irrévocable de la société, servent à accroître l'importance des biens de mainmorte soustraits à la circulation et à l'action de l'impôt.

Afin d'obtenir ce résultat, le Gouvernement avait proposé, d'accord avec la Commission du budget, une disposition portant que : « l'impôt de 3 pour 100 serait payé par toutes les communautés, congrégations et associations religieuses, quels que soient leur dénomination, leur forme et leur objet, autorisées ou non autorisées. »

Mais ce texte n'a pas paru assez général pour atteindre complètement le but auquel on le destinait. On a craint, d'une part, qu'il fût inapplicable aux sociétés civiles qui se constituent souvent à côté des congrégations religieuses, soit entre quelques-uns de leurs membres, soit entre des tiers étrangers à l'association, pour coopérer par d'autres moyens à la même œuvre. On a voulu, en outre, pour respecter le principe de l'égalité, que les mesures nouvelles puissent être étendues non seulement aux sociétés religieuses proprement dites, mais à toutes les sociétés non religieuses qui seraient placées dans des conditions identiques.

Le législateur a exprimé cette pensée dans l'article 3 de la loi du 28 décembre 1880, en ces termes :

« L'impôt établi par la loi du 29 juin 1872 sur les produits et bénéfices annuels des actions, parts d'intérêts et commandites, sera payé par toutes les sociétés dans lesquelles les produits ne doivent pas être distribués en tout ou en partie entre leurs membres. Les mêmes dispositions s'appliquent aux associations reconnues et aux sociétés ou associations même de fait existant entre tous ou quelques-uns des membres des associations reconnues ou non reconnues. »

2. *Non distribution des produits.* — D'après le texte de l'article, il est nécessaire, pour l'application de la loi, que les produits de la société ne *doivent* pas être distribués en tout ou en partie entre ses membres.

Cette circonstance résulte de deux ordres de faits.

Elle peut provenir d'abord des interdictions placées dans les statuts de la société ou dans les conditions de la convention qui en tient lieu.

Elle peut résulter, en outre, en l'absence de toute convention statutaire, de la nature de l'association, s'il s'agit d'une société organisée dans des conditions ou sous un régime légal qui ne comporte pas la distribution des produits aux membres de la société. Il en est ainsi notamment des congrégations religieuses reconnues, puisque les associés ne peuvent acquérir de droit aux produits de l'association ni en recevoir aucune partie à titre de distribution. Il en est de même des congrégations religieuses non reconnues, lorsque leur organisation a également pour but et pour résultat de conserver tous les produits à l'association.

3. *Distribution partielle.* — L'article 3 prévoit les distributions totales ou partielles de produits. Le législateur a voulu, par cette association, régler le cas où des sociétés, dans le but d'échapper à la taxe, limiteraient à une *partie* des produits la prohibition de distribution aux associés, et autoriseraient en conséquence la distribution du surplus, de manière à ne payer l'impôt que sur cette dernière portion. En désignant les sociétés « dans lesquelles les produits ne doivent pas être distribués *en tout ou en partie*, » l'article 3 indique que la prohibition partielle de distribution sera assimilée à la prohibition totale. Les sociétés qui interdiraient la distribution d'une partie seulement des produits entre leurs

membres en la réservant à leur profit personnel, seraient donc régies entièrement par l'article 3. Elles devraient acquitter la taxe de 3 pour 100, dans les conditions fixées par cet article, sur le montant intégral de leurs produits, même sur ceux dont la distribution a été autorisée.

4. *Attribution des produits à la société. — Réserves.* — Il ne suffit pas, pour justifier l'application de la loi du 28 décembre 1880, qu'il existe une prohibition quelconque de distribution des produits. Il faut encore que cette prohibition soit absolue et qu'elle ait pour résultat d'attribuer à la société, d'une manière définitive, les produits réalisés.

Les dispositions nouvelles n'atteignent donc pas les sociétés dans lesquelles il est stipulé qu'une partie des bénéfices sera distraite des distributions périodiques pour constituer un fonds de réserve, de garantie ou de prévoyance. Les produits ainsi réservés ne sont pas attribués définitivement à la société, à l'exclusion des associés. Ceux-ci, au contraire, conservent sur ces produits un droit individuel dont l'échéance seule est retardée. La réserve demeure entre les mains de la société avec un caractère de disponibilité permanent qui permet de la faire servir à tout moment à une distribution. Il ne s'agit donc pas de produits qui ne *doivent* pas être distribués.

5. *Établissements n'ayant pas le caractère de sociétés.* — L'article 3 de la loi du 28 décembre 1880 vise nominativement les sociétés et les associations reconnues ou non reconnues. Mais les associations dont il s'agit sont exclusivement celles qui ont, comme les congrégations religieuses autorisées, le caractère prédominant de la société. Elles ne comprennent, pas plus que ne les comprenait la loi du 29 juin 1872, les collectivités particulières qui, sous le nom d'hospices, bureaux de bienfaisance, caisses d'épargne, mont-de-piété, etc., etc., constituent des établissements publics ou d'utilité publique proprement dits, et n'ont ni le but, ni la nature, ni les effets de la société. Ces établissements ne sont pas atteints par les dispositions nouvelles.

Le mot société a d'ailleurs, dans l'article 3 de la loi du 28 décembre 1880, la même signification que dans la loi du 29 juin 1872.

Il embrasse, dans sa généralité, les compagnies ou entreprises quelconques, financières, commerciales ou civiles désignées dans le premier paragraphe de l'article 1er de cette loi. Les décisions judiciaires qui en ont déterminé le sens recevront leur application.

De même donc que, sous l'empire de la loi du 29 juin 1872, on ne considérait pas comme soumises à la taxe les compagnies d'assurances mutuelles et les sociétés de secours mutuels, parce que ce ne sont pas des sociétés proprement dites réalisant des bénéfices, mais des entreprises donnant lieu à des conventions aléatoires d'indemnité, de même il est impossible de les comprendre parmi les sociétés prévues dans l'article 3 de la loi du 28 décembre 1880. Elles échapperaient d'ailleurs à son application, par le motif que si les cotisations constituent des produits, ni les statuts, ni la nature de l'entreprise n'en prohibent la distribution entre les membres de la société.

6. — *Sociétés en nom collectif et de coopération, commandites.* — Les sociétés en nom collectif ayant la nature commerciale, les sociétés en commandite et les sociétés dites de coopération restent également placées sous le régime exceptionnel qui a été établi en leur faveur par la loi du 1er décembre 1875. Les dispositions de cette loi n'ont pas été abrogées.

7. — *Sociétés scientifiques ou littéraires, cercles, etc.* — Certaines entreprises scientifiques ou littéraires, certains cercles, comices, ouvroirs, loges, etc., sont établis sous forme de sociétés. L'organisation de ces sociétés ne leur interdit pas d'une manière absolue de distribuer entre leurs membres les produits qui dépassent les besoins de l'association. Elles ne tombent donc pas de plein droit sous l'empire de l'article 3 de la loi du 28 décembre 1880. C'est seulement dans le cas exceptionnel où les statuts interdiraient la distribution des produits entre les associés et attribueraient ces produits à la société même, pour

constituer une augmentation du patrimoine, que les conditions requises pour l'application des dispositions nouvelles se trouveraient réunies. Placées qu'elles seraient alors sous un régime civil absolument semblable à celui des congrégations constitutives de la mainmorte, ces associations devraient, quels que soient leur caractère et leur destination, y être assimilées pour la perception de l'impôt.

8. *Sociétés de fait.* — L'article 3 est également applicable « aux sociétés ou associations de fait existant entre tous ou quelques-uns des membres des associations reconnues ou non reconnues. » Cet article consacre uniquement sur ce point le droit appartenant, d'après la loi générale, à l'Administration. Celle-ci, en effet, est autorisée à établir, par les moyens de preuve dont elle dispose, l'existence des sociétés verbales donnant lieu à l'impôt. Ce droit lui a été reconnu par la jurisprudence *(Instr. n° 2516, § 2).* Il sera exercé, pour l'application de la loi nouvelle, dans les mêmes conditions. Les actes opposables aux parties et les présomptions serviront à démontrer l'existence des sociétés de fait, à en déterminer le caractère et à prouver qu'elles sont, par leur nature ou par les conventions arrêtées entre les associés, soumises aux conditions qui justifient l'exigibilité de la taxe.

SECTION II. — *Détermination du revenu.*

9. *Texte.* — La loi du 29 juin 1872 a déterminé le revenu ou le produit passible de la taxe d'une manière différente, selon qu'il s'agit d'actions, ou d'autres valeurs (art. 2, §§ 1 et 3). Cette distinction a été reproduite par la loi du 28 décembre 1880.

Aux termes de l'article 3, le revenu est déterminé :

« 1° Pour les actions, d'après les délibérations, comptes rendus ou documents prévus par le premier paragraphe de l'article 2 de la loi du 29 juin 1872;

« 2° Et pour les autres valeurs, soit par les délibérations des conseils d'administration prévues dans le troisième paragraphe du même article, soit par la déclaration des représentants des sociétés ou associations, appuyée de toutes les justifications nécessaires, soit, à défaut de délibérations et de déclarations, à raison de 5 pour 100 de l'évaluation détaillée des meubles et des immeubles composant le capital social.

§ Ier. — *Actions.*

10. *Délibérations, comptes rendus, etc.* — Le premier paragraphe de l'article 2 de la loi du 29 juin 1872, auquel se réfère la disposition qui précède, est ainsi conçu :

« Le revenu est déterminé, pour les actions, par le dividende fixé d'après les délibérations des assemblées générales d'actionnaires ou des conseils d'administration, les comptes rendus ou tous autres documents analogues. »

Ce sont les mêmes actes qui doivent servir de base à la perception de la taxe nouvelle. Comme il s'agit de sociétés qui s'approprient les produits au lieu de les distribuer à leurs membres, les délibérations ou comptes rendus dont la production est exigée ne peuvent pas avoir pour but de fixer le dividende à répartir réellement entre ces actionnaires. Ils déterminent seulement quel dividende serait attribué, si l'interdiction ou l'impossibilité de l'attribuer aux associés n'existait pas.

Mais, sauf cette différence, les documents visés dans la loi du 28 décembre 1880 son identiquement les mêmes que ceux de la loi du 29 juin 1872. Ils doivent être établis selon des règles semblables et remplir les mêmes conditions.

C'est sur le produit ainsi déterminé en représentation du dividende que la taxe est établie. Les sociétés n'ont d'autres justifications à fournir que la remise d'un extrait de la délibération, du compte rendu ou du document qui le remplace (art. 3, § 1), ainsi qu'il est réglé pour l'application de la loi du 29 juin 1872 (art. 2, § 4). Il appartient à l'Administration de contrôler l'exactitude de ces documents par les moyens qui sont à sa disposition.

La production des pièces dont il s'agit est le seul mode légal de détermination du revenu. Les sociétés ne seraient point autorisées à y substituer les déclarations prévues pour les valeurs autres que les actions. Si elles s'abstenaient de faire les productions exigées, il y aurait lieu de leur demander le payement d'une somme fixée approximativement par l'Administration, d'après les renseignements dont elle dispose, sauf augmentation ou diminution à résulter de la remise, par les compagnies, des délibérations, comptes rendus ou autres pièces dont la rédaction serait pour elles obligatoire en vertu de leurs statuts ou de la législation générale sur les sociétés.

§ 2. — *Autres valeurs.*

11. *Modes divers de détermination.*— Pour les valeurs autres que les actions, la loi du 28 décembre 1880 prévoit trois modes distincts de détermination du revenu. Elle désigne successivement comme bases :

1° « Les *délibérations des conseils d'administration* prévues dans le troisième paragraphe de l'article 2 de la loi du 29 juin 1872 », c'est-à-dire « des conseils d'administration des intéressés ; »

2° « La *déclaration* des représentants des sociétés ou associations, appuyée de toutes les justifications nécessaires ; »

3° A défaut de délibérations et de déclarations, la fixation « à raison de « *5 pour 100* de l'évaluation détaillée des meubles et des immeubles composant « le capital social. »

Les sociétés ont le choix d'adopter celui de ces moyens qui leur convient. Elles peuvent faire leur option même après l'expiration des trois mois accordés pour le payement de la taxe par le troisième paragraphe de l'article 3. Il ne leur est pas interdit davantage de remplacer l'un de ces procédés par un autre pendant la durée de l'association.

Chacun de ces modes de détermination du revenu comporte des observations particulières.

12. — N° 1. *Délibérations des conseils d'administration.* — Certaines associations, bien que non constituées par actions, sont cependant pourvues d'un conseil d'administration, en vertu d'une clause expresse de leurs statuts. Lorsqu'un conseil de cette nature existe, il lui appartient d'établir ou de contrôler le compte annuel de gestion, d'en faire ressortir les résultats financiers, d'y donner ou non son approbation, et, partant, de déterminer l'importance des produits acquis à l'association. La loi déclare que la délibération prise, en ce cas, par le conseil, servira de base à la perception de l'impôt.

Les sociétés qui, par leur nature, comportent un conseil d'administration, mais qui n'en ont pas été pourvues jusqu'à ce jour, pourront apporter, de ce chef, une modification à leurs statuts. Rien ne s'oppose à ce qu'elles organisent des conseils d'administration auxquels seraient conférés les pouvoirs nécessaires pour délibérer sur les opérations sociales, déterminer l'importance de leurs résultats au regard de la société, de ses gérants ou de ses membres, et, par conséquent, au regard de l'Administration.

Les dispositions adoptées sur ce point par la loi du 28 décembre 1880 ne sont que la reproduction de celles de la loi du 29 juin 1872. Les délibérations dont il s'agit sont, en effet, d'après le texte de l'article 3, celles qui sont prévues par le troisième paragraphe de l'article 2 de cette dernière loi. Elles doivent donc remplir identiquement les mêmes conditions.

Il est rigoureusement nécessaire, notamment, que les délibérations émanent de conseils d'administration proprement dits, ayant véritablement la gérance de la société. L'Administration ne pourrait pas plus accepter, pour l'application de la loi nouvelle qu'elle ne les accepte de la loi de 1872, des délibérations prises par des conseils de simple surveillance, ou des conseils fictifs, ne participant pas à l'Administration et n'ayant pas dès lors l'autorité nécessaire pour fixer les dividendes dans les cas ordinaires.

Le conseil d'administration régulièrement institué fixe, d'après les bases qui servent à la détermination du revenu imposable en vertu de la loi du 29 juin 1872, le produit qui devrait être distribué si la prohibition n'existait pas. Le droit est perçu sur la remise d'un extrait de la délibération, sans que la société ait d'autres justifications à fournir et sauf l'exercice du contrôle de l'Administration.

13. — N° 2. *Déclarations.* — Lorsqu'il n'existe pas de conseils d'administration réguliers ou que la société ne juge pas à propos, soit de leur faire prendre des délibérations, soit de produire l'extrait de celles qui auraient eu lieu, la loi du 28 décembre 1880 permet de remplacer ces délibérations « par la déclaration des représentants des sociétés ou des associations. »

Cette déclaration a le même but. Elle doit déterminer, comme l'eût fait la délibération du conseil d'administration, les produits qui devraient être distribués aux associés si les statuts ou si la nature de l'association ne les attribuaient définitivement à la société elle-même, à l'exclusion de ses membres. Cette détermination doit donc être faite sur les mêmes bases et d'après des éléments identiques. Mais comme une déclaration pure et simple des représentants de la société n'offre plus à l'Administration les garanties qu'elle peut trouver dans les actes d'un conseil d'administration régulièrement institué, la loi du 28 décembre 1880 a exigé que la déclaration fut appuyée « de toutes les justifications nécessaires ».

14. *Justifications.* — Le législateur n'a pas indiqué de quoi se composeraient ces justifications. Il a employé ce mot avec la signification générale qui lui a été attribuée dans plusieurs textes des lois antérieures, notamment dans l'article 68, paragraphe 3, n° 2, de la loi du 22 frimaire an VII. L'Administration a donc un droit d'appréciation très étendu qu'elle exercera sous le contrôle des tribunaux d'après les circonstances et selon la nature particulière de chaque association.

Les justifications dont il s'agit ayant pour but de constater le montant exact du produit qui aurait pu être distribué, doivent, en général, comprendre toutes les pièces qui sont de nature à établir la situation détaillée de chaque exercice.

Elles impliquent, en premier lieu, la production, soit dans le contexte même de la déclaration, soit dans une pièce additionnelle, d'un compte sommaire des recettes et des dépenses de l'année, faisant ressortir le montant net des produits imposables.

Elles impliquent en outre la représentation de pièces justificatives proprement dites, l'indication des titres en vertu desquels les recettes ont été effectuées et les dépenses acquittées, et tous autres renseignements propres à faire apprécier l'exactitude au moins approximative de certaines recettes ou dépenses non susceptibles, par leur nature, de justifications détaillées.

Ainsi, les recettes de fermages seraient justifiées par l'indication de baux en vertu desquels elles ont été faites; la recette des produits d'immeubles exploités par les sociétés personnellement indiqueraient la nature, la contenance et la situation de ces immeubles; la dépense des frais d'entretien indiquerait le nombre des personnes auxquelles elle s'applique, etc. Comme document général de justification, les sociétés pourraient aussi produire utilement, à l'appui de la première déclaration qu'elles auront à fournir, l'état détaillé de leur actif et de leur passif.

Les papiers domestiques et autres documents privés, produits pour la justification des déclarations, seront immédiatement rendus aux déclarants, après que le receveur en aura constaté la communication et les énonciations par une mention sommaire à la suite de la déclaration.

15. *Forme des déclarations.* — La déclaration doit émaner des représentants de la société ou de l'association. Ces représentants auront donc à établir leur qualité, si elle n'est pas de notoriété publique ou si elle n'est pas déjà constatée par les documents du bureau. D'après le paragraphe 3 de l'article 3 de la loi du 28 décembre 1880, la déclaration dont il s'agit doit être souscrite conformément à

l'article 16 de la loi du 22 frimaire an VII. Elle est écrite sur papier non timbré et remise au bureau.

16. — N° 3. *Évaluation à 5 pour 100.* — Lorsqu'il n'est pas produit de délibérations des conseils d'administration et lorsque les sociétés ne souscrivent pas de déclaration régulière, le revenu est fixé, selon les termes de l'article 3 de la loi du 28 décembre 1880, « à raison de 5 pour 100 de l'évaluation détaillée des meubles et des immeubles composant le capital social. »

Cette disposition est empruntée, comme l'a été celle relative aux délibérations, comptes rendus ou documents analogues, à la loi du 29 juin 1872. Elle a pour but, en effet, de répondre à la même nécessité, qui est de fixer un revenu à forfait lorsque le revenu réel ne peut être déterminé. Il y a lieu, dès lors, d'appliquer à l'évaluation dont il s'agit les règles d'interprétation admises au sujet de forfait édicté par la loi de 1872.

L'évaluation doit comprendre, suivant les termes mêmes de l'article 3, les meubles et les immeubles composant le capital social. Ce sont effectivement ces valeurs elles-mêmes, et non pas seulement les biens apportés originairement en société et indiqués dans le contrat, qui constituent le capital social. L'estimation pourra donc varier annuellement, suivant que le patrimoine social augmentera ou diminuera. Elle devra être renouvelée à chaque payement annuel.

L'évaluation *détaillée* des meubles et des immeubles doit s'entendre d'une évaluation faite article par article, comme les évaluations que contiennent les *déclarations détaillées* prévues par l'article 27 de la loi du 22 frimaire an VII pour le payement des droits de mutation par décès. Elle doit émaner, comme la déclaration de revenu dont elle tient lieu, des « *représentants des sociétés ou associations.* » L'évaluation des biens meubles pourra résulter, conformément à l'article 27 précité, d'un inventaire ou état estimatif article par article certifié par le déclarant et remis au receveur avec la déclaration.

17. *Produits passibles de l'impôt.* — Ces différents procédés ont pour but de faire connaître les *produits* passibles de l'impôt. Le législateur s'est servi de ce mot avec l'acception qu'il a reçue dans la loi du 29 juin 1872; il l'a fait intentionnellement, afin que les règles d'interprétation admises et consacrées par la jurisprudence au sujet de la loi de 1872 fussent applicables à ces dispositions nouvelles. Les produits dont il s'agit sont donc tous ceux qui sont compris par l'article 1er de cette loi sous la désignation d'intérêts, dividendes, revenus ou bénéfices annuels.

Ils embrassent, dans leur généralité, d'après la jurisprudence, toutes les sommes entrées dans la caisse sociale à quelque titre que ce soit, même à titre de libéralité (*Cass. req.* 18 mars 1879, *Instr. N° 2621,* § 4). Par conséquent, il faut y ranger les fruits naturels ou civils des biens appartenant à l'association, les résultats du travail ou de l'industrie de ses membres, en quoi qu'ils consistent et de quelque manière que ce travail ou cette industrie s'exerce, et le revenu des biens personnels des membres des congrégations autorisées, mis au commun de la maison, lorsque les statuts le prescrivent.

Les quêtes, collectes, aumônes ou dons font partie des produits, dès lors que les sommes ou valeurs qui en sont l'objet deviennent la propriété personnelle de la société ou de l'association. On doit également considérer comme des produits toutes les valeurs mobilières et immobilières qui ont été acquises à la communauté ou association au moyen des produits de l'année.

18. *Déductions.* — Les produits passibles de la taxe établie par la loi du 28 décembre 1880 ne comprennent pas toutes les sommes qui ont été reçues à ce titre par la société. Cette loi n'atteint, comme celle du 29 juin 1872, que les produits dont la distribution aux associés pourrait avoir lieu sans l'interdiction imposée à ces derniers, c'est-à-dire le produit net représentant la différence entre les revenus de l'exercice et les charges correspondantes de cet exercice. Ce revenu net est déterminé conformément aux règles édictées par la loi du 29 juin 1872.

Lorsque les produits réels peuvent être établis par l'un des moyens indiqués dans la loi du 28 décembre 1880, à savoir, par une délibération, un compte rendu ou document analogue ou par la déclaration détaillée qui les remplace, il est nécessaire de déduire du montant des produits réels les charges correspondantes qui ont été acquittées par elle pendant la même période. C'est le procédé qui est suivi par les conseils d'administration pour déterminer le dividende à répartir dans les sociétés ordinaires et pour arrêter le chiffre des réserves ou des distributions. Il y a lieu de l'adopter pour la fixation du produit imposable prévu par l'article 3 de la loi du 28 décembre 1880, puisque ce produit n'est que la représentation des sommes qui auraient pu être attribuées aux associés dans les sociétés ordinaires.

Les déductions à opérer, dans ce cas, se composeront, notamment: des intérêts des dettes et autres charges des fruits, des frais de gérance et d'entretien, soit du personnel, soit des meubles ou des immeubles sociaux.

Les sociétés font souvent emploi de leurs produits en subventions volontaires. Ces emplois, bien que n'augmentant pas le patrimoine de la société, doivent être assimilés aux placements réalisés en son nom. Ils ne peuvent être compris parmi les charges susceptibles de déduction. L'appréciation du caractère de ces emplois dépend des circonstances et doit être faite avec attention. En cas de difficulté, il en sera référé à l'Administration.

Les règles sont différentes lorsque, les produits réels ne pouvant être reconnus, il y a lieu de recourir au forfait de 5 pour 100 édicté par la loi. Ce forfait, en effet, a le même caractère que celui de la loi du 29 juin 1872. C'est un revenu présumé, déterminé d'après des bases apparentes. L'article 3 de la loi du 20 décembre 1880 l'établit, en termes formels, sur *la valeur des biens meubles et immeubles* possédés par la société. Or, cette valeur est juridiquement représentée par le prix que l'aliénation des biens pourrait procurer; elle est indépendante de l'existence d'un passif social. Il faut donc l'apprécier, comme la valeur de tout bien meuble ou immeuble, sans égard aux dettes dont elle est le gage. Par conséquent l'estimation détaillée qui sert de base à la fixation du revenu s'applique à la valeur brute des meubles et des immeubles qui en font l'objet.

Section III. — *Moyens de contrôle. — Procédure.*

19. *Inexactitudes.* — Les moyens de contrôle nécessaires pour vérifier les évaluations servant à fixer le revenu imposable ont été déterminés dans les termes suivants par le quatrième paragraphe de l'article 3 de la loi du 28 décembre 1880:

« L'inexactitude des déclarations, délibérations, comptes rendus ou documents analogues, peut être établie conformément aux articles 17, 18 et 19 de la loi du 22 frimaire an VII, 13 et 15 de celle du 23 août 1871. »

La loi parle d'une manière générale des *inexactitudes*. Elle ne distingue pas entre les erreurs pures et simples et les dissimulations. Ces inexactitudes comprennent tous les faits desquels il résulte une altération dans le chiffre du revenu passible de l'impôt. Elles embrassent notamment les omissions de valeurs dans les documents qui doivent en renfermer l'énonciation, les insuffisances dans l'évaluation de ces biens ou dans les sommes déclarées, les exagérations commises dans la consistance ou dans l'importance du passif admis en déduction.

20. *Moyens généraux de contrôle.* — La loi du 28 décembre 1880 décide que ces inexactitudes peuvent être établies conformément aux dispositions des lois antérieures relatives aux expertises d'immeubles et aux dissimulations de prix de vente.

Cette référence de la loi signifie que les moyens employés pour constater la valeur des immeubles ou la sincérité des prix de vente serviront également à démontrer l'exactitude des déclarations ou évaluations imposées aux sociétés. De même donc qu'on peut provoquer l'expertise afin de déterminer le revenu ou la valeur vénale d'un immeuble, on pourra la provoquer également pour constater l'estimation ou le produit réel des biens quelconques dont les revenus servent à établir la base de l'impôt. Les moyens de contrôle organisés par la loi ont une portée générale et absolue qui est la constatation des erreurs existant dans des évaluations mobilières ou immobilières. Ils s'appliquent donc nécessairement à toutes ces évaluations. On ne saurait les restreindre aux immeubles seuls ou aux dissimulations. Ce serait violer sur ce dernier point le texte de la loi qui vise les inexactitudes. Ce serait en méconnaître absolument l'esprit.

21. *Expertise.* — L'expertise pourra donc être requise à l'effet de faire déterminer la valeur vénale ou le produit des biens meubles ou immeubles qui entrent dans la composition du revenu imposable. Mais cette expertise devra être intentée et suivie conformément aux articles 17, 18 et 19 de la loi du 22 frimaire an VII et 15 de celle du 23 août 1871, en tenant compte de la différence qui existe entre les expertises de valeur vénale et les expertises de revenus. Il est recommandé, pour prévenir toutes difficultés sur ce point, d'engager la procédure avant l'expiration de l'année à partir de la remise de la déclaration qui y donne lieu.

22. *Preuves de droit commun.* — Le second mode de preuve est celui de l'article 13 de la loi du 23 août 1871, dont les dispositions sont étendues à la rectification de toutes les erreurs préjudiciables au Trésor. Il comprend « tous les genres de preuve admis par le droit commun » à l'exception du serment décisoire. (*Instr. 2413, § 5, n° 2*).

Ainsi, l'Administration peut, pendant dix ans, provoquer la preuve testimoniale pour établir tous les faits dont la constatation intéresse la composition de l'actif ou du passif de la société ou les résultats de la gérance.

Elle peut recourir à l'interrogatoire sur faits et articles des associés ou des représentants de la société, dans les cas et suivant les règles du droit commun. (*C. de proc., art. 324 et suiv.*)

Elle peut invoquer les présomptions simples de quelque nature qu'elles soient, même celles qui sont fondées sur la notoriété publique.

Enfin, elle a à sa disposition toutes les énonciations contenues dans les actes opposables aux parties et parvenus régulièrement à sa connaissance. Des mesures ont été prises pour assurer la pleine efficacité de ce contrôle. Elles font l'objet de la section VII de la présente Instruction.

Ces procédés de vérification, appliqués avec sagacité toutes les fois que les circonstances l'exigeront, sont de nature à assurer la sincérité des déclarations. Ils permettront de découvrir les insuffisances et de faire opérer le recouvrement des droits supplémentaires exigibles, sans préjudice des pénalités encourues.

23. — *Procédure.* — En principe, le recouvrement de la taxe régie par l'article 3 doit être poursuivi selon le mode établi pour le recouvrement des droits d'enregistrement. Telle est la règle formulée par le deuxième alinéa de l'article 5 de la loi du 29 juin 1872, qui porte : « Le recouvrement de la taxe sur le revenu sera suivi et les instances seront introduites et jugées *comme en matière d'enregistrement.* » Par suite de la référence générale à la loi du 29 juin 1872, contenue dans l'article 3, cette règle est de plein droit applicable à la taxe due en vertu de la loi nouvelle, sauf à l'Administration à se conformer à la disposition particulière introduite pour la constatation des *inexactitudes.*

Il est essentiel que les poursuites soient dirigées contre les véritables « représentants des sociétés ou associations » auxquels l'article 3 impose de faire les productions et déclarations. On aura soin de consulter à cet égard les statuts des sociétés, les actes récents auxquels elles auront pris part, et tous autres documents de même nature.

Les associations non reconnues ou sociétés de fait sont, comme les sociétés régulièrement formées, constituées débitrices de la taxe par l'article 3. En cas de poursuites à exercer contre elles, il conviendrait, à défaut de représentants de fait notoirement chargés de la gestion de leurs intérêts, de mettre en cause tous les membres connus, tant en leur nom personnel que comme représentant la société ou l'association.

Les directeurs veilleront particulièrement à la régularité des premiers actes de procédure. Si des difficultés particulières se produisaient à cet égard, ils devraient consulter l'Administration centrale.

SECTION IV. — *Pénalités.*

24. Les contraventions aux dispositions de l'article 3 et du règlement d'administration publique qui pourrait être fait ultérieurement pour son exécution seront, d'après cet article, punies « conformément à l'article 5 de la loi du 29 juin 1872 », lequel se réfère lui-même à l'article 10 de la loi du 23 juin 1857 (relatif à l'impôt de transmission sur les valeurs mobilières), qui est ainsi conçu :

« Toute contravention aux précédentes dispositions et à celles des règlements qui seront faits pour leur exécution est punie d'une amende de 100 francs à 5.000 francs, sans préjudice des peines portées par l'article 39 de la loi du 22 frimaire an VII, pour omission ou insuffisance de déclaration. »

Les agents se conformeront, pour l'exécution de cette disposition, aux règles qui gouvernent actuellement l'application des articles précités des lois de 1857 et de 1872. On rappelle notamment que lorsqu'il s'agit d'une amende de 100 francs à 5.000 francs encourue pour retard dans le payement de la taxe, les receveurs sont autorisés à encaisser le montant de cette taxe sans exiger le versement immédiat de l'amende, pour laquelle il doit en être référé à l'Administration (*Inst. nos 2104, § 6, et 2457, p. 8*).

SECTION V. — *Époques de payement.*

25. *Payement annuel. — Productions.* — A la différence de la taxe de 3 pour 100 exigible en vertu de la loi du 29 juin 1872 et dont le payement doit être effectué en quatre termes trimestriels (Décr. 6 décembre 1872, art. 1 et 2), la taxe due par application de la loi nouvelle doit être acquittée en une seule fois, pour chaque année expirée, dans les trois premiers mois de l'année suivante.

Le payement est accompagné de la remise des extraits de délibérations, comptes rendus, etc., ou des déclarations déterminant le revenu imposable. Ces documents, dûment certifiés par les représentants des sociétés ou associations, peuvent être établis sur papier non timbré. Il en est de même des inventaires estimatifs ou autres pièces qui seraient joints aux déclarations pour établir l'évaluation détaillée des meubles compris dans le capital social.

26. *Durée de l'exercice.* — Il peut arriver, en ce qui concerne les sociétés par actions, que l'exercice social ne coïncide pas avec l'année ordinaire et que, par suite, ces sociétés ne soient pas en mesure de justifier, avant le 1er avril, de l'importance exacte des produits applicables à une partie plus ou moins considérable de l'année expirée.

Il y a lieu d'appliquer à ce cas particulier les dispositions générales de la loi du 29 juin 1872 et du décret du 6 décembre suivant, en vertu de la référence résultant du dernier alinéa de l'article 3.

En conséquence, la taxe de 3 pour 100 devrait être calculée provisoirement, en ce qui concerne la fraction d'année dont les produits sont encore indéterminés, soit à raison des 4/5es du produit correspondant de l'exercice antérieur, soit, pour les sociétés nouvellement créées, du produit évalué à 5 pour 100 du capital social, conformément au numéro 2 de l'article 1er du décret du 6 décembre 1872.

Le payement effectué sur ces bases avant le 1er avril serait ultérieurement régularisé, d'après la disposition suivante du même article : « Chaque année après la clôture des écritures relatives à l'exercice, il est procédé à une liquidation définitive de la taxe due pour l'exercice entier. Si, de cette liquidation, il résulte un complément de taxe au profit du Trésor, il est immédiatement acquitté. Dans le cas contraire, l'excédent versé est imputé sur l'exercice courant ou remboursé, si la société est arrivée à son terme ou si elle cesse de donner des revenus. »

L'extrait de la délibération ou compte rendu établissant le revenu définitif de l'exercice devrait être déposé par la société au bureau de l'enregistrement dans les vingt jours de sa date, par application du dernier alinéa de l'article 2 de la loi du 29 juin 1872.

Ces dispositions sont spéciales aux sociétés par actions. Les sociétés non constituées par actions, mais pourvues d'un conseil d'administration, qui, eu égard au point de départ des périodes assignées à chaque exercice, ne seraient pas en mesure de prendre, dans les trois premiers mois de l'année, la délibération prévue par le numéro 2 de l'article 3 pour la détermination exacte du revenu de l'année précédente, devraient acquitter immédiatement la taxe d'une manière définitive, en prenant pour base, selon le vœu formel du même texte, le revenu résultant de leur déclaration dûment justifiée et, à défaut, l'évaluation à 5 pour 100 du capital social.

27. *Point de départ de l'application de la loi.* — La loi du 28 décembre 1880, promulguée au *Journal officiel* du 29, est devenue exécutoire dans plusieurs départements à partir du 31 du même mois. Un certain nombre de sociétés ou associations auraient pu, en conséquence, se trouver dans l'obligation d'acquitter, pour le dernier jour de l'année 1880, une taxe minime et de fournir à cette occasion, pour l'ensemble des opérations de ladite année, les divers documents exigés par la loi. Dans le but d'épargner à ces sociétés des formalités hors de proportion avec le montant de la taxe exigible, il a été décidé que l'article 3 ne leur serait appliqué qu'à partir du 1er janvier 1881. C'est donc dans les trois premiers mois de l'année 1882 que le premier payement devra être effectué, par toutes les sociétés indistinctement, sur la remise des pièces établissant le revenu de l'année 1881.

SECTION VI. — *Bureaux chargés du recouvrement.*

28. *Siège social.* — L'une des dispositions du décret du 6 décembre 1872, auxquelles se réfère l'article 3 de la loi du 28 décembre 1880, porte que « la taxe de 3 pour 100 est payée au bureau de l'enregistrement du *siège social*, désigné à cet effet », quelle que soit la situation effective des biens sociaux.

Il n'y a point à distinguer, de ce chef, entre les sociétés reconnues ou régulièrement constituées et les sociétés ou associations de fait, la loi imposant aux unes et aux autres des obligations identiques, et les sociétés de la seconde catégorie ayant un siège social de fait, de tous points assimilable au siège officiel et légal des sociétés régulières.

On reconnaîtra le lieu du siège social des sociétés reconnues ou régulièrement constitués, en se reportant aux actes constitutifs, lois ou décrets d'approbation et autres documents de même nature.

Pour déterminer le lieu du siège effectif des sociétés de fait, on recherchera quelle est, d'après l'objet de la société, l'importance de ses établissements, la résidence de ses principaux représentants, et la notoriété publique, la localité dans laquelle ses intérêts sont centralisés.

29. *Succursales.* — Un grand nombre de sociétés ont des succursales qui, tout en se confondant à certains égards avec l'association principale, forment des établissements indépendants, ayant une existence propre.

C'est ainsi, en ce qui concerne les congrégations à supérieur général reconnues, que leurs succursales fondées dans les conditions prévues par la loi du 24 mai 1825 ont une existence propre, un patrimoine particulier (*Dalloz*, v. Culte, n° 419). Ces établissements et toutes les succursales analogues acquitteront la taxe au bureau de l'enregistrement de la circonscription dans laquelle se trouve leur siège particulier.

30. *Compétence des receveurs.* — Dans les villes où il existe plusieurs bureaux d'enregistrement, le recouvrement de la taxe établie par la loi nouvelle

sera effectué par les receveurs des droits de succession, déjà chargés de recouvrer la taxe de 3 pour 100 en vertu de la loi du 29 juin 1872. Des mesures spéciales seront prises, s'il y a lieu, en ce qui concerne la désignation des bureaux de la ville de Paris ou d'autres grandes villes qui devront être chargés de suivre l'exécution de l'article 3.

Section VII. — *Organisation du service.*

31. *Recherche des biens des sociétés.* — Pour assurer à la loi du 28 décembre 1880 toute son efficacité, il est nécessaire de connaître aussi complètement que possible l'importance des biens qui servent de base à la perception des droits. Cette circonstance impose à l'Administration un devoir qui a été indiqué dans les termes suivants à la Chambre des Députés par M. Wilson, sous-secrétaire d'État des finances, au nom du Gouvernement : « L'Administration, a-t-il dit, n'oubliera pas le but que vous vous proposez d'atteindre, but qui est de continuer l'enquête sur la constatation de l'importance des biens de mainmorte. Les moyens dont nous disposons aujourd'hui nous permettront au bout de peu de temps de donner à la Chambre et au pays les éléments d'information qui lui sont nécessaires; ils nous permettront de constater la valeur du patrimoine de la mainmorte, d'en dégager le revenu imposable et d'assurer par suite l'application de la loi nouvelle. » (Séance du 27 décembre 1880.)

Les mesures qui peuvent déterminer ce résultat sont les suivantes :

32. *Dossiers. — Éléments divers.* — Il importe que l'Administration réunisse, avant la fin de l'année 1881, tous les documents nécessaires pour contrôler les productions et payements qui seront faits par les sociétés dans les trois premiers mois de l'année 1882, et pour assurer l'exécution de la loi de la part des sociétés qui ne s'y seraient pas soumises spontanément dans le délai fixé.

Les directeurs sont chargés de procéder immédiatement à ce travail, avec le concours de tous les agents sous leurs ordres.

Après avoir recherché quelles sont les associations de toute nature qui paraissent tomber sous l'application de l'article 3, ils ouvriront, pour chaque société ayant son siège, une succursale, un simple établissement ou des biens quelconques dans le département, un dossier particulier destiné à recevoir tous les documents ou renseignements recueillis, tels que : statuts, liste des membres, pièces relatives à la consistance ou à la valeur des biens, copies ou extraits d'actes divers etc.

Ils utiliseront notamment, pour la formation de ce dossier :

1° Les relevés qui ont été établis par le service de l'enregistrement, en exécution des Lettres communes des 30 avril, 18 mai et 9 août 1880 (n°s 99, 100 et 103), et qui font respectivement connaître les mutations enregistrées depuis le 1er janvier 1879, en ce qui concerne les congrégations non autorisées, — la consistance et la valeur de tous les biens meubles ou immeubles, possédés ou occupés par les congrégations, autorisées ou non autorisées, — et le montant des impôts payés par les mêmes congrégations en 1879;

2° Le relevé général des immeubles possédés ou occupés par les congrégations, dressé par le service des contributions directes et annexé à un rapport de la Commission du Budget de l'exercice 1881, déposé à la Chambre des Députés dans la séance du 27 décembre 1880; — les renseignements recueillis par le même service en 1880, en ce qui concerne les industries ou commerces exercés par les congrégations ; — les matrices cadastrales, rôles des contributions et tous autres documents dont la commmunication pourra être utilement demandée aux directeurs, contrôleurs et percepteurs des contributions directes ;

3° Les renseignements recueillis dans les préfectures, sous-préfectures et mairies;

4° Enfin, les extraits du Répertoire général, copies d'actes et autres documents ou renseignements que les receveurs et employés supérieurs auront réunis et transmis aux directeurs.

A Paris, les recherches des employés supérieurs désignés à cet effet s'étendront aux archives du Ministère de l'Intérieur et des Cultes, et aux services qui pourraient fournir des renseignements utiles à consulter, tant à l'égard des sociétés qui ont leur siège à Paris qu'en ce qui concerne les sociétés des départements.

Ce travail de recherches et de centralisation devra être terminé dans chaque direction pour le *1er octobre 1881*.

Dans le courant du mois d'octobre, les directeurs adresseront à leurs collègues les dossiers ou fractions de dossiers qui, à raison de la situation du siège légal ou effectif des sociétés, concerneraient des bureaux étrangers au département. Chaque dossier ou fraction de dossier, renvoyé, sera accompagné d'une note spéciale indiquant au directeur destinataire les motifs du renvoi. Les documents renvoyés seront signalés par le directeur au receveur de la situation des biens, qui fera mention sommaire et pour ordre du renvoi à l'article du Répertoire général sous lequel ces biens figurent, pour servir en cas de recherches ultérieures.

A partir du 1er novembre 1881, les directeurs réuniront aux dossiers par eux conservés les dossiers ou fractions de dossiers qu'ils auront reçus de leurs collègues pendant le mois d'octobre. Après avoir ainsi complété les dossiers spéciaux de chaque congrégation et au plus tard le 15 décembre, ils adresseront ces pièces aux receveurs compétents pour le recouvrement de la taxe, en y joignant toutes les instructions particulières qui seraient nécessaires.

33. *Consignation au sommier.* — Le receveur chargé du recouvrement de la taxe fera immédiatement, au vu de ces documents et pour chaque société, sur le sommier spécial établi par l'Instruction nº 2457 (p. 9) pour le recouvrement de l'impôt sur le revenu, une consignation distincte, destinée à recevoir l'indication de tous les renseignements utiles à la perception.

Plusieurs feuilles ouvertes seront, au besoin, consacrées à chaque consignation, qui devra porter un numéro d'ordre spécial.

L'intitulé énoncera, conformément aux indications du modèle, complétées d'après la nature de l'association : la dénomination de la société, — les noms et domicile des gérants ou directeurs, — le siège social, — la date de la constitution et, s'il y a lieu, les lois ou décrets d'autorisation, — la durée.

A la suite de ces indications, le receveur établira en forme de compte ouvert, à la suite l'un de l'autre, deux tableaux contenant : le premier, l'énumération détaillée des valeurs mobilières et immobilières composant l'actif de la la société, avec indication de la valeur vénale et locative de chacune d'elles dans une colonne à ce réservée; et le second, la mention également détaillée des dettes et charges qui constituent son passif.

Les articles seront successivement classés sous une série de numéros d'ordre distincte pour chaque tableau. Les numéros seront inscrits à la marge gauche.

Il sera réservé, à la suite de chacun de ces deux tableaux, un espace suffisant pour y inscrire au fur et à mesure tous les éléments nouveaux de l'actif ou du passif. Les modifications qui surviendront dans la consistance des valeurs actives ou passives déjà inscrites seront mentionnées en regard de chaque article dans une colonne réservée à cet effet à la droite des tableaux.

La réunion de ces deux tableaux présentera ainsi constamment la situation active et passive de la société.

Ces consignations et annotations se feront au moyen de la mention sommaire de tous les actes enregistrés ou renvoyés au bureau et, en général, de tous les documents parvenus à la connaissance de l'Administration et renfermant un renseignement quelconque au sujet de la société.

Les colonnes du sommier relatives à la liquidation et au payement de la taxe recevront successivement les mentions prévues par le modèle.

Le dossier de chaque association, conservé par le receveur, rappellera le numéro de la consignation correspondante du sommier. On y classera successivement : 1º les délibérations, comptes rendus ou déclarations remises par la société pour le payement de la taxe, et 2º tous les actes, extraits d'enregistrements ou de renvois, copies et documents de toute nature concernant la société. Ce numéro sera également inscrit en marge des enregistrements d'actes ou déclarations portés sur les registres du bureau et des renvois reçus d'autres bureaux.

34. *Dépôts des délibérations et déclarations.* — La remise des extraits de délibérations, comptes rendus et déclarations, effectuée par les sociétés, sera constatée à sa date sur le principal registre du bureau, ainsi que le prescrit le nº II de l'Instruction nº 2457 à l'égard du dépôt des documents de même nature régis par l'article 2 de la loi du 29 juin 1872.

35. *Recette.* — La recette sera portée sur le registre à souche établi par l'Instruction précitée pour la taxe exigible en vertu de la loi du 29 juin 1872. Ce registre, qu'il est prescrit d'arrêter le 20 du premier mois de chaque trimestre, devra être également arrêté, à l'avenir, le 31 mars, jour de l'expiration du délai fixé par l'article 3 de la loi nouvelle. Cet arrêté est indépendant de l'arrêté des recettes du mois prescrit par le nº II de l'Instruction nº 2457.

36. *Renvois.*— Il est recommandé à tous les receveurs et notamment à ceux dont la circonscription comprend une succursale dépendant d'une association ayant son siège dans le ressort d'un autre bureau, ou des biens meubles ou immeubles appartenant à cette association, d'adresser, en la forme ordinaire, au receveur du siège social, chargé de recouvrer la taxe, le renvoi de tous les actes, déclarations et documents, de quelque nature qu'ils soient, concernant l'association.

En cas de doute sur le lieu du siège social et, par conséquent, sur le bureau compétent pour les utiliser, les renvois seront adressés au bureau de la situation des biens ou bureau de la résidence des représentants de la société, sauf au receveur destinataire à les réexpédier au bureau intéressé.

Le receveur du bureau du siège social doit, de son côté, porter à la connaissance du receveur du lieu de la situation des biens, au moyen de renvois, les déclarations de produits ou évaluations de la valeur vénale de ces biens, de manière à mieux assurer la découverte des insuffisances qui auraient été commises.

37. *Surveillance des employés supérieurs.* — Les employés supérieurs n'omettront, lors de la vérification des gestions, aucune des recherches qui sont de nature à révéler l'existence des associations, leur organisation et la consistance de leurs biens. Ils utiliseront à cet effet, outre les documents des bureaux, les renseignements particuliers qu'ils pourront recueillir dans les préfectures, sous-préfectures, mairies, près des agents du service des contributions directes et de tous autres fonctionnaires.

Des recherches spéciales seront faites dans les bureaux de la préfecture, lors de la vérification annuelle des pièces relatives à la comptabilité communale et des établissements publics. Elles porteront particulièrement sur les tableaux de recensement ou autres documents statistiques, sur les dossiers relatifs aux lois ou décrets ayant pour objet de reconnaître les congrégations ou de les autoriser à accepter des dons et legs, et sur les autorisations de police auxquelles peut être subordonnée la constitution de certaines sociétés.

Les employés supérieurs feront figurer dans leurs précis, au chapitre des découvertes, les droits et amendes dont l'exigibilité sera constatée par leurs soins.

38. *Documents de contrôle spéciaux aux congrégations.*— On appelle l'attention des agents sur la disposition de l'article 5 de l'ordonnance du 14 janvier 1831, relative aux dons et legs faits aux établissements ecclésiastiques et aux communautés religieuses de femmes, et suivant lequel les demandes en autorisation d'accepter ces dons et legs doivent être appuyées « d'un état de l'actif et du passif, ainsi que des revenus et charges des établissements légataires ou donataires, vérifié et certifié par le préfet. » Les états produits conformément à cette disposition sont de nature à fournir de précieux éléments de contrôle, que les agents

2

auront soin d'utiliser. Ils seront communiqués, à Paris, à un employé supérieur de l'enregistrement qui en portera les résultats à la connaissance des receveurs compétents pour les rapprocher des documents pris pour base de la liquidation de la taxe de 3 pour 100.

39. *Droit de communication.* — Les agents sont autorisés à exercer dans certaines sociétés et dans tous les établissements publics, communes, etc., des vérifications dont l'objet et l'étendue sont précisés par les lois ou décrets des 22 frimaire an VII (art. 54), 4 messidor an VIII (art. 1er), 6 juin 1850 (art. 16 et 28), 17 juillet 1857 (art. 9), 23 août 1871 (art. 22), et 21 juin 1875 (art 7). Ce droit de contrôle leur permet d'exiger la représentation de tous les livres, registres, titres, pièces de recette, de dépense et de comptabilité. En appliquant ce contrôle dans les limites tracées par les lois ou décrets précités, les agents pourront trouver des indications utiles à la constatation régulière du revenu imposable.

SECONDE PARTIE. — Accroissements.

Section Ire. — *Conditions d'exigibilité du droit.*

40. *But de la loi.* — Les actes de société renferment souvent une clause portant que la part des associés qui cesseront, pour une cause quelconque, de faire partie de la société avant sa dissolution, sera dévolue aux associés survivants. La jurisprudence a décidé que l'accroissement opéré dans ces conditions a le caractère d'une cession d'actions. Elle a considéré, de plus, que la cession se réalisait à titre onéreux, même en l'absence de stipulation d'un prix, parce que ce prix était représenté par la chance réciproque appartenant à tous les associés de recueillir le bénéfice de l'accroissement. Les règles relatives à la cession à titre onéreux des actions des compagnies ont donc dû être étendues à ces mutations, et le tarif de 50 centimes par 100 francs a été appliqué à la valeur de l'action représentée par la part nette de l'associé dans les biens sociaux.

Cette interprétation ne présente pas d'inconvénients sérieux au sujet des sociétés commerciales. Elles ont une durée limitée et, après leur dissolution, les biens qui en dépendent rentrent dans le courant de la circulation. En outre, la plupart de celles qui sont formées pour une longue période acquittent la taxe de mainmorte qui tient lieu des droits ordinaires de mutation sur leurs immeubles. Mais lorsqu'il s'agit de sociétés civiles dont la durée peut être indéfinie, l'application aux accroissements du tarif réduit des cessions d'actions équivalait à une exonération définitive du droit ordinaire de mutation sur les valeurs composant le fonds social. Ce résultat était d'autant plus grave que l'immunité s'appliquait même aux valeurs apportées par les associés dont la retraite opérait l'accroissement, et auxquelles le législateur avait accordé la dispense provisoire de l'impôt lors de la mise en commun, dans la seule prévision du payement du droit au moment du partage de la société.

L'article 4 de la loi du 28 décembre 1880 a eu pour but de mettre un terme à cette inégalité dans le recouvrement de l'impôt de mutation. Il a voulu que ce droit fût perçu toutes les fois que la part d'un associé est dévolue aux associés survivants dans une entreprise qui peut se perpétuer par l'adjonction de nouveaux membres.

Cet article est ainsi conçu :

« Dans toutes les sociétés ou associations civiles qui admettent l'adjonction de nouveaux membres, les accroissements opérés par suite de clauses de réversion, au profit des membres restants, de la part de ceux qui cessent de faire partie de la société ou association, sont assujettis au droit de mutation par décès si l'accroissement se réalise par le décès, ou aux droits de donation s'il a lieu de toute autre manière, d'après la nature des biens existants au jour de l'accroissement, nonobstant toutes cessions antérieures faites entre vifs au profit d'un ou de plusieurs membres de la société ou de l'association. »

Plusieurs conditions sont nécessaires pour l'application de cet article.

41. — N° 1. *Sociétés.* — *Indivision.* — La première condition est qu'il s'agisse d'une société ou d'une association, ce qui exclut tous les contrats créant entre les parties un simple état d'indivision.

Il faut, en outre, que la société ou l'association présente ce double caractère : 1° d'une part, que les biens apportés par les associés ou acquis par la société deviennent la propriété de la société jusqu'à sa dissolution; 2° d'autre part, que les associés aient sur le fonds commun un droit personnel qui les appelle au partage des biens en dépendant.

Il suit de là que les associations dans lesquelles ce droit personnel n'existe pas ne peuvent donner ouverture à l'accroissement, puisque cet accroissement n'a pas d'objet.

42. *Congrégations reconnues.* — Tel est le cas, notamment, des congrégations religieuses reconnues. Bien que ces congrégations participent de la nature des sociétés, les membres qui les composent ne possèdent sur les valeurs appartenant à la congrégation aucun droit personnel leur conférant pendant l'existence de l'association une action ou une part d'intérêt et les appelant au partage lors de sa dissolution. Le membre qui cesse de faire partie de l'association ne transmet donc rien à ceux qui restent. L'accroissement ne s'opère pas.

Toutefois, si les membres de la congrégation ou quelques-uns d'entre eux constituaient une société civile ordinaire dans les conditions d'adjonction et de réversion prévues par la loi du 28 décembre 1880, cette société tomberait alors sous l'empire de ces dispositions.

43. *Sociétés d'assurances mutuelles.* — L'article 4 de la loi nouvelle est également sans application aux sociétés d'assurances mutuelles sur la vie ou autres associations de même nature. Le droit des adhérents est limité à l'attribution éventuelle d'une indemnité pécuniaire qui a le caractère d'une réparation. L'événement qui les prive de ce droit n'opère au profit des autres aucune transmission de valeurs déterminées.

44. *Sociétés coopératives. Sociétés fromagères, etc.* — Il en est de même des sociétés dites de coopération. Dans les conditions particulières qui régissent ces associations, la retraite d'un participant ne transmet rien aux autres, et son décès laisse aux héritiers la faculté de le remplacer. La réversion spéciale prévue par l'article 4 de la loi du 28 décembre 1880 ne se produit donc pas. L'Administration l'a également reconnu à l'égard d'associations locales, telles que les sociétés fromagères, qui opèrent dans des conditions analogues et dans lesquelles le droit de chaque adhérent n'est pas transmis aux autres par l'effet de sa retraite ou de son exclusion, mais demeure attaché à la propriété et passe avec elle aux héritiers.

45. *Tontines.* — Des motifs analogues conduisent à reconnaître que les tontines ne sont pas non plus soumieees aux dispositions nouvelles. L'association formée à titre de tontine, avec l'autorisation du Gouvernement, constitue, selon la jurisprudence, « une association d'une nature particulière dans laquelle, du moment où l'association se forme, et par l'effet seul de la convention, chaque associé aliène son droit de propriété au profit de la masse et du *dernier survivant*, en se réservant l'éventualité d'un droit de survie. » (*Instr. n° 2150, § 2.*)

Les décès successifs des tontiniers n'opérant aucune transmission de parts, et les associations de l'espèce étant d'ailleurs exclusives de l'adjonction de nouveaux membres, on ne saurait les considérer comme régies par les dispositions de l'article 4.

Mais cet article devrait être appliqué aux associations qui, bien que qualifiées de *tontines*, seraient constituées dans des conditions particulières, comportant, d'une part, l'adjonction de membres nouveaux, et, d'autre part, des réversions successives, translatives de propriété au profit des survivants.

46. *Sociétés littéraires, artistiques, etc. Cercles.* — L'application de la loi

nouvelle aux sociétés littéraires, artistiques, agricoles scientifiques, aux cercles et aux associations semblables, comporte une distinction.

Ces sociétés, en effet, ont deux sortes de membres : les membres fondateurs ou leurs ayants-droit, qui sont de véritables associés, ayant un droit personnel aux biens communs; puis les membres abonnés qui payent une cotisation pour jouir de certains avantages déterminés. Ces derniers n'ont évidemment aucun des caractères de l'associé proprement dit. Ils n'acquièrent pas de droit personnel sur les biens sociaux. Leur retraite ne saurait donner lieu à la taxe établie pour les accroissements.

Cette taxe, au contraire, peut devenir exigible du chef des membres véritables, lorsque que la société se trouve dans les autres conditions prévues par la loi, c'est-à-dire lorsque, au moyen de la combinaison des clauses de réversion et d'adjonction de nouveaux membres, elle crée ou perpétue la mainmorte de la même manière que les congrégations religieuses.

47. *Sociétés de commerce.* — La loi vise exclusivement les sociétés ou associations *civiles*. Elle demeure donc étrangère aux sociétés ou associations qui ont la nature commerciale.

48. *Sociétés de fait.* — Mais ces dispositions s'appliquent, en principe, à *toutes* les sociétés qui n'ont pas ce caractère, quelle qu'en soit la forme. Par conséquent, les sociétés de fait tombent sous son empire comme les sociétés constatées par écrit. Ce résultat doit se combiner néanmoins avec la règle, aujourd'hui constante, que la reconnaissance des sociétés de l'espèce ne peut être imposée à l'Administration. Il lui appartient d'apprécier les cas dans lesquels ils est de son intérêt d'admettre l'existence de la société de fait et même d'en établir la preuve par les moyens dont elle dispose. Or, cet intérêt n'existera pas toujours pour le droit d'accroissement. En effet, l'article 4 de la loi du 28 décembre 1880 a organisé un mode de perception destiné à tenir lieu du droit de mutation auquel donneraient ouverture les valeurs en nature de la société, si elles n'étaient pas soustraites à la circulation des biens, par les clauses de réversion et d'adjonction. Or, la société verbale étant inopposable à l'Administration, l'effet des clauses dont il s'agit ne peut influer sur la perception de l'impôt de mutation. La propriété apparente continue à appartenir aux associés personnellement et à devenir, à ce titre, assujettis à tous les droits auxquels donne lieu la transmission à titre onéreux ou à titre gratuit et par décès. C'est seulement dans le cas où, pour un motif quelconque, l'existence de la société verbale et des clauses relatives à l'accroissement serait établie à l'égard de l'Administration qu'il y aurait lieu de les soumettre obligatoirement aux dispositions de l'article 4 de la loi du 28 décembre 1880.

49. — N° 2. *Clauses d'adjonction de nouveaux membres.* — Indépendamment de l'existence d'une société ou association, une seconde condition est nécessaire pour justifier l'application de l'article 4 de la loi du 28 décembre 1880. Il faut que la société ou l'association renferme simultanément une clause d'adjonction de nouveaux membres et une clause de réversion.

Par la première, il est stipulé qu'après la constitution de la société, de nouveaux associés pourront y être admis, soit afin d'en augmenter le nombre, soit afin de remplacer ceux qui disparaîtraient. La loi ne détermine pas le délai pendant lequel cette faculté d'adjonction peut être exercée. Elle a eu principalement en vue les adjonctions indéfinies, telles qu'elles existent dans la plupart des congrégations religieuses. Mais certaines adjonctions à temps limité sont indéfiniment renouvelables. D'autres peuvent s'opérer dans une période tellement longue que l'expression d'un délai n'est qu'un moyen de faire fraude à la loi. Dans ces conditions, le législateur s'est abstenu intentionnellement de déterminer le délai pendant lequel la faculté d'adjonction peut être exercée. Il a voulu laisser intact le droit appartenant à l'Administration et aux tribunaux de déterminer le caractère réel et les effets véritables des stipulations des actes pour la perception de l'impôt.

50. — N° 3. *Clause de réversion.* — La clause de réversion prévue dans l'article 4 de la loi du 28 décembre 1880 est celle par laquelle il est convenu que si un associé quitte la société avant sa dissolution, la part lui revenant dans le fonds social cessera de lui appartenir et sera dévolue aux autres associés. Cette dévolution est considérée par la loi nouvelle comme opérant une transmission, au profit des associés restants, de la portion appartenant à l'associé qui quitte la société dans chacun des biens meubles et immeubles dépendant de cette société. La société est considérée comme dissoute à son égard. Il est réputé avoir repris ses droits de copropriété et les avoir cédés à ses coassociés. C'est la transmission ainsi effectuée qui est l'objet de l'article 4 de la loi du 28 décembre 1880.

51. *Cession à titre onéreux.* — Les dispositions du texte sont générales sur ce point. Elles embrassent toutes les transmissions dont il s'agit, à quelque titre qu'elles aient lieu entre les parties. Il n'y a donc pas à se préoccuper de la circonstance que l'associé sortant a reçu, en échange de sa part, une somme d'argent représentant la valeur totale ou partielle des biens meubles et immeubles dont il est réputé dessaisi. Le législateur a énergiquement exprimé cette pensée dans la dernière partie du premier paragraphe de l'article 4. Il a décidé que si l'associé sortant avait fait, avant l'échéance de la clause de réversion, une cession entre vifs quelconque, soit à titre onéreux, soit à titre gratuit, aux associés restants, de son intérêt dans la société, cette cession n'empêcherait pas l'accroissement de donner lieu à l'impôt établi par l'article 4. Il a voulu, ainsi, empêcher que les effets de la réversion fussent neutralisés par des cessions présentées notamment sous la forme de ventes et auxquelles on aurait appliqué précisément le tarif réduit des cessions d'actions dont le législateur entendait éviter l'application. La solution consacrée à l'égard des cessions antérieures à l'accroissement s'appliquent nécessairement, par identité de motifs, aux cessions qui auraient lieu en même temps et qui tendraient également à faire opérer la réversion sous la forme d'un contrat de cession à titre onéreux régi par la législation antérieure. Mais la transmission aux héritiers des sommes ou valeurs stipulées à leur profit comme condition de la réversion est régie par le principe que le même objet ne peut être assujetti à deux droits de mutation de même nature.

52. *Réalisation des accroissements.* — Les accroissements prévus par la loi du 28 décembre 1880 sont, d'après le texte de l'article 4, ceux qui « s'opèrent au profit des membres restants. » Il n'est pas nécessaire que la transmission ait lieu au profit de *tous* les associés restants. Il suffit qu'elle s'effectue en faveur de l'un ou de quelques-uns seulement de ses membres. C'est aussi ce qui ressort avec évidence de la disposition relative aux cessions entre vifs mentionnées dans la dernière partie du même article 4, et qui peuvent être faites au profit d'un ou de plusieurs membres de la société.

Pour reconnaître l'existence de l'accroissement, il est avant tout nécessaire d'examiner les termes ou les conditions de la clause de réversion qui y donne lieu. Cette clause, en effet, peut être spéciale à certains cas. S'il est convenu, par exemple, que l'accroissement aura lieu dans l'hypothèse seule du décès de l'associé, il est certain que sa retraite ou son exclusion de la société n'opère pas la dévolution de sa part au profit des membres restants. Il n'y a donc pas lieu à l'application à la loi nouvelle.

Mais lorsque, comme habituellement, la clause de réversion est absolue, l'accroissement se produit, quelle que soit la cause pour laquelle l'associé cesse de faire partie de la société. Qu'il s'agisse de son décès, de sa démission ou retraite volontaire, de son exclusion forcée, etc., tous ces faits sont identiques. Ils rentrent également dans la prévision générale de l'article 4 de la loi du 28 décembre 1880. C'est seulement en ce qui concerne la détermination du tarif qu'il y a lieu de se préoccuper de leurs différences.

Section IIe. — *Liquidation et payement du droit.*

§ 1er. — *Dispositions communes.*

53. *Nature des biens. — Valeur brute.* — L'article 4 de la loi du 28 décembre 1880 renferme deux dispositions qui déterminent nettement l'objet et le mode de liquidation du droit de mutation applicable aux accroissements.

La première porte que l'impôt est perçu d'après la nature des biens existant au jour de l'accroissement, et la seconde, que cette perception est faite d'après les règles relatives aux transmissions d'immeubles.

Il en résulte deux conséquences :

D'abord, ce n'est plus comme autrefois le droit incorporel d'action ou de part d'intérêt appartenant à l'associé sortant qui est considéré comme transmis aux autres associés. Cest la portion indivise qui lui appartient dans chacun des biens composant le fonds social, créances, meubles ou immeubles, de la même manière que si la société était dissoute à son égard. Ce n'est donc plus le droit réduit de cession d'actions qui devient exigible, mais le droit réglé suivant la nature même des valeurs appartenant à la société.

D'un autre côté, la liquidation de ce droit devant avoir lieu suivant les règles établies pour les transmissions d'immeubles et l'impôt étant alors perçu sur la valeur des biens, sans distraction des charges, il s'ensuit que le droit d'accroissement doit être liquidé également sur la valeur brute des biens en nature qui y donnent lieu.

C'est d'ailleurs principalement en vue d'obtenir ce double résultat que la loi du 28 décembre 1880 est intervenue.

54. *Cessions antérieures.* — Le droit d'accroissement ainsi liquidé est exigible, d'après les termes précis de l'article 4, nonobstant toutes cessions antérieures faites entre vifs au profit d'un ou de plusieurs membres de la société ou de l'association. Il n'y a donc à tenir compte de ces cessions, ni pour fixer l'étendue de l'objet sujet au droit d'accroissement, ni pour calculer le montant de l'impôt. On ne peut, dès lors, imputer sur les droits d'accroissement les droits perçus sur les cessions dont il s'agit.

55. *Assimilation des meubles aux immeubles.* — L'article 4 renferme deux modifications essentielles aux règles ordinaires de perception : l'une qui concerne la liquidation et le payement de l'impôt; l'autre qui se rapporte à la détermination de la nature de la mutation.

La première est consacrée dans les termes suivants par le second paragraphe de l'article :

« La liquidation et le payement du droit auront lieu dans la forme, dans « les délais et sous les peines établis pour les transmissions d'immeubles. »

Les règles qui gouvernent actuellement les transmissions immobilières sont donc étendues aux valeurs mobilières de quelque nature qu'elles soient, comprises dans les accroissements. Elles leur seront appliquées suivant la nature des transmissions et conformément aux indications des paragraphes 2 et 3 ci-après.

56. *Présomption de gratuité.* — La seconde dérogation, relative à la nature de la mutation, consiste en ce que le législateur, au lieu de subordonner l'application du tarif à la nature réelle de chaque accroissement déterminée par les conditions spéciales dans lesquelles il s'opère, a décidé, d'une manière générale, que ces accroissements seraient assujettis au droit de mutation à titre onéreux. Son intention a été de soustraire, d'une manière générale, toutes les réversions de l'espèce à l'application de la jurisprudence qui leur attribuait le caractère de contrats à titre onéreux. Il a établi, sur ce point, en matière fiscale, une présomption analogue à celle que l'article 6 de la loi du 21 juin 1875 a consacrée en matière d'assurances sur la vie. Cette présomption doit, dans tous les

cas, être suivie pour la liquidation de l'impôt, encore bien que l'accroissement paraisse, à raison de ses conditions ou du prix alloué à l'associé sortant, revêtir le caractère civil de la mutation à titre onéreux.

57. *Tarif.* — Le droit d'accroissement ainsi organisé ne représente donc, à aucun point de vue, l'impôt applicable à des conventions préexistantes et dont la perception, momentanément suspendue, s'opère lors de l'événement avec un effet rétroactif au jour du contrat. Ce droit est un impôt de mutation proprement dit, qui devient exigible par le fait de la transmission résultant de l'accroissement et qui prend alors seulement naissance, de la même manière que le droit de mutation par décès applicable à une disposition antérieure de dernière volonté.

Il s'ensuit que tous les accroissements opérés *depuis la promulgation de la loi du 28 décembre 1880,* dans les conditions prévues par l'article 4, sont passibles du droit de mutation par décès ou de donation d'après les tarifs en vigueur au jour de leur réalisation, sans distinction à l'égard de ceux qui ont leur principe dans les actes enregistrés avant la promulgation.

58. *Division.* — Après avoir attribué, d'une manière générale, à tous les accroissements dont il s'occupe, le caractère d'une mutation à titre gratuit, l'article 4 de la loi du 28 décembre 1880 a divisé ces mutations en deux catégories distinctes, suivant la nature de l'événement qui donne lieu à la réversion : les mutations qui se réalisent par le décès de l'associé, et les mutations à titre gratuit qui s'opèrent entre vifs, avant ce décès, par la retraite, l'exclusion ou tout événement faisant sortir l'associé de la société.

Il importe d'examiner successivement ces deux situations.

§ 2. — *Droit de mutation par décès.*

59. *Règles générales.* — Lorsque l'accroissement se réalise par le décès de l'un des membres de l'association, les associés survivants, ou l'un deux se portant fort pour les autres, doivent souscrire au bureau de la situation des biens pour les immeubles et les meubles corporels, et au bureau du domicile du défunt pour les autres valeurs, dans le délai de six mois, une déclaration faisant connaître, dans la forme réglée par les articles 24, 27, etc. de la loi du 22 frimaire an VII, tous les biens de l'association et la part indivise revenant au défunt dans ces biens.

Les biens sont évalués sur les bases ordinaires prescrites pour la liquidation des droits de mutation par décès (L. L. 22 frimaire an VII, art. 14, n° 8; 15, n°s 7 et 8; 18 mai 1850, art. 7; 21 juin 1875, art. 2 et 3).

En cas de retard, d'omission ou d'insuffisance, il est procédé conformément au droit commun en matière de mutation par décès.

Les pénalités ordinaires sont encourues. Mais comme le payement de l'impôt doit avoir lieu conformément aux règles applicables au droit exigible sur les transmissions d'immeubles, l'Administration pourra requérir l'expertise des biens meubles afin d'en établir la valeur. Cette expertise sera intentée dans les conditions déterminées, pour les expertises relatives à la valeur vénale des immeubles, par les articles 17 et 18 de la loi du 22 frimaire an VII, 5 de la loi du 27 ventôse an IX et 15 de celle du 23 août 1871.

Les dispositions relatives à la prescription des droits ordinaires de mutation par décès seront appliquées.

§ 3. — *Droit de donation.*

60. *Meubles.* — Le deuxième alinéa de l'article 4 décide d'une manière générale, et sans distinguer entre les accroissements mobiliers et les accroissements immobiliers, que la liquidation et le payement auront lieu, dans tous les cas, selon le mode en vigueur pour les transmissions *d'immeubles.*

Ces règles seront donc appliquées indistinctement aux biens meubles ou immeubles compris dans les accroissements assujettis au droit de donation. Elles donnent lieu aux observations spéciales qui suivent.

61. *Déclaration.*— La mutation doit faire l'objet d'une déclaration « *détaillée et estimative* » (L. 27 ventôse an IX, art. 4), faisant connaître, selon le vœu de l'article 4 de la loi nouvelle, la nature des biens « *au jour de l'accroissement* », c'est-à-dire ou jour de la réalisation de la clause de réversion.

La déclaration sera souscrite par les « *membres restants* » de la société ou association, désignés dans la loi comme bénéficiaires de l'accroissement, ou par l'un d'eux agissant tant en son nom personnel que comme se portant fort des autres. Le directeur ou supérieur de la société ne pourrait être admis à souscrire, en cette qualité seule et sans se porter fort, la déclaration prescrite.

Le déclarant pourra être représenté par un mandataire, muni d'une procuration sous seings privés, rédigée sur papier timbré, qui restera annexée à la déclaration.

62. *Délai.* — Cette déclaration sera souscrite dans les trois mois de l'événement qui a réalisé l'accroissement (L. 27 ventôse an IX, art. 4). Un délai supplémentaire d'un mois est accordé à l'associé du chef duquel l'accroissement s'opère, pour porter la mutation à la connaissance de l'Administration (L. 23 août 1871, art. 14).

A défaut de déclaration, dans les délais ci-dessus, soit par les membres restants, soit par le membre qui se retire, les droits en sus ou amendes édictés par l'article 14 de la loi du 23 août 1871 deviennent exigibles.

63. *Liquidation.* — Les biens transmis seront *évalués*, pour la perception, conformément aux règles en vigueur pour les transmissions entre vifs à titre gratuit, quel que puisse être d'ailleurs le caractère réel de l'accroissement et lors même qu'il se réaliserait moyennant un prix ou des équivalents à payer à l'associé sortant. La *valeur* des créances sera, en conséquence, déterminée par leur capital, et celle des autres biens meubles par leur estimation en capital, résultant de l'évaluation des parties ou du cours moyen de la bourse au jour de la réalisation de l'accroissement (L. 22 frimaire an VII, art. 14, nos 2 et 8). Les immeubles seront *évalués* d'après leur revenu à la même date, capitalisé par 25 et 12 1/2 ou par 20 et 10, selon qu'il s'agit ou non de biens ruraux (L. 22 frimaire an VII, art. 15, nos 7 et 8; L. 21 juin 1875, art. 2).

64. *Omissions et insuffisances.* — L'omission dans une déclaration souscrite pour la perception du droit exigible sur une mutation entre vifs équivaut à la non déclaration de l'objet omis. Elle est, en conséquence, passible des mêmes peines que le défaut de déclaration dans le délai légal de trois mois, prévu ci-dessus.

Les insuffisances d'évaluation entraînent l'exigibilité d'un droit en sus, par application de l'article 5 de la loi du 27 ventôse an IX.

65. *Preuves.* — Les mutations mobilières ou immobilières résultant d'accroissements non déclarés dans le délai de trois mois ou faisant l'objet de déclarations incomplètes, seront établies conformément à l'article 12 de la loi du 22 frimaire an VII, qui porte : « La mutation d'un immeuble en propriété ou usufruit « sera suffisamment établie, pour la demande du droit d'enregistrement et la « poursuite du payement contre le nouveau possesseur, soit par l'inscription de « son nom au rôle de la contribution foncière, et des payements par lui faits « d'après ce rôle, soit par des baux par lui passés, ou enfin par des transactions « ou autres actes constatant sa propriété ou son usufruit. »

C'est surtout en rapprochant les actes de toute nature, successivement faits par les sociétés ou associations régies par l'article 4, que l'on pourra reconnaître les changements survenus dans leur personnel et, par suite, les retraites d'associés ayant produit l'accroissement sujet aux droits de donation. (V. sect. III, *Organisation du service*..)

Les insuffisances dans l'évaluation, soit de la valeur vénale des objets mobiliers, soit du revenu des immeubles, seront établies par les actes qui les feront connaître et, s'il y a lieu, au moyen de l'expertise provoquée dans les délais et dans les formes ordinaires (L. 22 frimaire an VII, art. 17, 18, 19 et 61, n° 1 ; L. 23 août 1871, art. 15).

Mais il n'y a pas lieu d'étendre à ces insuffisances la disposition de l'article 13 de la loi du 23 août 1871 sur les dissimulations de prix.

66. *Prescription.* — Le recouvrement du droit simple de donation et des droits en sus ou amendes est régi, au point de vue de la prescription, par les dispositions générales de la loi et de la jurisprudence relatives aux mutations d'immeubles entre vifs.

67. *Bureaux chargés du recouvrement.* — La disposition de l'article 26 de la loi du 22 frimaire an VII, d'après laquelle les actes sous seings privés peuvent être enregistrés dans tous les bureaux indistinctement, quelle que soit la situation des biens transmis, est applicable, par analogie, aux déclarations de mutations non constatées par actes, souscrites en exécution de l'article 4 de la loi du 27 ventôse an IX. Il s'ensuit que les associés bénéficiaires d'accroissements sont fondés à souscrire les déclarations que la loi leur impose, soit au bureau de l'enregistrement du lieu où la société a son siège ou au bureau du domicile particulier du défunt, soit au bureau dans le ressort duquel les biens sont situés en tout ou en partie, soit même dans tout autre bureau de leur choix.

Mais il est désirable que les déclarations soient souscrites de préférence, comme les déclarations relatives au payement du droit de mutation par décès (n° 59 *supra*), au bureau de la situation des biens pour les immeubles et les meubles corporels et au bureau du domicile de l'ancien sociétaire pour les autres valeurs, ou du moins, si les bénéficiaires de l'accroissement le préfèrent, au bureau du siège social.

Les sociétés ont un intérêt évident à ce que leurs déclarations soient reçues par l'agent qui sera appelé spécialement à les contrôler et qui, au moyen des documents réunis d'avance entre ses mains, peut être en mesure de signaler immédiatement aux déclarants certaines irrégularités à raison desquelles des droits en sus deviendraient ultérieurement exigibles. Si les parties persistaient néanmoins à acquitter les droits dans un autre bureau, leur déclaration devrait être reçue, et le receveur en adresserait immédiatement une copie entière et certifiée à ses collègues du siège social et des lieux de situation des biens.

Section III. — *Organisation du service.*

68. *Dossiers.* — Les mesures prescrites pour la recherche des sociétés assujetties à la taxe de 3 pour 100 sur le revenu par l'article 3 de la loi nouvelle (n°s 31 et suiv. *supra*) seront appliquées par les directeurs, avec le concours des agents sous leurs ordres, pour la recherche des sociétés ou associations civiles, régulières ou de fait, qui comportent les accroissements assujettis par l'article 4 au droit de mutation par décès ou de donation.

Un dossier spécial, ou une fraction particulière du dossier déjà ouvert pour l'exécution de l'article 3, sera consacré, par leurs soins, à chaque société tombant sous l'application de l'article 4.

Le receveur du bureau du siège social, chargé du recouvrement de la taxe sur le revenu et de la centralisation des documents propres à assurer le contrôle de la perception de cette taxe, est également chargé de conserver les dossiers contenant les documents et renseignements qui se rattachent au recouvrement du droit d'accroissement et de surveiller, dans leur ensemble, les événements qui doivent rendre ce droit exigible, soit à son bureau, soit aux autres bureaux dans le ressort desquels sont situés les biens sujets à accroissement. Il fera, à cet effet, la consignation générale prévue ci-après (*infra* n° 69).

Il importe également que les receveurs du lieu de la situation des biens puissent, de leur côté, surveiller aussi le recouvrement des droits. Dans ce but, le directeur leur fera parvenir, au moment de l'envoi du dossier de l'association au receveur du lieu du siège social, toutes les indications nécessaires pour qu'ils puissent ouvrir, en ce qui concerne les biens situés dans leur ressort, une consignation particulière.

69. *Consignation au sommier.* — Une consignation permanente, destinée à surveiller les accroissements régis par l'article 4, sera faite, pour chaque société tombant sous l'application de cet article, au bureau du siège social et sur le sommier de la taxe du revenu.

Des dispositions différentes doivent être adoptées selon que la société est ou non assujettie à l'impôt sur le revenu établi par la loi du 27 décembre 1880.

Lorsque la société n'est point soumise à cette taxe, la consignation relative au droit d'accroissement contiendra un intitulé indiquant la dénomination de la société, son siège social, la date de sa constitution, sa durée, les noms des gérants ou directeurs et les clauses relatives aux réversions ainsi qu'aux adjonctions de nouveaux membres.

Chaque consignation portera un numéro d'ordre. Elle sera divisée en deux parties. La première fera connaitre les noms, prénoms, profession et domicile de chacun des membres de la société dont le décès ou la retraite peut donner lieu à l'accroissement. La seconde, qui sera inscrite après la première, indiquera, dans la forme prescrite pour la perception de la taxe des revenus, la consistance de toutes les valeurs actives assujetties à la réversion.

Des blancs seront ménagés à la suite de chaque partie de la consignation pour qu'on y inscrive les nouveaux membres ou les acquisitions nouvelles. Les modifications survenues dans le personnel des membres inscrits et dans les biens déjà portés sur le tableau seront mentionnées, au moyen d'annotations faites en marge de chaque article, dans une colonne réservée à cet effet à la droite de la consignation.

Lorsque la société est passible de la taxte sur le revenu établie par la loi du 28 décembre 1880, la consignation relative aux accroissements consiste en un paragraphe additionnel établi à la suite des tableaux relatifs à la perception de cette taxe.

Ce paragraphe contiendra toutes les indications qui viennent d'être énumérées au sujet des clauses d'adjonction ou de réversion et au sujet des membres de la société soumis à l'action des réversions. Les modifications survenues dans ce personnel y seront inscrites de la même manière.

Les réalisations d'accroissements seront indiquées successivement avec les détails nécessaires à la suite ou en marge des consignations.

Une consignation semblable sera faite, en outre, dans chacun des bureaux, autres que le bureau du siège social, dans lesquels la société possède des valeurs mobilières ou immobilières, sauf à limiter à ces valeurs les indications relatives à la désignation des biens.

Des références seront établies entre la consignation, le dossier qui la concerne et les enregistrements d'actes, renvois ou autres documents, ainsi qu'il est prescrit pour les consignations relatives à la taxe sur le revenu.

70. *Recette. — Compétence des receveurs.* — La recette du droit d'accroissement est constatée, lorsqu'il s'agit du droit de *mutation par décès,* sur le registre consacré aux déclarations de mutations de cette nature; elle est portée au registre des actes sous seings privés, toutes les fois que, l'accroissement étant réalisé autrement que par décès, il est assujetti au droit de *donation.*

Dans les villes où l'enregistrement des actes civils et la recette des droits de succession sont attribués à des agents distincts, c'est le receveur des droits de succession qui est exclusivement chargé du recouvrement de la taxe de 3 pour 100 sur le revenu (V. nº 30 *supra*) et du droit d'accroissement réalisé par décès. Pour éviter toute complication dans la surveillance et le contrôle, le même comptable est autorisé à recevoir en outre les déclarations d'accroissement qui donnent ouverture à la perception du droit de donation, et à encaisser le montant de ce droit.

Comme conséquence, c'est à ce comptable qu'incombe exclusivement le soin de faire les consignations prescrites et de surveiller spécialement le recouvrement de l'impôt. Mais les receveurs de l'enregistrement des actes civils auront soin d'adresser à leurs collègues des successions, outre les renvois prescrits, toutes les communications particulières que pourrait commander l'intérêt du Trésor.

Des mesures exceptionnelles seront prises, au besoin, en ce qui concerne la ville de Paris et les autres grandes villes.

71. *Renvois.* — Tous les receveurs devront adresser, tant au bureau de l'enregistrement du siège social qu'au bureau de la situation des biens, des renvois de l'enregistrement des actes ou déclarations *de toute nature*, intéressant à un titre quelconque les associations soumises ou paraissant soumises aux dispositions de l'article 4, ainsi que de toute mention ou acte faisant connaître le décès ou la retraite d'un de leurs membres.

Il est surtout indispensable qu'un service de renvois particuliers s'établisse entre le receveur du lieu du siège social et tous les receveurs des bureaux de la situation des biens, afin que la consignation générale faite au premier de ces bureaux et les consignations partielles faites dans les bureaux de la situation soient toujours en concordance et annotées de toutes les indications utiles.

Le receveur du lieu du siège social est spécialement tenu de faire connaître aux receveurs du lieu de la situation, au moyen de renvois et, au besoin, par l'envoi de copies d'actes, constaté sommairement au registre de correspondance : 1° la formation des sociétés nouvelles, leurs conditions d'existence, clauses de réversion ou d'adjonction, désignation détaillée des biens possédés par ces associations dans le bureau destinataire, etc.; 2° les renseignements généraux portés à sa connaissance par les renvois provenant d'autres bureaux et pouvant déterminer l'exigibilité du droit d'accroissement.

Les receveurs du lieu de la situation des biens doivent notamment renvoyer au bureau du siège social tous les actes ou renseignements relatifs aux biens situés dans leurs circonscriptions, les déclarations souscrites pour le payement du droit d'accroissement et tous autres documents dont la mention doit être faite à l'article du sommier sous lequel tous les renseignements relatifs à l'association sont centralisés.

72. *Surveillance.* — Les agents de tous grades sont invités à exercer une surveillance particulière sur les réalisations de clauses d'accroissement et à ne négliger à cet effet aucun des moyens propres à les faire reconnaître. Ils utiliseront notamment les indications contenues dans les inventaires, partages ou autres actes analogues et surtout dans les notices des décès. La mention, dans ces notices, de membres de congrégations religieuses fixera spécialement leur attention, alors même qu'il s'agirait de congrégations reconnues, les membres de ces congrégations faisant fréquemment partie, comme on l'a déjà signalé (V. n° 42 *supra*), de sociétés civiles auxquelles l'article 4 peut être applicable.

Les diverses recherches et vérifications recommandées aux employés supérieurs pour assurer le recouvrement de la taxe sur le revenu (V. n°s 31 et suivants *supra*) sont de nature à amener la découverte des sociétés ou associations régies par l'article 4 et les réalisations d'accroissements donnant ouverture au droit de mutation par décès ou de donation. Ces agents auront soin, lorsqu'ils prendront connaissance des documents relatifs aux contributions directes, de rechercher spécialement les mutations qui auraient été faites au rôle, à la suite de réversions. La vérification des consignations relatives à chaque société et des comptes ouverts qu'elles doivent contenir leur est particulièrement recommandée.

Les droits et amendes dont l'exigibilité serait constatée par les recherches des agents de tout grade figureront, dans leurs tableaux ou précis, au chapitre des découvertes.

73. *État des produits.* — Les receveurs adresseront au directeur de leur département, dans les cinq premiers jours du mois d'avril 1882, avec un rapport à l'appui, un relevé sommaire faisant connaître :

1° Les produits de la taxe de 3 pour 100 recouvrés pendant le premier trimestre de 1882, pour l'année 1881, par application de l'article 3 de la loi du 28 décembre 1880;

2° Les produits, en principal et décimes, des droits de mutation par décès et de donation perçus pendant l'année 1881, par application de l'article 4 de la même loi, sur les accroissements de parts sociales.

Les relevés seront conformes au modèle ci-joint *(Annexe n° 2)*. Après les avoir vérifiés, les directeurs les résumeront dans un état récapitulatif qu'ils adresseront à l'Administration (Bureau central) le 15 avril 1882, avec un rapport spécial contenant leurs observations sur les résultats de l'application de la loi.

Le Conseiller d'État, Directeur général
de l'Enregistrement, des Domaines et du Timbre,

LECLER.

APPROUVÉ :

Paris, le 25 juin 1881.

Le Ministre des Finances,

J. MAGNIN.

COMMENTAIRES

> Atteuter à la liberté d'un citoyen, c'est menacer la mienne.
> Bouleverser les principes du Droit public, c'est menacer ma famille et ma propriété
> Opprimer par l'Impôt, c'est paralyser mon travail.

SECTION PREMIÈRE

SOCIÉTÉS SOUMISES A LA TAXE

BUT DE LA LOI

§ 1er. — Sociétés ou Associations de droit.

Le premier alinéa de l'article 3 de la loi du 28 décembre 1880 est ainsi conçu :

> L'impôt établi par la loi du 29 juin 1872 sur les produits et bénéfices annuels des actions, parts d'intérêts et commandites, sera payé par toutes les sociétés dans lesquelles les produits ne doivent pas être distribués en tout ou en partie entre leurs membres.

La loi du 29 juin 1872 dont nous faisons plus loin le commentaire (Évaluation à 5 0/0, § 2), atteignant de la taxe de 3 pour 100 : 1° les produits des actions de toute nature des sociétés commerciales et *civiles*, et 2° les intérêts produits et bénéfices annuels des parts d'intérêts et commandites de toutes sociétés (1) dont le capital n'est pas divisé en actions, il était juste que les associations ou *congrégations religieuses* reconnues ou non reconnues, qui seraient établies par CONTRAT *en vue de réaliser des bénéfices* (C. c. 1834), fussent soumises au régime fiscal créé par cette loi. (V. n° 5, *in fine*, « Établissements n'ayant pas le caractère de sociétés ».)

Il paraît, d'après ce que dit l'Administration de l'enregistrement dans son Instruction du 20 juin 1881, n° 2651, page 2, que certaines congrégations religieuses ont *échappé* à l'application de ce principe.

Certaines sociétés religieuses, dit-elle, ont échappé à l'application de la loi (du 29 juin 1872) parce que leurs statuts prohibent formellement la distribution entre les associés des produits de la société, et que ces produits, à mesure de leur réalisation, devenaient la propriété définitive de la société pour augmenter son patrimoine.

D'autres associations semblables et, notamment, les *congrégations reconnues* ont profité de l'exemption, même en l'absence de la clause prohibitive de distribution, parce que l'impossibilité de la distribution des produits résultait de la nature et des conditions de l'association.

Cette situation consacrait dans la perception une inégalité contraire à la pensée du législateur (de 1872). Il a semblé d'autant plus opportun de la faire disparaître, que les produits exonérés de la taxe, en devenant la propriété irrévocable de la société, servent à accroître l'importance des biens de mainmorte soustraits à la circulation et à l'action de l'impôt.

Échappé, *exemption*, *exonérés*, sont des mots qui comportent quelques observations. Ils ont un sens tellement différent dans le langage ordinaire et dans celui du Droit, que nos lecteurs ont besoin de savoir s'ils expriment un oubli du législateur de 1872, une imperfection de la loi, ou une résistance des congrégations contre la loi.

Avant de nous expliquer sur ce point, il convient, croyons-nous, de préciser le sens légal du mot SOCIÉTÉ exprimé dans l'article 3, afin que, dans le cours de nos commentaires, nous n'attribuions pas ce mot à des *associations* qui ne seraient pas des sociétés proprement dites.

La première disposition de l'article 3 vise *toutes les sociétés civiles* qui sont établies par un *contrat* (art. 1834, C. c.) et qui se constituent en vue de réaliser des *bénéfices* (C. c. 1832) et, par conséquent, les sociétés religieuses qui, formées par un *contrat*, RÉALISENT DES BÉNÉFICES et *stipulent qu'il ne sera pas fait de distribution de bénéfices à leurs membres.* (V. § 3 du titre « Distribution partielle ». V. n° 5, *in fine*, « Établissements n'ayant pas le caractère de société ».)

Cette disposition est générale (2).

Chaque fois donc que nous emploierons les mots *sociétés* ou *associations*, nous aurons en vue TOUTE ASSOCIATION RÉGLÉE PAR UN CONTRAT DONT LE BUT SERA LA RÉALISATION DE BÉNÉFICES.

Voyons maintenant, en nous appuyant sur la disposition de l'article 3, s'il est vrai de dire :

1° Que certaines sociétés religieuses ont *échappé* à la loi ;

(1) Sauf les sociétés en nom collectif et de coopération. (Loi du 1er décembre 1875.)

(2) Voir pour l'exception, *Société universelle de Biens présents seulement* (C. c. 1837) : n° 15, *Forme des Déclarations ;* n° 2, *Déclaration,* société *Pereire.*

2° Que d'autres associations religieuses ont profité d'une *exemption*;

3° Que « des produits » de ces sociétés ou associations ont été *exonérés* de la taxe.

Si les premières, les congrégations non reconnues, ont échappé à la taxe, ce n'est point toujours parce qu'elles ont refusé de l'acquitter. Nous pourrions en citer plusieurs qui se sont parfaitement soumises dès le début, et, de son côté, l'Administration dans sa défense sur l'opposition des Zélatrices de l'Eucharistie reconnaît elle-même « qu'un grand nombre d'établissements scolaires, hospitaliers, de bienfaisance et de charité supportent l'impôt. » (Seine, 6 juillet 1877, 4753, Rép. pér.) Si *toutes* ne l'ont pas acquitté, c'est parce qu'on ne la leur a pas réclamée, tant il était incertain dans l'esprit de l'Administration qu'elles y fussent soumises (1).

Afin que l'on sache à qui incombe la responsabilité de l'exemption, nous allons soutenir la thèse de droit que les tribunaux et la Cour de cassation ont fait prévaloir, en se fondant sur les termes généraux de la loi du 29 juin 1872, et, notamment, sur la *lettre* de la loi. Plus bas, et nous appuyant sur le principe de cette loi, nous démontrerons qu'il n'a pas été dans l'*esprit* du législateur d'atteindre les sociétés ou associations qui ne doivent jamais distribuer des bénéfices. On verra dans quel état d'incertitude se trouvait alors l'Administration à l'égard de ces associations, et que c'est précisément cet état que le législateur de 1880 a voulu dissiper.

De ce que quelques autres sociétés de cette nature ne *devaient point distribuer des revenus*, cette circonstance n'empêchait pas, selon nous, la demande en payements, parce que la loi du 29 juin 1872 ne distingue pas, pour les sociétés, — autres que celles qui n'ont pas d'actions, et celles qui, n'ayant pas d'actions, ont un Conseil d'administration, — entre le cas de distribution *effective* et celui de *non distribution par suite de prohibition*, par la raison bien simple qu'elle n'atteint pas le revenu *réellement* distribué, mais le *revenu du capital social fixé au cinq pour cent*, et cela pendant toute la durée de la société. Il suffisait donc à l'Administration, pour appliquer la taxe, en se tenant à la *lettre* de la loi : SOCIÉTÉS CIVILES, de prouver que ces sociétés étaient constituées en vue de *réaliser des revenus*. Si elle n'a pas fourni cette preuve, c'est qu'elle n'a pas voulu la faire ou qu'elle n'a pu. C'est donc à tort, qu'en se servant du terme *échappé*, elle paraît faire à ces sociétés un reproche qu'elles n'ont pas mérité.

Lorsque l'Administration fait observer, page 2 de son Instruction, qu'il résulte « de l'économie de la loi du 29 juin 1872 que l'exigibilité de la taxe se fondait, non sur l'existence des produits *réalisés* par la société et tombés dans son patrimoine, mais sur la *distribution* qui les en fait sortir, pour les attribuer aux membres de l'entreprise *personnellement* », on doit reconnaître que cette juste observation s'adresse aux sociétés par actions et autres qui n'ont qu'un Conseil d'administration, et non

(1) Cette incertitude existait à l'égard des sociétés en nom collectif, puisque ce n'est qu'en 1875, que l'Administration a fait trancher la difficulté par la Cour suprême. (Arrêt du 23 août 1875, art. 4201, Rép. pér.)

aux sociétés dont nous parlons ici. Le législateur de 1880, loin de viser, pour ces dernières, le fait de *distribution*, ne vise que le fait de *réalisation ou de production* de bénéfices. Entre ces dites sociétés, celles reconnues qui ne *peuvent* pas distribuer, et celles non reconnues, qui ne *doivent* pas distribuer, par suite d'une prohibition, la situation étant la même, au *point de vue de l'impôt*, les sociétés *reconnues* devaient comme celles *non reconnues*, à défaut de distribution, la taxe sur le *5 pour 100 du capital social;* par conséquent, elles se trouvaient placées sous le régime fiscal de 1872. C'est donc encore à tort que l'Administration dit d'elles qu'elles ont été *exemptées* de la taxe, ou que leurs produits en ont été *exonérés*.

Si les sociétés reconnues ou non reconnues étaient formées par actions, aucun doute sur l'application de la taxe de 1872 n'était possible. C'est pour cela que l'Administration ne parle pas de ces sociétés.

Telle est l'interprétation juridique qui eût dû être faite de la loi du 29 juin 1872, au moins si l'on considère uniquement sa *lettre*, ainsi que l'a pensé la Cour de cassation au sujet des sociétés en nom collectif.

Pour justifier que certaines sociétés religieuses ont échappé à la taxe ou en ont été exemptées, même de la taxe sur le 5 pour 100, l'Administration pourrait objecter que si la *lettre* de la loi parle en faveur de notre interprétation, son *esprit* s'en éloigne. En effet, peut-elle nous dire: Comment le législateur de 1872 aurait-il eu la pensée d'imposer des sociétés qui, se perpétuant par l'adjonction incessante de nouveaux membres et la clause de réversion des biens au profit des membres restants, faisaient obstacle à toute *distribution*, à tout partage de bénéfices? En 1872, du reste, le législateur avait bien d'autres préoccupations! Les travaux considérables de recherches faits en 1880, alors que d'autres préoccupations moins impérieuses sont survenues, témoignent suffisamment qu'en 1872, époque de détresse pour le *pays* et pour le *trésor public*, il ne pouvait venir à l'idée de personne de rechercher laborieusement et d'atteindre par l'impôt des sociétés presque insaisissables.

Si telle a été la pensée de l'Administration en se servant des expressions dont nous faisons la critique, oh! nous nous inclinons devant cette objection capitale et nous nous empressons même de déclarer que tout en défendant, il y a un instant, la *lettre* de la loi, nous étions pénétré de cette vérité que la *lettre* a trahi *l'esprit*. Non, le législateur de 1872 n'a pas plus pensé à imposer ces sociétés, qu'il n'a pensé à imposer les sociétés en nom collectif.

Cela étant, il fallait, pour la bonne confection des lois, ou que le législateur de 1880 abrogeât la loi du 29 juin en ce qu'elle pouvait, par sa *lettre*, concerner les sociétés religieuses dont nous parlons, ou procédât comme le législateur de 1875 qui, pour édicter l'exemption en faveur des sociétés en nom collectif, abrogea la *lettre* à laquelle s'était rattachée la Cour de cassation; ou bien, fallait-il encore soumettre à la Cour cette même *lettre* comme atteignant toutes les sociétés civiles et particulièrement les *sociétés religieuses*, et, au cas où la Cour se serait encore prononcée affirmativement, laisser subsister la loi de 1872, *loi générale*, et ne point édicter celle du 28 décembre 1880. Dans ce cas, la taxe exigible sur le 5 pour 100 du *capital social*, en atteignant les sociétés religieuses, par action ou sans action, ne *devant ou ne pouvant distribuer des revenus*, eût certainement désintéressé le *Trésor* public, puisqu'il s'est trouvé désintéressé, du chef des *sociétés civiles ordinaires*, de cette même taxe, liquidée sur ce 5 pour 100 et non sur les bénéfices *distribués* ou sur le *revenu* réel encaissé. De cette manière, toutes les sociétés civiles, religieuses et laïques, auraient vécu sous le même régime fiscal et l'on aurait épargné au pays les émotions qu'il ressent chaque fois, qu'après des travaux administratifs considérables, et des résistances parlementaires redoutables, une loi vient par son caractère exceptionnel porter atteinte au principe de l'égalité devant l'impôt.

La loi du 28 décembre 1880 n'est pas venue pour réparer des torts administratifs, ni un oubli du législateur de 1872. Se fondant sur des motifs moins généraux et moins généreux que ceux qui ont amené la loi de 1872, le législateur de 1880 est intervenu seulement pour donner satisfaction à un intérêt politique. Il n'a certainement pas couru après un intérêt d'argent. Il fallait combattre « l'ennemi ».

« Il a *semblé* d'autant plus *opportun* (1) de la faire disparaître » (*l'inégalité)*, dit l'Administration, au sujet du BUT DE LA LOI, « que *les produits exonérés de la taxe servent à accroître le bien de* MAINMORTE. »

L'objectif? Le voilà.

L'égalité? C'est un vain prétexte.

On va voir que, pour la poursuite de cet objectif, on fera de l'*inégalité* au lieu de l'égalité.

Pour entrer dans cette voie, bien taillé, bien corsé et éperonné, il fallait un auxiliaire au législateur de 1880. Il eût dû abroger, avons-nous dit, la loi de 1872, ou, du moins, la faire interpréter par la Cour de cassation en ce qui concernait les associations religieuses. Il ne l'a pas fait. Il en avait besoin pour deux motifs : le premier, afin de ne pas paraître *innover*; le second, afin d'être armé de pied en cap, de livrer bataille ventre à terre et de tout saccager : Liberté, principes du droit, lois anciennes, règlements administratifs, sièges sociaux, vie privée!

On a lu plus haut que le législateur de 1872 n'a pas eu la pensée d'imposer les sociétés religieuses, même par actions, qui ne doivent ou ne peuvent distribuer de revenu à leurs membres, ni surtout toucher aux revenus qui *restent attachés à la personne morale*. En effet, la loi de 1872 ne taxe, d'un côté, que les revenus *distribués*, et, d'un autre côté, des *revenus* présumés *distribués* (1 %) aux associés débiteurs de la taxe. Elle ne touche pas aux réserves des sociétés par actions ni à celles des sociétés ordinaires. Or, comme les sociétés religieuses dont nous parlons mettent *tous leurs bénéfices en réserves*, il est *vrai de dire qu'elle ne les a pas atteintes dans ces réserves*.

La taxe ne pouvait porter que sur le 5 pour 100 du capital social, qui répond à une présomption de distribution de revenu.

(1) Il a *semblé opportun!* Deux mots qui jurent de se trouver à côté l'un de l'autre.

Dans ce cas la personne morale fait l'avance de la taxe et l'associé en est le débiteur.

Voilà, si la Cour eût été consultée, comment la loi de 1872 eût pu être appliquée.

Le législateur de 1880 modifie cet état de choses : « Vous ne distribuez pas, vous ne distribuerez jamais, dit-il ; payez sur le 5 pour 100 du capital social.

Ce n'est plus l'associé qui est *débiteur* de la taxe, c'est la *personne morale*, puisqu'elle garde tout et que l'associé ne reçoit rien.

Pour vous, leur dit-il, un nouveau système de législation est nécessaire, indispensable même. Si l'on s'était attaché rigoureusement à la *lettre* de la loi de 1872, vous n'auriez été atteintes qu'au moment de votre dissolution et du *partage* de vos biens tombés régulièrement aux mains de l'administration (1). Or, comme il est très probable, vu l'esprit que vous avez, que vous passerez des siècles sans vous dissoudre, à moins que toutefois un gouvernement absolutiste ou un gouvernement républicain despotique vous dissolve de force, vous brise, vous disperse et jette vos cendres aux quatre vents du monde, je ne veux pas que le Trésor reste dans une perpétuelle attente, et, dès l'instant, moi qui veux faire respecter le principe de l'égalité devant l'impôt, je vous impose sur l'*intégralité de vos revenus*, soit sur *toutes vos réserves*, soit sur tout votre *actif social*. Je veux, et ce sera. *Dura lex, sed lex*. (Voir « Patrimoine social, n° 16, Évaluation à 5 pour 100, § 3, Évaluation des meubles et immeubles ».)

Sous le prétexte de rétablir l'égalité au moyen d'une taxe de fort peu d'importance pour le Trésor, *qui a ses caisses pleines, le législateur assure donc le triomphe de l'inégalité!*

En effet, les sociétés civiles *ordinaires* ne payent la taxe que sur le 5 pour 100 de leur capital, quels que soient leurs bénéfices annuels, à moins qu'elles ne soient constituées par actions. Les sociétés religieuses la payeront sur leurs revenus *annuels*, sur *tous* les revenus qui pourraient être distribués, sans l'interdiction de distribution. Les *réserves* n'en sont pas à l'abri.

La première année de son exercice, la *Banque parisienne* a mis en réserve 700,000 francs. Puis elle a employé cette réserve en constructions. Elle pourra passer cent ans sans payer la taxe sur cette réserve, tandis que les sociétés religieuses auront à payer *annuellement*, outre la taxe de mainmorte, celle de 3 pour 100 sur le 5 pour 100 de la valeur vénale de leurs réserves et de leur premier capital! Il est vrai que cette Banque payera sur les constructions la taxe de mainmorte, mais alors on verra ceci : un à la Banque, deux aux sociétés religieuses.

Voilà des innovations! Voilà le compte de l'égalité! Voilà l'impôt du revenu sur le *capital*, impôt dont l'Assemblée nationale n'a pas voulu (2).

(1) PARTAGE. — Nous soutenons que, lorsque les débiteurs de la taxe dévoilent *publiquement* leurs bénéfices, avant ou après la dissolution des sociétés, il est dans l'esprit de la loi de 1872 d'atteindre les bénéfices, soit la différence entre l'actif social et le capital social. (V. *Documents analogues*, n° 3; *Évaluation* à 5 0/0, 3°.)

(2) Voir *Évaluation* à 5 0/0, § 2: *Principes de la loi* du 29 juin 1872.

Voilà, à l'aide de deux mécanismes différents, 1872 et 1880, la *double taxe* de mainmorte. Le langage de l'Administration ne laisse aucun doute à cet égard : Il a *semblé opportun* de frapper des revenus venant accroitre la *mainmorte*.

Voyez les conséquences.

Tandis que nos députés de la *gauche*, d'accord avec le Gouvernement, un peu rétif, il est vrai, nous le disons à sa louange, imposent cette double taxe, ils laissent la Banque parisienne et d'autres sociétés *constituer des biens de mainmorte*!

Ce n'est pas tout encore. Tandis qu'ils poursuivent avec acharnement les sociétés religieuses, ils lâchent la bride à une foule de petites sociétés financières, industrielles et commerciales qui vont bientôt devenir un véritable fléau social, tant les lois qui régissent la matière des sociétés se prêtent à l'agiotage, à la basse spéculation, au mensonge des comptes rendus et aux crimes de comptabilités mal tenues!

En présence d'innombrables sociétés, qui, pas plus tôt sorties de la boue, y rentrent, après avoir dévoré une mine sociale qui a nom ÉPARGNE PUBLIQUE, les hommes de cœur et d'honneur de tous les partis politiques se demandent s'il ne serait pas plutôt urgent de soutenir les sociétés religieuses qui possèdent pour CONSERVER, que ces sociétés qui, ne possédant rien, dévorent tout.

Si, laissant de côté le terrain exclusivement politique sur lequel on a placé à tort ou à raison les sociétés religieuses pour se porter sur le terrain économique et moral, ne serait-il point préférable de tendre une main chrétienne aux sociétés religieuses, qui, en conservant, moralisent, que de la donner à des sociétés qui n'usent de la liberté que pour morceler et disperser, détruire et démoraliser?

On verra dans le cours de cet ouvrage d'autres innovations.

§ 2. — Sociétés de fait.

Loi. — Les mêmes dispositions, dit le second paragraphe du premier alinéa de l'article 3, s'appliquent aux associations reconnues et aux sociétés ou associations même de fait existant entre tous et quelques-uns des membres des associations reconnues ou non reconnues.

Définition. — On entend par *société ou association de fait* ou *société verbale*, toute association qui n'est pas formée par un contrat, par opposition aux *sociétés de droit* qui tiennent leur existence d'un contrat régulier. (Art. 1834, C. c.)

Cette seconde disposition vise :

1° Les associations *reconnues* formées par un *contrat*.

Le législateur eût pu se dispenser de les désigner par le mot *association*, puisqu'elles l'étaient déjà par le terme général SOCIÉTÉS, exprimé dans la première disposition. S'il fait reparaître ce mot dans la deuxième disposition, c'est, d'abord, pour bien manifester son intention d'imposer à la taxe les *associations religieuses* et, ensuite, de crainte, en ajoutant à ce mot le mot *religieuse*, de *reconnaître* les associations religieuses *non reconnues*. Il a donné à entendre qu'il atteint, en tant que *sociétés*, toutes les *associa-*

tions que l'État a *reconnues* et qui restent sous sa surveillance, et toutes autres sociétés ou *associations de fait* existant entre tous ou quelques-uns des membres de ces *dites associations reconnues considérées comme sociétés*.

2° Les sociétés ou associations de fait, religieuses ou laïques, existant entre tous ou quelques-uns des membres d'une association reconnue ou non reconnue formée par contrat (1).

NON DISTRIBUTION DES PRODUITS

(I., n° 2, p. 5.)

---

§ 1er. — Économie de la loi.

SOCIÉTÉS CIVILES ÉTABLIES PAR CONTRATS ET AYANT EN VUE DE RÉALISER DES BÉNÉFICES

D'après le texte de l'article 3, dit l'Administration, il est nécessaire, pour l'application de la loi, que les produits de la société ne doivent pas être distribués en tout ou en partie entre les membres.

Loi. — L'impôt... sera payé par toutes les sociétés dans lesquelles les produits ne doivent pas être distribués en tout ou en partie.

Cette disposition vise les sociétés et associations qui *sont formées par contrat* et qui ont *en vue la réalisation de bénéfices* ou de produits.

C'est là du reste la lettre et l'esprit de la loi du 29 juin 1872 qui, en désignant, par exemple, les *Sociétés civiles*, n'a les yeux fixés que sur celles établies par *Contrat* et qui ont en vue de telles *réalisations*.

Puisque le législateur de 1880 édicte une taxe sur le *revenu*, il n'a pas visé les sociétés ou associations qui, même établies par contrat, ne se seraient point constituées en vue de réaliser des bénéfices — « dans

(1) Voir *Amendement Ribot* à la table alphabétique. M. Ribot a fait une révolution dans le Code civil et dans le Code fiscal. Il reconnaît lui-même que les explications qu'il a données sont assez abstraites.
Voir *Sociétés de fait*, §§ 1, 2 et 3; *Législation, Jurisprudence, Doctrine, Débats législatifs, Preuves de l'existence.* — Voir *Non distribution des produits*, § 2, nos 4 et 5, et *Distribution partielle*, § 3, *Nécessités de l'existence d'un contrat.*

lesquelles les produits ne doivent pas être distribués. » Ce qui signifie évidemment qu'il ne vise que celles qui doivent *réaliser des produits*. Ces sociétés sont donc exclues du nouveau régime fiscal, comme elles l'étaient du premier (1872). Point de réalisation à faire, point de taxe sur le *revenu*.

Ainsi, ces sortes de sociétés ou associations qui n'ont pour but que des œuvres de charité, des œuvres d'éducation et de moralisation, des œuvres de *protection* morale et même matérielle pour le présent et pour l'avenir, peuvent se rassurer, elles sont inattaquables. (V. n° 5 *in fine*, « Établissements n'ayant pas le caractère de société ».)

Par exemple, l'association dite PETITES SŒURS DES PAUVRES, qui se revêt d'un costume religieux pour faire la charité aux malheureux, au nom de Dieu et de l'humanité entière, après avoir demandé elle-même la charité, n'est point passible de la taxe, s'il est vrai que, formée par un contrat régulier, son *objet n'est point de réaliser des bénéfices pour elles ni pour aucun de ses membres*; s'il est vrai encore que son actif social est le *patrimoine* de la PAUVRETÉ, comme les *Églises* sont le patrimoine des fidèles du *Christ*, le premier d'entre les pauvres. Mais si l'administration chargée de protéger les intérêts du *Trésor public*, et non de prêter la main aux passions purement politiques, venait à prouver que le but de l'institution est, du moins pour partie, d'amasser des biens qui seraient divertis au détriment de *l'œuvre de charité*, soit pour en enrichir un de ses membres personnellement, soit pour en enrichir un de ses pauvres, il n'est pas douteux qu'elle aurait le droit et le devoir d'intervenir, munie de preuves régulières, pour réprimer les fraudes faites à la loi. Les tribunaux n'hésiteront jamais à lui donner gain de cause sur ce point. Nous applaudissons à la répression de toute fraude, ce qui ne nous empêche pas de nous soulever quelquefois contre la répression, en pensant que les fraudes ne sont, en général, qu'une légitime vengeance contre *l'oppression par l'impôt*.

Telle est l'économie particulière de la première disposition de l'article 3, *Non distribution des produits*. (V. au titre suivant : « Distribution partielle n° 3 ».)

§ 2. — Prohibition de distribution.

1° CONTRATS OU CONVENTIONS EN TENANT LIEU

Voyons ce que dit l'Administration sur la circonstance du fait de *Prohibition de distribution*.

> Cette circonstance (la prohibition) résulte, dit-elle, de deux ordres de faits :
> 1° Elle peut provenir d'abord des interdictions placées dans les statuts de la société ou dans les conditions de la convention qui en tient lieu.

Si la circonstance de non distribution provient d'une prohibition exprimée dans les *statuts ou les contrats*, la taxe sera incontestablement exigible, ainsi le veut l'article 3 de la loi. Le *contrat* est ici le pivot autour duquel évolue l'impôt; c'est si vrai, qu'en l'absence de « statuts » ou de contrats, il faut qu'il existe des *conventions* QUI EN TIENNENT LIEU. Or, si l'on découvre des conventions qui n'en tiennent pas lieu, et qui ne permettent point cette évolution, il n'est pas contestable que l'impôt ne sera pas applicable. La loi atteint d'une manière générale toutes les *sociétés* (1). Qui dit *société*, dit *contrat*. Si donc, les *conventions* dont parle l'Administration ne sont pas l'*équivalent* d'un contrat, la loi demeurera sans application, et c'est évidemment ce que l'Administration a entendu dire par ces mots : que la circonstance de non distribution « peut résulter..., en l'absence de toute *convention dans les statuts* », puisque les statuts sont des contrats. Elle assimile bien la convention au contrat.

2° ABSENCE DE CONVENTION. — NATURE. — CONDITIONS. — ORGANISATION.

2° Elle peut résulter (la prohibition), en outre, en l'absence de toute convention statutaire, de la nature de l'association, s'il s'agit d'une société organisée dans des conditions ou sous un régime légal qui ne comporte la distribution des produits aux membres de la société.

Parlons d'abord des *conditions*, nous parlerons plus bas du régime légal.

On a vu, sous le numéro précédent, que, dans le cas où la société est formée par contrat, la prohibition de distribution peut provenir de *conditions*.

Nous allons démontrer, pour le cas qui nous occupe, que si cette prohibition résulte d'un contrat, ou, à défaut de contrat, de la *nature même* de l'association, la taxe peut ne pas être due.

Un formidable argument se présente: c'est que la loi de 1880, pas plus que celle de 1872, ne vise dans la première disposition de son article 3 que les sociétés établies par contrat et ayant pour objet la réalisation de bénéfices. On est dès lors étonné de voir l'Administration prétendre imposer la taxe à celles qui n'ont pas de contrat. En supposant que la loi visât les sociétés non pourvues de contrats, la taxe ne serait due que si la société avait pour objet de réaliser des bénéfices. La condition indispensable, pour l'application de la taxe, réside dans cet objet.

Ainsi, voilà une société formée entre prêtres de l'*ordre régulier*. Elle est d'une nature essentiellement religieuse. Elle a pour objet de servir Dieu. Elle envoie ses membres en missions. Elle ne réalise pas de ces produits qui sont destinés à procurer aux membres des jouissances matérielles, ainsi que cela se passe dans les sociétés ordinaires où tout est fait en vue de la matière. Elle réalise uniquement, par son travail personnel, ceux qui sont indispensables pour l'existence.

On le voit : Elle est organisée dans des *conditions* qui ne comportent pas de distribution de produits.

Eh bien, c'est précisément parce que son organisation, conforme à sa *nature*, conforme à son régime d'existence, fait apparaître « ces conditions » que l'Administration vient lui dire : Que vous ayez des statuts ou

(1) Sauf les Sociétés universelles de Biens présents (Voir Société *Pereire*, n° 15 ; Forme des déclarations, 2°).

que vous n'en ayez pas, vous devez la taxe. (V. n° 3, « Distribution partielle, § 3, Nécessité de l'existence d'un contrat ».)

Cette prétention est insoutenable.

La loi, qui ne peut se mouvoir que dans le cercle étroit qu'elle s'est tracé, celui de n'atteindre que les sociétés qui ne *doivent pas* distribuer, dit assez par le mot « *Sociétés* » qu'elle ne vise que les sociétés qui se présentent à elle sous deux conditions nécessaires et inséparables: l'existence d'un contrat et des bénéfices à réaliser. (V. n° 5, « Établissements n'ayant pas le caractère de sociétés », *in fine*.)

Or, si l'association dont nous parlons, qu'elle ait un contrat, et que ce contrat soit ou non porté à la connaissance de l'Administration, ne réunit pas la seconde condition, celle des bénéfices, comme objet social, on doit en conclure qu'elle ne se trouve pas dans le cercle où se meut la loi, et qu'elle n'est point passible de la taxe. Elle se trouve, par rapport à l'impôt, dans la même situation que les *Petites Sœurs des pauvres*, parce que l'on ne saurait considérer comme bénéfices imposables le pain que cette société donne au corps, et le pain que celle-là donne à l'âme.

Viendra-t-on opposer que cette association est passible de la taxe sur les produits réalisés par le travail personnel de ses membres? Ce serait puéril. (V. n° 16, « Évaluation à 5 pour 100 »; § 2, n° 4, C. Rapport de 1871; et n° 17, « Produits passibles de l'impôt, § 4, n° 2, Résultats du travail personnel ».)

Du moment qu'il est reconnu que, par sa *nature*, l'association emploie les résultats de son travail, non pour faire œuvre de matière, mais pour faire œuvre de Dieu, il faut nécessairement en conclure que ni le corps social ni ses membres ne sont passibles de la taxe établie sur les revenus réalisés et non distribuables.

3° RÉGIME LÉGAL.

Qu'entend l'Administration par ces mots : « Un *Régime légal* qui ne comporte pas la distribution »?

Sans doute, elle ne veut pas dire que la loi crée elle-même les sociétés ou associations dont il s'agit. La société est un fait volontaire de l'homme. La loi ne protège que les intérêts mis en jeu, les intérêts de l'ordre public et de la moralité publique. Certainement, toutes les sociétés sont soumises à un régime légal; mais le Code ne dicte ni les conventions, ni les contrats. Il défend, il surveille, voilà tout.

Pour appuyer son interprétation, l'Administration vise principalement le régime légal établi par la loi du 14 juillet 1867 sur les sociétés qui, formées par actions, vivent de publicité, ou celles qui, non formées par actions, comme les sociétés d'assurances mutuelles, sont soumises à l'autorisation du *Conseil d'État*, de même que les compagnies d'assurances sur la vie et les tontines. Elle prend pour exemple une association *reconnue* qui, elle aussi, vit sous un régime de lois, décrets, ordonnances, etc.

« Il en est ainsi notamment, dit-elle, des congrégations religieuses *reconnues*, puisque les associés ne peuvent acquérir de droits aux produits de l'association, ni en recevoir une partie à titre de distribution », ce qui veut dire que, lorsque des congrégations se trouvent sous un tel régime, soit « *en l'absence de toute convention statutaire* », la taxe est due, comme s'il existait des statuts ou des contrats. (V. la contradiction, note 1 du nº 5, « Établissements n'ayant pas le caractère de sociétés. »)

Il faut avouer que son exemple d'une société reconnue est bien mal choisi.

En effet, est-il possible qu'un gouvernement ait reconnu ces congrégations sans qu'elles aient eu à lui justifier l'existence d'un contrat en forme? Comment, les gouvernements se réservent, dans un intérêt social, de *reconnaître* les congrégations qui constituent des biens de mainmorte, et ils n'exigeraient pas de telles justifications! Mais, pour si tolérants ou bienveillants qu'ils soient, faut-il au moins qu'ils aient le contrat en mains pour *reconnaître;* car. sans contrat, comment surveiller, comment répondre devant le pays qui leur demanderait compte de leur mandat de préservation sociale?

On le voit, son exemple est mal choisi puisque, *raisonnant dans l'hypothèse* de « l'ABSENCE DE TOUTE CONVENTION STATUTAIRE », elle désigne les congrégations religieuses « *reconnues* » qui, précisément, pour être reconnues, ont besoin d'être nanties d'un *contrat.*

C'est un raisonnement absurde qui fait crouler tout son échafaudage.

Elle va plus loin : « Il en est de même, dit-elle, des congrégations religieuses « *non reconnues* », lorsque leur organisation a également pour but de conserver tous « les produits de l'association ». Ce qui veut dire qu'il en serait de même si ces congrégations existaient *sans statuts ou sans convention équivalente à des statuts ou à des contrats.* (V. § 3 du titre « Distribution partielle ».)

Pour réfuter cette interprétation, il suffit de se reporter aux paragraphes 1 et 2, numéros précédents, où nous démontrons que, sans *société formée par contrat*, sans société qui, ayant même un contrat, n'est point par sa *nature* et ses *conditions d'organisation* destinée à *produire* POUR DISTRIBUER de quoi satisfaire les *jouissances matérielles,* il n'y a point place pour l'impôt sur le revenu.

Mais ajoutons quelques mots.

4º SOCIÉTÉS DE FAIT. — INCONSÉQUENCES.

S'il en devait être « de même des congrégations religieuses non reconnues, en cas d'absence de statuts, » l'Administration atteindrait alors les *sociétés de fait* (1), puisque, entre de telles sociétés et les congrégations non reconnues qu'elle entend atteindre, il n'y aurait pas de différence, le contrat faisant défaut de part et d'autre.

On va voir, qu'à propos des *conditions de convention tenant lieu de contrats,* l'Administration se livre à des appréciations que ne comportent ni les principes, ni les termes de la loi.

(1) Autres, bien entendu, que celles visées dans la deuxième disposition du premier alinéa de l'article 3.

Dans le premier alinéa de l'article 3, la loi dit que toutes les sociétés ou associations qui *ne doivent pas distribuer* sont imposées, mais en tant seulement qu'elles seront la *Société* prouvée par un contrat. Elle se prête si peu à ces appréciations sur des conventions *extra-statutaires*, sur un *soi-disant régime légal*, qu'elle édicte dans le paragraphe 2 de ce même alinéa une disposition *expresse* pour des sociétés ou associations qui n'ont *pas de contrat*, qui n'ont pas *de conventions équivalentes à un contrat*, soit les *sociétés de fait* vivant à côté des sociétés de droit visées par le paragraphe 1er dudit alinéa. Or, si la loi *elle-même* reconnaît que les sociétés comprises dans la première disposition sont des sociétés formées par contrat, et que celles de la seconde disposition vivent sans contrat, on trouve fort extraordinaire que l'Administration veuille faire résulter l'imposition à la taxe du fait *seul* de l'ABSENCE *de toute convention statutaire* ou *de conditions de conventions* n'ayant pas la forme d'un contrat.

Si son système, inadmissible pour nous, était admis par les tribunaux et par des substituts peu compétents en matière fiscale, et Dieu sait qu'il n'en manque pas, il arriverait un phénomène qui ferait perdre la tête aux savants de nos générations futures, à savoir, que la loi aurait visé dans les deux dispositions du premier alinéa de l'article 3 deux sociétés de fait au lieu d'une, et que, encore autre phénomène, l'on verrait une société de fait prévue (deuxième disposition) accolée à une autre première société de fait non prévue (première disposition), et *toutes deux* n'en faisant *qu'une*. Ainsi, voici dix individus qui, poussés par des voix intérieures loin d'un monde qu'ils méprisent, parce qu'il est ou trop corrompu, ou trop méchant, ou trop ingrat, forment une association religieuse pour faire aimer et adorer l'être qu'ils adorent ; voilà plusieurs de ces dix mêmes individus... (tous ou quelques-uns des membres des associations reconnues ou non reconnues) qui s'associent une seconde fois pour fortifier leur première association, et l'on viendrait nous dire que c'est précisément parce que ni l'une ni l'autre de ces associations n'a *de contrat* et *ne distribue pas de produits*, qu'on les atteint? Non! non! la saine raison condamne de pareilles prétentions.

Il existe dans l'article 3 une exception, une innovation pour certaines sociétés de fait, soit : respectons la loi et obéissons-lui. Mais n'assimilez pas à ces sociétés, à ces sous-associations de fait, les sociétés ou associations principales qui ne seraient point formées par contrat ou par convention équivalant à un contrat. La raison s'insurgerait contre votre prétention, puisque le système de la loi se meut uniquement entre une association de *droit* et une association de *fait*. Rien ne dit dans le système que vous avez prise sur *deux associations de fait attachées l'une à l'autre.*

5° DROIT DE PROUVER L'EXISTENCE DES SOCIÉTÉS DE FAIT.

Au fond, quelle est donc la pensée que poursuit l'Administration en prétendant que la « circonstance (de prohibition) résulte de deux ordres de faits : 1° elle peut résulter d'abord des interdictions placées dans les statuts ; 2° des conventions de la condition qui en tient lieu ; 3° de l'absence de toute convention statutaire; 4° de la nature de l'association; 5° d'un régime légal qui ne comporte pas la distribution des produits aux membres de la société?

La voici : toutes les associations religieuses n'ont pas eu l'ingénuité de lui ouvrir ses archives, de lui faire connaître leurs statuts (contenu, dates de l'enregistrement etc.). Donc elle se trouve gênée dans ses opérations présentes et dans ses combinaisons à venir. Si, pense-t-elle, je puis saisir, par tous les moyens qui sont à ma disposition, un fil des *conventions* que l'on refuse de livrer, et si ce fil conducteur me permet d'établir la *nature* de l'association, son *régime légal*, *je le leur opposerai* en vertu du *droit* que me donne la *jurisprudence*, et il faudra bien alors qu'elles capitulent, malgré qu'elles n'aient point un *contrat régulier* ou que je ne puisse pas fournir la preuve de l'existence d'un tel contrat. (V., pour les preuves, n° 8, « Sociétés de fait », § 3.) C'est de ce droit qu'elle entend user pour établir *la circonstance de prohibition de distribution.* C'est habile, mais halte-là! Ce droit, elle ne l'a pas. (V. immédiatement les Commentaires des n°s 3 et 4 de l'Instruction.)

DISTRIBUTION PARTIELLE

(I., n° 3, p. 5.)

---

§ 1er. — Distribution totale ou partielle.
§ 2. — Délibérations, Déclarations.
§ 3. — Nécessité de l'existence d'un contrat.

---

§ 1er. — Distribution partielle.

Loi. — L'impôt... sera payé par toutes les sociétés dans lesquelles les produits ne doivent pas être distribués en tout ou en partie entre leurs membres.

L'article 3, dit l'Administration (page 6 de l'Instruction) prévoit les distributions totales ou partielles des produits. Le législateur a voulu, par cette énonciation, régler le cas où les sociétés, dans le but d'échapper à la taxe, limiteraient à une partie des produits la distribution aux associés, et autoriseraient en conséquence la distribution du surplus, de manière à ne payer l'impôt que sur cette dernière portion. En désignant les sociétés « dans lesquels les produits ne doivent pas être distribués *en tout ou en partie* », l'article 3 indique que la prohibition partielle de distribution sera assimilée à la prohibition totale. Les sociétés qui interdisent la distribution d'une partie seulement des produits entre leurs membres, en la réservant à leur profit personnel, seraient donc régies entièrement par l'article 3. Elles devraient acquitter la taxe de 3 pour 100 dans les conditions fixées par cet article sur le montant intégral de leurs produits, même sur ceux dont la distribution a été autorisée.

Même après une troisième lecture, nous n'avons pas parfaitement compris ce passage de l'Instruction. Ce passage est aussi abstrait, aussi peu clair, que les explications données par M. Ribot pour faire accepter son malencontreux amendement. (V. à la table alphabétique, Amendement Ribot.)

Pour nous tirer de notre embarras, nous nous sommes dit, sous forme de précepte en matière d'interprétation ou de commentaire, qu'il fallait uniquement s'attacher à la pensée dominante de ce passage. Nous avons réussi en employant cette méthode, si bien que nous concluons, comme l'Administration, que la taxe sera due « sur le montant de leurs produits, même sur ceux dont la distribution a été autorisée. » Mais nous sous-entendons toujours cette condition : que l'association sera formée en vue de réaliser des bénéfices.

La première pensée dominante, c'est l'application de la taxe aux sociétés qui ne *doivent pas distribuer* la *totalité* de produits (Prohibition et Totalité) en vertu « d'une prohibition absolue » insérée dans les statuts (V. n° 4 de l'Instruction), prohibition qui servirait « à accroître l'importance des biens de mainmorte soustraits à la circulation et à l'action de l'impôt. » (V. n° 1, p. 5, 4e alinéa de l'Instruction.)

De même que cette pensée plane constamment dans l'esprit du législateur, de même elle plane dans tout le cours de nos commentaires. Nous avons, en effet, discuté et nous discuterons encore, comme si la loi, au lieu d'ajouter après le mot « distribués » les mots : *en tout ou en partie*, s'était arrêtée au mot *distribués* qui dit assez que la *totalité* des produits ne *devrait pas être distribuée*. En un mot, nous n'avons eu et nous n'aurons toujours en vue que la non distribution totale.

Mais, il faut compter avec la seconde pensée dominante : « en tout ou en *partie* », puisque la loi prévoit une distribution *partielle*. Supposons alors que les statuts d'une société ou d'une association portent : qu'il ne sera distribué qu'une *partie* des produits réalisés. Cela veut dire évidemment que l'autre partie, celle non distribuée, sera passible de la taxe, puisque le *but* du législateur est d'atteindre cette partie devenue un *bien de mainmorte* (art. 3).

La clarté commence à se faire. Que voit-on ? On voit : 1° la partie non distribuée frappée par la taxe, à cause de son impardonnable destination qui fait qu'elle ne coule ni dans les torrents de la circulation, ni par l'action de l'impôt, dans des caisses archi-pleines ; 2° et la partie distribuée frappée par la taxe, non en vertu de la loi nouvelle, mais en vertu de la loi ancienne (1872) qui fait fonds sur les *jouissances* matérielles que donnent les produits *distribués*. (V. « Jouissance, Principes de la loi du 29 juin 1872, n° 16, Évaluation, § 2 ».)

Donc, en définitive, dans le cas qui nous occupe, la taxe de 3 pour 100 atteint, d'un côté, un bien de mainmorte et, d'un autre côté, un bien rentrant dans la circulation pour devenir, à son tour, un instrument de production. Nous arrivons, par conséquent, à cette conclusion de l'Administration que la prohibition *partielle* de distribution sera assimilée à la prohibition *totale*, et que la taxe sera due sur la *totalité*.

Cette conclusion étant admise, on ne dira pas que nous n'avions pas raison de dire que le législateur aurait pu parfaitement s'arrêter aux mots : « qui *ne doivent* pas *être distribués* », puisque on le voit, les produits ne doivent pas être distribués en *totalité* ou qu'ils ne doivent l'être qu'en *partie*, pour lui, législateur, et pour le trésor, le résultat est le même, car dans les deux cas, la taxe est due sur la *totalité*.

Les explications qui précèdent ont, entre autres avantages pour le lecteur, de mettre en relief l'intervention de la loi du 29 juin 1872 en ce qui concerne la partie distribuée et le mode « de régler », l'application de la disposition légale de 1880 en ce qui concerne la partie non distribuée.

Voici dès lors ce qui se produira, selon nous, dans la pratique.

§ 2. — Délibérations, Déclarations.

1° DISTRIBUTION TOTALE

Si tous les produits sont distribués, ce ne sera pas l'article 3 de la loi du 28 décembre 1880 qui gouvernera le mode de perception de la taxe, puisqu'il ne vise que les sociétés ou associations qui, en vertu de leurs statuts, ne *doivent pas distribuer*. Ce sera la loi du 29 juin 1872. Par conséquent pourquoi prévoir le cas de distribution *totale* ?

2° DISTRIBUTION PARTIELLE

Pour la partie non distribuée, il faudra, conformément à la loi du 28 décembre 1880, c'est là, du moins, l'avis de l'Administration, que les délibérations, s'il en existe, ou que les déclarations, s'il n'existe pas de délibérations, mentionnent le montant du produit qui *aurait pu être* distribué, sans l'interdiction de distribution, et, pour la partie distribuée, que l'on produise un compte rendu ou un extrait de délibération, s'il en existe, ou, s'il n'en existe pas, que l'on fasse une déclaration relative à cette distribution.

Une *déclaration* pour la partie non distribuée et pour la partie distribuée ? Mais la loi du 29 juin 1872 n'admet pas la *déclaration personnelle des parties*. (V. « Déclaration personnelle » au n° 16, « Évaluation à 5 0/0 », § 2.)

Donc, point de déclaration de revenu *obligatoire*. Comment faire alors ? Des objections se présentent.

Du moment, nous dira-t-on, qu'une partie sera distribuée, c'est évidemment que la distribution résultera d'une délibération. Donc, pour ce cas, il n'y aura pas de déclaration à faire, mais à fournir un extrait de délibération.

Cette objection tombe devant cette réplique : De ce que les *statuts* autorisent la distribution d'une partie des produits, il ne faut pas en conclure qu'il devra *nécessairement exister une délibération fixant la distribution*, car on peut, s'il n'est pas convenu *statutairement* que les distributions se feront *en vertu de délibérations*, désintéresser les membres qui y ont droit, en se fondant seulement sur les dispositions *statutaires*. Or, comme l'Administration n'a pas le droit de faire usage des écritures sociales (V. « Droit de communication » n° 39; « Relevé de registres sociaux », n° 6 du § 2 du n° 17; « Droits passibles de la taxe ») pour démontrer que l'on a fait fraude à la loi par l'inscription des sommes distribuées sur les registres sociaux, il s'en suivra que la partie distribuée échappera à la taxe. Ce ne sera donc que dans le cas où la société sera constituée par actions que cette taxe n'échappera pas. Mais alors, c'est la loi de 1872 qui interviendra et non celle de 1880, ainsi que nous venons de le dire sous le n° 1 ci-dessus.

Voilà bien des embarras d'application.

La question de l'existence d'un contrat de société se représente ici naturellement.

§ 3. — Nécessité de l'existence d'un contrat.

On a vu sous le n° 2, page 5 de l'Instruction (V. n°s 2 et 3, du § 2 du n° 2, « Non distribution de produits »), la prétention émise par l'Administration de vouloir, en cas d'*absence de toute convention statutaire*, faire dériver de la *nature* de l'association, de son *régime légal*, et des *conditions de son organisation*, des motifs suffisants pour considérer si telle société ou association doit ou ne doit pas distribuer en tout ou en partie entre ses membres. On a vu que, dans ce cas de prohibition de distribution, la *non existence d'un contrat* de société serait, d'après l'Administration, indifférente et que la taxe frapperait alors la congrégation elle-même.

Si nous mettons cette prétention en regard de son interprétation de la *distribution partielle* qui fait l'objet du numéro 3 de l'instruction que nous commentons, nous constatons que l'Administration est en contradiction avec elle-même. En effet, puisqu'elle reconnaît ici qu'il y a *limitation* écrite de distribution d'une partie des produits, elle reconnaît par là l'existence d'un *contrat*. Elle ne pouvait donc pas soutenir sérieusement, sous le n° 2 relatif à la *non distribution des produits* (n° 2, § 2, 2°), que la taxe serait due lors même *qu'il n'existerait pas de contrats*.

Il ne lui est donc pas possible de concilier son interprétation du n° 2 avec celle du n° 3, à moins d'établir l'existence de la convention avec des papiers qui, sans avoir la forme d'un contrat, sont un commencement de preuve. Mais le droit de faire preuve lui est refusé en matière de sociétés *de fait*. (V. « Sociétés de fait », § 3, « Preuves de l'existence de ces sociétés ».)

Tout ce qu'elle a dit sous le n° 2 (*Prohibition de distribution*) c'est du néant. Il faut donc s'arrêter à un principe pour pouvoir marcher sur le terrain de la loi nouvelle, et ce principe est que la loi de 1880, comme celle de 1872, n'atteint que les sociétés formées par *contrats*, sous *la condition expresse que ces sociétés auront en vue des bénéfices à réaliser dans un but d'accroissement de richesses*.

Pour interpréter les n°s 2 et 3 de l'Instruction, il faut nécessairement les fondre en un seul. C'est pourquoi, afin de bien se rendre compte de la pensée de l'Administration, il convient de rapprocher le présent commentaire du n° 3 du commentaire du n° 2, et même du commentaire du n° 4 ci-après, sous lequel l'Administration dit que, pour l'application du premier alinéa de l'article 3 de la loi, il faut « qu'il existe une *prohibition absolue* de distribution de produits. » On se convaincra alors que les stipulations de l'article 3 de la loi, relatives à une distribution *totale ou partielle*, ne pouvaient pas se trouver en présence du *principe* de *prohibition absolue*, qui est le principe fondamental de la loi de 1880.

Il y a quelque chose de diabolique dans les interprétations de l'Administration.

ATTRIBUTIONS DES PRODUITS A LA SOCIÉTÉ RÉSERVES

(I., n° 4, p. 6.)

§ 1er. — Innovation à la loi de 1872.
§ 2. — Modifications des statuts.

---

§ 1er. — Innovation à la loi de 1872.

Il faut, dit l'Administration, n° 4, page 6, pour l'application du premier alinéa de l'article 3, « qu'il existe une prohibition absolue de distribution de produits », c'est-à-dire que cette prohibition « ait pour résultat d'attribuer à la société, d'une manière définitive, les produits réalisés. » (V. d'abord le Commentaire des nos 2 et 3.)

C'est entendu. Par conséquent, de même que les produits mis en réserve par une société anonyme ne seront passibles de la taxe que lorsqu'ils auront été distribués, de même les congrégations religieuses constituées par actions, qui seront autorisées par leurs statuts à distribuer et à constituer des réserves, n'auront à payer la taxe que lorsqu'elles en feront la distribution. C'est le régime fiscal de 1872 qui apparaît ici.

Mais, si des congrégations religieuses, non constitutées par actions, ne sont pas autorisées à distribuer leurs produits, il arrivera, d'après l'Administration, que la taxe frappera *tous les produits réalisés*.

Ici, ce régime disparaît pour faire place au nouveau.

Le législateur de 1880, libre d'innover, n'a pas voulu accorder à ces congrégations la faveur de la suspension provisoire de la taxe que la loi de 1872 accorde aux sociétés anonymes constituant des *réserves même indéfinies*. Il faut s'incliner mais, tout en nous inclinant pour obéir, nous ne pouvons nous empêcher de dire qu'il n'a pas alors créé, quoi qu'il en dise, une taxe sur le *revenu*, mais qu'il a créé une véritable taxe annuelle sur le *capital*. Il sait bien qu'il s'est écarté de la législation de

1872 qui n'atteint que les revenus passés aux mains des actionnaires ou associés. Mais, dit-il, et la mainmorte! Passe-t-elle aux associés, elle? Y passera-t-elle un jour? Non. Donc, exception à la loi de 1872... et c'est une nouvelle taxe de mainmorte qu'il édicte? Et quand la *Droite* de la Chambre crie au promoteur de la loi: Vous innovez donc? Il répond: Non, je n'innove pas, je me réfère à la loi de 1872!

Si la congrégation religieuse n'a ni action, ni conseil d'administration, elle aura à payer la taxe sur la *totalité* des produits attribués à la société. (V. n° 7, «Sociétés scientifiques, intégralité des produits».) C'est du moins la pensée de l'Administration, et l'associé en commandite et l'associé d'une société civile d'achat et de revente d'immeubles ne payeront la taxe que sur le 5 pour 100 de leur capital! Bien plus, la taxe qui, rigoureusement, ne doit être perçue que sur le *capital social*, à l'instar de cette commandite et de cette société civile, sera perçue tant sur le capital social que sur les bénéfices accumulés formant un élément de l'*actif social*! Bien plus encore, la loi de 1872 n'atteint que les bénéfices *distribués* ou un *revenu présumé distribué*, et celle de 1880 atteint tous les *bénéfices réalisés*! (1) Enfin, elle veut que l'aumône soit un produit!

Voyez les Français de 1789, souscrivant la Déclaration des droits de l'homme et acclamant les plus grands et les plus nobles principes de Liberté, de Fraternité, d'Égalité. Voici les Français de 1880. Comparez!

§ 2. — Modifications des statuts.

Il est certain que cette taxe sera rognée ou évitée, si les congrégations auxquelles l'Administration parle de *modification de statuts*, de *choix* (pages 8 et 9 de l' « Instruction », n°s 11 et 12), modifient leurs statuts, selon les circonstances.

Supposons, en effet, que par suite d'une modification statutaire, une association religieuse ne prohibe plus *absolument* toute distribution. Elle se trouvera placée sous le régime de la loi de 1872, qu'elle soit formée par actions ou non. C'est ce qui résulte implicitement du langage tenu par l'Administration et rapporté en tête du présent n° 4. Des revenus pouvant être alors distribués, ce ne sera plus désormais sur tout l'*actif social* que devra porter la taxe, mais sur le revenu *distribué*, si elle est formée par action, et sur le 5 pour 100 du *capital social seul*, si elle n'a ni action, ni conseil d'administration. Si, société par actions, elle reste dix ans sans distribuer, il arrivera que l'Administration sera obligée d'attendre la distribution qui, comme elle l'a dit maintes fois dans ses instructions et mémoires, est le *fait générateur de la perception* (2). Elle attendra. Elle attend bien que la Banque parisienne distribue sa première réserve de 700,000 francs... convertie en constructions! (V. page 34.)

Qu'arrivera-t-il alors par suite de ces modifications sur modifications?

(1) Voir *Patrimoine social*, au n° 16, *Evaluation* à 5 0/0, § 3, *Meubles et immeubles*; et n° 3, *Evaluation détaillée*.

(2) Voir *Fait générateur* à la table alphabétique.

Dans notre hypothèse, le produit à distribuer pourra, en *fait*, et indéfiniment « être attribué à la société », et il en résultera que la congrégation, qui pourra distribuer, sera plus favorisée que celle qui ne devra ou ne pourra pas distribuer. La première sera libre de payer la taxe au moment qu'elle jugera convenable ; la seconde, sera toujours tenue de l'acquitter sur *tout son avoir... Tout* son avoir, c'est ce que nous contestons. (V. «Patrimoine social» au n° 16, « Évaluation », § 3, « Meubles et immeubles ».) Le législateur n'atteindra pas complètement son but qui est d'arrêter ou de paralyser l'action de la mainmorte, puisque la congrégation, qui pourra distribuer et qui ne distribuera pas selon son bon plaisir, continuera paisiblement à convertir tous ses produits en bien mainmortable, sans payer la taxe sur le revenu, tant la situation privilégiée de la Banque parisienne qui met, dit-on, des millions en réserve, lui fait envie. Enfin le Trésor public perdra sa taxe, et cette bonne Administration qui lui conseille des modifications et des choix, suivant les circonstances, en sera pour ses frais de paperasserie et d'ennuis de toutes sortes. (V. n° 11, « Autres valeurs, modes de détermination du revenu, choix dans les modes », et n° 11, page 8, et n° 12, page 9 de l' « Instruction ».)

A force d'opter et de modifier, les congrégations religieuses finiront bien par trouver une issue, car vous le savez, lecteurs, les congrégations sont comme la mer et les révolutions, la première, qui passe par les fissures des digues, les secondes, par les fissures du despotisme.

Alors, on va voir se former des sociétés religieuses par actions qui, pouvant distribuer 50.000 francs par an, mettront en réserve 49.000 francs, distribueront 1.000 francs, sans que l'Administration puisse trouver quelque chose à redire, et, qui plus est, on verra la *mainmorte* marcher à grands pas... et le Trésor se contenter de quelques centimes !

Mais ne se rattrapera-t-il pas sur le timbre des actions ? Non, la société n'en émettra même pas ! Si elle en émet, elle ne contractera pas d'abonnement avec l'État pour payer six centimes pour cent du capital nominal. Si l'on vient vérifier ses registres, elle dira qu'il n'y a pas de registres à souches, etc., etc. C'est alors qu'il y aura des têtes montées. Le Ministre des finances sera averti... et l'on verra la *violence* et la *force* tombées dans l'impuissance.

Nous connaissons une société civile (Gillet et Ce, acquisition des terrains de l'ancien ministère des finances) constituée par actions, qui n'a payé ni droit de timbre, ni droit de transfert, ni taxe de 3 pour 100 sur ses revenus distribués. Le Trésor n'a pu en tirer qu'une maigre taxe provisoire liquidée sur le 5 pour 100 du capital social, et encore pour une année seulement ! La Compagnie a gagné 400,000 francs ! (V. n° 16, « Évaluation à 5 0/0 », § 2, n° 3, Documents analogues.) ! Si c'est là un fait de l'impuissance de la loi de 1872, on peut prévoir l'impuissance de la loi de 1880 se référant à celle de 1872 !

Lorsque certains législateurs veulent faire une loi terrible, l'*esprit* se retire d'eux, et la loi est mal faite d'un bout à l'autre... et les instructions ou décrets rendus pour son exécution sont des monuments d'autant plus fragiles qu'ils reposent sur le plus épouvantable des arbitraires, et sur les combinaisons les plus machiavéliques.

ÉTABLISSEMENTS N'AYANT PAS LE CARACTÈRE DE SOCIÉTÉS

(I., n° 5, p. 6.)

L'article 3 de la loi du 28 décembre 1880, dit l'Administration, page 6, n° 5, vise nominativement les sociétés et les associations reconnues ou non reconnues.

Oui, mais il faut ajouter les associations reconnues ou non reconnues formées par un *contrat*, ainsi que nous l'avons dit, notamment sous le n° 2, *Non distribution de produits*, 1°, 2° et 3°, dans lequel l'Administration annonce le contraire : *En cas d'absence de toute convention statutaire.* Par conséquent, toute association reconnue ou non reconnue, non établie par un contrat, ne sera point passible de la taxe, à moins que, comme association *non reconnue*, elle se trouve dans le cas de la deuxième disposition exceptionnelle du premier alinéa de l'article 3, visant les sociétés de fait.

Les établissements dont il est question, continue l'Administration, « ont, comme les congrégations religieuses *autorisées*, le *caractère prédominant de la société* », toujours par le même motif qu'un contrat en atteste l'existence (1).

La loi de 1880, ni celle de 1872 ne visent pas « les collectivités particulières qui, sous le nom d'hospices, bureaux de bienfaisance (2), caisses d'épargne, monts-de-piété, etc., constituent des établissements publics ou d'utilité publique proprement dits, et n'ont ni le *but*, ni la *nature*, ni les *effets* de la société. »

C'est vrai. Mais nous prenons acte des motifs : le *but*, la *nature*, ni les *effets* de la société, pour revenir vite aux congrégations religieuses qui ont ou qui n'ont ni le but, ni la nature, ni les effets de la société.

Les lois de 1872 et de 1880 ne visent, ainsi qu'il résulte de ce passage de l'Instruction parlant du *caractère de la société*, que les sociétés ou associations qui ont des bénéfices en vue (art. 1832, C. c.). Or, comme certaines congrégations religieuses, de même que certaines sociétés universelles (V. n° 15, « Forme des déclarations », société *Pereire*), ne sont pas formées dans ce but, il est certain que, lors même qu'elles seraient établies par contrat, elle ne seraient point passibles de la taxe, parce que,

(1) Voyez la contradiction : Ici, elle dit que la congrégation *reconnue* a le caractère prédominant de la *Société*, et, sous le n° 3 du § 2 du titre *Non distribution des produits*, on voit qu'elle cite ces congrégations comme n'ayant pas de conventions statutaires!

(2) Puisque la loi de 1872 ne vise pas ces collectivités, pourquoi l'Administration, elle, chargée d'exécuter cette loi, a-t-elle fait payer la taxe à des établissements scolaires, hospitaliers, de bienfaisance ou de charité, à la formation desquels aucune pensée de spéculation n'a présidé? (Art. 4753, Rép., Seine, 6 juillet 1877.)

par rapport à l'impôt, elles se trouvent placées, par leur *nature*, leur but et leurs effets, dans les mêmes conditions que ces établissements; et parce que encore, pour l'application de la loi fiscale, la *double condition* de CONTRAT et de BÉNÉFICES est *indispensable* (art. 1832 et 1834, C. c.) (V. n° 2, « Non distribution des produits », § 2, 2°). Nous sommes heureux de pouvoir appuyer notre affirmation sur la déclaration suivante (Instruction, page 6) : « Le mot SOCIÉTÉ a, d'ailleurs, dans l'article 3 de la loi du 28 décembre 1880, *la même signification que dans la loi du 29 juin 1872* ». Si « les compagnies d'assurances mutuelles et de secours mutuels » ne sont pas à présent, pas plus que par le passé, *soumises à la taxe*, c'est parce que ces compagnies, ces sociétés « *ne sont pas des* SOCIÉTÉS *proprement dites* RÉALISANT DES BÉNÉFICES. » (V. n° 2, « Distribution des produits », § 1er, Economie de la loi.)

Cette déclaration de l'Administration de devra jamais être perdue de vue.

La digression que nous venons de faire a une grande utilité. Elle devra servir d'argument pour la solution de presque toutes les difficultés que soulèveront l'application textuelle de la loi, et les interprétations si variées et si extensives de l'Administration.

SOCIÉTÉS EN NOM COLLECTIF ET DE COOPÉRATION COMMANDITES

(I., n° 6. p. 6.)

Les *commandites simples* restent sous le régime de la loi du 29 juin 1872 (V. le rapport de M. Casimir Périer qui n'a jamais vu le jour dans les recueils d'enregistrement, au n° 16, Évaluation à 5 pour 100, 5 pour 100 ou forfait, B.)

Les *sociétés en nom collectif* restent exemptées de la taxe. (Loi du 1er décembre 1875.)

SOCIÉTÉS SCIENTIFIQUES OU LITTÉRAIRES. CERCLES

(I., n° 7, p. 6.)

L'article 3 de la loi du 28 décembre 1880 ne vise que les sociétés dont les statuts prohibent la distribution des bénéfices. Donc, toutes les entreprises littéraires et scientifiques, certains cercles, comices, ouvroirs, loges, etc., qui seront établis « sous forme de sociétés » ne sont pas soumis de plein droit à la loi du 28 décembre 1880. Telle est l'opinion de l'Administration, et telle a été la pensée du législateur. Mais elles seront soumises à celle de 1872 si, formées par contrats, elles ont pour but la réalisation de bénéfices et n'en prohibent pas d'une manière absolue leurs distributions. Dans le cas où cette *prohibition existerait*, ces entreprises seraient assimilées à « toutes les sociétés dans lesquelles les produits ne doivent pas être distribués en tout ou en partie entre leurs membres » (article 3) et payeraient la taxe sur *l'intégralité de leurs produits*. (V. nº 4, « Attribution des produits » ; v. nº 3 « de l'Instr. » p. 5.) Nous contestons la taxe sur *l'intégralité*. Elle n'est due que sur le 5 pour 100 du capital social. (V. nº 3 « Évaluation » à 5 pour 100, § 3, nºs 1 et 2 « Meubles et immeubles ».) On le voit, la mainmorte est pourchassée de partout.

L'intégratité de leurs produits! mais, s'il en est ainsi, que l'on ne nous dise donc pas que la taxe serait alors une taxe sur le *revenu*. L'Administration a plus de franchise que le législateur. Voyez ce style pur, voyez cette onde claire et tranquille qui nous mène tout doucement aux pittoresques perspectives de la mainmorte et de la sécularisation :

C'est seulement, dit-elle, dans le cas exceptionnel où les *statuts* interdiraient la distribution des produits entre les associés et attribueraient ces produits à la société même, pour constituer une augmentation de patrimoine, que les conditions requises pour l'application des dispositions nouvelles se trouveraient réunies. Placées qu'elles seraient alors sous un régime civil absolument semblable à celui des congrégations *constitutives de la mainmorte,* ces associations devraient, quels que soient leur caractère et leur destination, y êtres assimilées pour la perception de l'impôt.

SOCIÉTÉS DE FAIT

(I., nº 8, p. 7.)

---

§ 1er. — Législation, Jurisprudence, Doctrine.
§ 2. — Débats législatifs de 1880.
§ 3. — Preuves de l'existence des Sociétés de fait.

---

§ 1er. — Législation, Jurisprudence, Doctrine.

Avant de lire ce qui va suivre, il convient de prendre lecture du paragraphe 2 de la section première relatif aux sociétés ou associations de fait.

Loi. — Les mêmes dispositions s'appliquent aux associations reconnues et aux sociétés ou associations même de fait existant entre tous ou quelques-uns des membres des associations reconnues ou non reconnues. (Article 3, premier alinéa.)

Voici ce que dit l'Administration sur cette disposition qui inaugure la première atteinte que l'on ait portée aux principes fondamentaux de la loi du 29 frimaire an VII et de la loi du 29 juin 1872.

L'article 3, dit l'Administration, page 7 n° 8, est également applicable aux sociétés ou associations de fait existant entre tous ou quelques-uns des membres des associations reconnues. Cet article consacre uniquement sur ce point le droit appartenant, d'après la loi générale, à l'Administration.

De quel droit s'agit-il?

Il s'agit du droit de faire la preuve de l'existence de telles sociétés.

« Les actes opposables aux parties et les présomptions serviront à démontrer l'existence des sociétés de fait, à en déterminer le caractère, et à prouver qu'elles sont, par leur nature ou par les conventions arrêtées entre les associés, soumises aux conditions qui justifient l'exigibilité de la taxe. »

Par leur nature ou par les conventions arrêtées... (V. « Non distribution des produits », n°s 2, 3 et 4.)

Nous nous expliquerons plus bas sur ce point, paragraphe 3 ci-après.

Plus loin, et sous le n° 23, page 12 de l'Instruction, l'Administration dit :

Les associations non reconnues ou sociétés de fait sont, comme les sociétés régulièrement formées, constituées débitrices directes de la taxe établie par l'article 3. En cas de poursuites à exercer contre elles, il conviendrait, à défaut de représentants de fait notoirement chargés de la gestion de leurs intérêts, de mettre en cause tous les membres connus, tant en leur nom personnel que comme représentant la société ou l'association. (V. « Moyens de contrôle, procédure », n° 2; « Sociétés de fait », *in fine*. § 2.)

Non reconnues ou sociétés de fait... Nous nous expliquerons aussi plus bas sur ce point, paragraphe 3 ci-après.

Comme la disposition de l'article 3 relative à certaines sociétés de fait, définies par la loi de 1880, est toute nouvelle en matière de taxe sur le revenu, nous avons pensé qu'il importait de faire connaître, avant tout, quelle est, dans de telles sociétés, la situation des associés entre eux et leur situation respective vis-à-vis des biens mis en société. De cette façon, on se rendra bien mieux compte de la procédure qu'il sera nécessaire de mettre en mouvement pour arriver à constater l'existence de ces sociétés et à les soumettre à la taxe.

Nous l'avons déjà dit au paragraphe 2 du n° 1, section 1re: Les sociétés ou associations verbales ou societés et associations *de fait* sont celles dont l'existence n'est pas établie par un contrat, par opposition à celles qui sont appelées *sociétés* ou *associations de droit*.

Voyons ce qu'en disent les auteurs et la jurisprudence (Répertoire général de Garnier, V. *Société*.)

A l'égard de l'Administration, une société qui n'est pas constatée par *écrit n'existe pas*. Le Trésor ne peut appliquer les diverses règles de perception telles, par exemple, que la déduction du passif social, quand il y a cession entre vifs de part sociale ou mutation par décès d'une part sociale, que lorsqu'il existe des *actes de société* donnant naissance à une *personne morale.*

Quand l'être moral n'existe pas, les associés ne sont que de simples *communistes.*

Les *acquisitions*, faites pour le compte de ces sociétés par l'un ou par plusieurs des membres, ne *profitent pas aux autres.*

Lors de la dissolution, l'acheteur *apparent* est le possesseur *exclusif* de l'objet acquis.

L'immeuble acquis est une valeur *indivise* et non une valeur *sociale.*

Si un associé cède sa part à un autre, il ne cède pas une *part d'intérêt mobilier*, mais une part de *copropriété* dans les biens en *nature.* (Cass., 3 janvier 1832, art. 1529. — Cass., 8 juillet 1839, 4 décembre 1865, art. 2198, Répert. pér.)

En cas de décès d'un des associés, le droit de mutation est dû sur sa part *brute*, sans déduction des dettes de la *société* ou pour mieux dire, de la *communauté* de biens.

Pour les parties *entre elles*, il y a possibilité de prouver la convention qui les lie. Mais, de même qu'elles ne peuvent pas opposer à l'Administration, dans des cas donnés, les moyens de preuve dont elles ont usé pour prouver la convention, de même l'Administration ne pourra pas tirer avantage de ces moyens, parvenus à sa connaissance, pour appliquer à ces Sociétés (ou communautés) des règles qui *ne s'appliquent qu'aux actes constitutifs* d'une *personne morale dite société* (1).

Il n'appartient pas aux tribunaux de faire résulter l'existence d'une société civile de faits et de *présomptions* pour régler en conséquence la perception des droits.

Cela est possible dans certains cas entre associés, mais *jamais à l'Administration qui ne peut recourir au commencement de preuve par écrit* et au *témoignage* qui en est la conséquence forcée. Il y a une *jurisprudence bien établie sur ce point.*

Bref, et ainsi que le dit le *Répertoire général*, de telles prétentions de l'Administration « comporteraient une procédure d'*enquête* ou de *témoignage* qui est *incompatible avec la législation fiscale.* »

Le lecteur comprendra que nous ne pouvons pas nous livrer ici à une discussion sur le droit que prétend avoir l'Administration de rechercher « par les moyens de preuve dont elle dispose (actes opposables aux parties, présomptions, etc.) l'existence des sociétés verbales, » et soulever tous les coins et recoins de la procédure que le Répertoire de l'enregistrement trouve, pour ne pas dire autre chose de plus véhément, *incompatible avec la législation fiscale.*

Toutefois, pour mettre les adversaires des prétentions administratives à même d'étudier avec soin cette matière, nous allons dire en deux mots dans quelle limite s'exerce le *droit* que l'Administration tient de la jurisprudence.

(1) C'est là une réplique à ce passage de l'Instruction de l'Administration, n° 8, p. 7 : « Cet article (3) consacre uniquement sur ce point le droit appartenant, *d'après la loi générale*, à l'Administration. Celle-ci, en effet, est autorisée à établir, par *les moyens de preuves* dont *elle dispose*, l'existence des sociétés verbales donnant lieu à l'impôt. Ce *droit* lui a été reconnu par la *jurisprudence.* » (Instruction, n° 2516, § 2.)

Dans une société de fait, de même que dans une société en participation, les acquisitions faites par un associé lui sont personnelles. Si la société se dissout, et si, par suite de partage l'objet acquis passe sur la tête d'un autre associé, il y a mutation passible du droit proportionnel. Les parties ne peuvent pas opposer à l'Administration qu'il y a partage de biens sociaux, et, par conséquent, ouverture à un droit fixe. Dans ce cas, comme il n'y a pas eu de personne morale ayant fait sien le bien acquis, il ne saurait y avoir de partage proprement dit d'un bien *social*. Alors s'opère une mutation directe de propriété entre l'acquéreur primitif et l'acquéreur définitif.

Mais il est permis à l'Administration, quand les circonstances lui paraissent exclusives de toute fraude, de considérer comme sociétés *réelles* des *sociétés de fait*. Si, par exemple, elle accepte la société de fait dont il s'agit ici, par cette seule considération que le partage s'est effectué à l'instar des partages de sociétés de droit, *sans aucun dommage pour le trésor public*, c'est-à-dire, opéré régulièrement, alors elle applique les règles ordinaires de partage, soit le droit fixe gradué, soit le droit proportionnel de soulte si les lots ne sont pas égaux. Ces règles sont tracées par l'article 68, paragraphe 3, n° 2 de la loi du 22 frimaire an VII, qui prescrit que, pour que le droit fixe soit dû, chaque copartageant doit justifier de sa qualité et de ses droits, et que la masse partageable soit exclusivement composée des biens appartenant à la société pour le compte de laquelle ils auraient été acquis.

Mais, quand elle soupçonne l'existence d'une fraude, soit d'acquisitions faites par un membre au profit d'un autre membre, ou d'un étranger qui, par voie de cession de droits, pourrait intervenir un jour au partage, et que le tout fût basé sur des traités, sur des contre-lettres, etc., elle repousse la prétention des parties à vouloir faire considérer le partage comme un *partage social soumis au droit fixe*.

Ainsi donc, la règle de conduite de l'Administration, qui est assurément très généreuse et très prudente, a pour base ce principe : il y a société quand il a été fait des conventions. Un contrat n'est pas nécessaire pour faire fonctionner les conventions. Le contrat ne sert que de preuve de l'existence de la convention. Si une telle société marche, à l'égard de la loi fiscale, comme une société établie par écrit, rien ne s'oppose à ce qu'on lui applique le régime fiscal en matière de partage. Mais, si elle révèle des agissements frauduleux des droits du trésor, si elle n'offre pas les justifications dont parle l'article 68 précité, les conventions ne seront plus des *conventions sociales*. Ayant masqué de simples opérations *personnelles*, des engagements et des obligations personnels, elles seront traitées comme les conventions faites entre vendeurs et acquéreurs, échangistes et contre-échangistes ordinaires. Donc, pour revenir à notre sujet, l'Administration n'a, d'après la jurisprudence, le droit de repousser l'existence des sociétés de fait qu'on lui oppose, que lorsque la convention non écrite a amené des faits ou des actes entachés de fraude. Elle n'a pas le droit, comme nous le disons plus haut, de faire résulter l'existence d'une société civile de faits et de présomptions pour régler en conséquence la perception des droits. On voit que les droits que l'Administration se dit tenir de la *jurisprudence*, pour prouver l'existence des sociétés de fait, *sont très limités.*

§ 2. — Débats législatifs.

Revenant à notre rôle de commentateur, nous voyons que, par ces mots, « les mêmes dispositions », la loi assimile, quant à la perception de la taxe de 3 pour 100, les sociétés de fait aux sociétés de droit dont il est *uniquement* question dans la première disposition de l'article 3.

On va donc obliger les sociétés ou associations religieuses, non *formées par contrat*, vivant à côté des sociétés ou associations religieuses reconnues ou non reconnues, formées par contrat, à produire, pour la perception, toutes sortes de documents auxquels on accordera la *même valeur juridique* que celle que les lois et les tribunaux font résulter des *stipulations des contrats mêmes*... Et quand le Code civil et la Cour suprême ne reconnaissent pas les sociétés de *fait*, et quand les tribunaux et les juriconsultes en renom tombent d'accord pour affirmer *urbi et orbi* que ces sociétés ne sont que de simples *communautés*, de simples états d'*indivision*, on verra l'Administration de l'enregistrement, des domaines et du timbre prêter la main au succès d'une conspiration ouverte entre les principes généraux du droit civil et du droit fiscal! C'est affreux. (V. amendement Ribot, tab. alph.)

Il est certain pour nous, qui connaissons cette Administration, qui connaissons la loyauté et la délicatesse de ses agents, que la main n'est pas prêtée, mais qu'elle est forcée.

En tout cas, si l'Administration marche sur le terrain brûlant des *présomptions*, des *enquêtes*, et des *témoignages*, ce sera la volonté d'un petit groupe de la *Chambre*, signataire de l'amendement de l'honorable M. Brisson, qui s'imposera..., et l'on verra alors quelles seront les funestes conséquences du droit d'*initiative parlementaire* introduit dans notre *Constitution démocratique* ou prétendue telle.

Ce droit d'initiative parlementaire est contraire au système du Gouvernement dit *opportuniste*. N'eût-il pas été plus opportun d'attendre, pour mettre sur le tapis parlementaire la question de revenu à l'endroit des congrégations religieuses, qu'une nouvelle Chambre, en possession des vœux du pays, fît rentrer cette question dans la taxe générale sur le revenu dont, avant et depuis le discours de Charonne, les meilleurs esprits étaient occupés?

Il n'y a opportunité pour faire une chose, démolir ou édifier, que lorsque tout le monde crie : Il faut faire la chose. Un député, un petit groupe de députés, ne saurait, sans passer un jour par les étrivières du peuple, se faire, *seul*, juge de l'opportunité de telle ou telle réforme. Pour cela, il a la rue, les réunions publiques, et non la Chambre! Lorsque tous les corps constitués, Gouvernement, Conseil d'État, Magistrature, Administrations publiques, Conseils généraux, Conseils municipaux, concentrant les vœux populaires, parlent, c'est le moment où l'*opportunisme* fait son apparition et s'impose au législateur : « Marche », lui dit-il. — Jusque-là, il n'y a que fièvre d'oppportunité et d'importunité pour la satisfaction de quelques passions individuelles! (V. n° 16, « Évaluation à 5 0/0, § 1er, » innovation à la loi du 29 juin 1872.)

C'est une passion de cette nature qui, malgré le Gouvernement dont l'oreille n'avait point entendu ce cri, a fait la loi du 28 décembre 1880.

Il eût bien mieux valu, pour acquérir des honneurs et une gloire légitimes, que ceux qui ont couru trop tôt au combat, eussent proposé *la déduction des dettes en matière de droits de succession.* Dieu sait s'il y a de longues années que le *pays* et *les corps constitués* se sont fait éloquemment entendre sur cette grave question qui porte, elle aussi, dans ses flancs : la justice, la propriété et la liberté. Le budget des recettes se prêtait pourtant bien à un tel dégrèvement, à un tel soulagement de la conscience publique. Hélas! nos législateurs ont préféré, après avoir permis que l'on portât un premier coup de hache à la *liberté individuelle*, ce grand mot de la création, atteindre d'un second coup les principes de notre droit public.

Nous sommes républicain, et nous répétons : C'est affreux!

Et que voit-on, en première ligne, sur ce terrain destructeur? un homme très estimé, M. Brisson, actuellement Président de la Chambre des Députés, ancien Président de la Commission du Budget; en seconde ligne, un homme très estimé, un *avocat*..., M. Ribot.

Il nous paraît être très intéressant de retracer ici la physionomie de la *Chambre* lorsque M. Ribot, du centre gauche, formula en amendement la disposition dont nous faisons le commentaire.

Après qu'il eût donné lecture de son projet d'amendement, dont il avait entretenu le Ministre des Finances, M. Rouvier, rapporteur de la Commission du budget, surpris, se retourna vivement. Avant qu'on lui eût donné le temps de réfléchir, on lui dit : « Acceptez-vous? » « Oui, » répondit-il. Dès lors, M. Ribot monte à la tribune pour développer son projet d'amendement. Vous allez, dit-il, sacrifier « les *principes généraux de notre droit* public ». Prenez garde. L'auditoire est saisi et l'attention se fait. L'infortuné! Il allait renverser ces principes! Il se fit révolutionnaire! et pourquoi, mon Dieu? Pour avoir la vaine satisfaction de faire triompher cette thèse : qu'il ne fallait pas écrire dans la loi les mots *congrégations religieuses* NON RECONNUES, parce que, autrement, *ce serait les reconnaître*, et qu'une telle reconnaissance inscrite, à laquelle le Gouvernement n'aurait pas aquiescé *personnellement*, pourrait donner lieu plus tard à des controverses regrettables en matière civile (1).

Futilité!

L'instruction de l'Administration de l'enregistrement est parsemée des mots *congrégations.* Point de gêne. Elle a raison. Elle dit hautement et franchement ce que d'autres pensent tout bas et dissimulent. Elle *reconnaît* l'existence des congrégations. Le *Ministre des Finances* la *reconnait* aussi puisqu'il a approuvé l'*Instruction!*

Du reste, sans cette franchise, est-ce qu'il était possible de faire

(1) V. à la Tab. alph., *Amendement Ribot.*

l'interprétation de la loi... de la loi qui est presque le néant...? de la loi qui serait le néant absolu (1) sans la *reconnaissance* que fait l'Administration des *congrégations non reconnues.*

La Chambre, tout le monde le sait, n'avait pas eu le temps de mettre à l'étude l'amendement de M. Brisson, longtemps élaboré. Des efforts merveilleux furent tentés cependant du côté de la *droite*, notamment par MM. Ferdinand Boyer, Gaslonde et Freppel. Mais, chose singulière! personne ne fut saisi comme au moment de l'apparition magique de M. Ribot. Le silence se fit, mais non point l'attention. Ce fût très fâcheux. M. Boyer dit de très grandes vérités, au point de vue du droit civil et du droit fiscal, M. Freppel fit pétiller le feu de son éloquence, et M. Gaslonde fit vibrer les accents de la *liberté*.

Les galeries hautes de la *Chambre*, sur les bancs desquelles nous nous trouvions assis, désiraient voir bondir à la *tribune* un député, au moins un député de l'*extrême gauche*. Pas un ne bougea, ne protesta, au nom de la liberté et des principes martyrs. Toute la gauche vota la loi... Et, depuis, chose extraordinaire, nous entendons tous les jours la *presse de l'extrême gauche* rugir avec raison contre l'*attentat à la liberté individuelle* par l'expulsion des *jésuites*, et nous la voyons garder un silence absolu *contre l'attentat aux lois civiles et commerciales sur les sociétés et aux lois fondamentales sur l'enregistrement!*

Quelle est la cause de cette grave et périlleuse inconséquence? C'est que ces messieurs de l'*extrême gauche*, et une foule de leurs voisins, préfèrent mettre tout leur courage de jour et de nuit à étudier les choses d'ordre purement politique, que celles d'ordre financier et administratif. Or, comme faire de bonnes lois fiscales et de bonnes lois d'administration, c'est faire de la bonne politique, il est arrivé, qu'en votant la loi sans en avoir étudié le projet, ils ont fait une détestable politique.

Peuvent-ils se disculper? Non. Il n'est pas possible qu'ils viennent soutenir que les principes généraux du droit ne sont pas aussi respectables et inviolables que le principe de la Liberté, parce que le *Droit* et la *Liberté*, unis par *Dieu*, ne font qu'un *Droit*.

§ 3. — Preuves de l'existence des Sociétés de fait.

L'Administration dit que:

Les actes opposables aux parties et les présomptions serviront à démontrer l'existence des sociétés de fait, à en déterminer le caractère et à prouver qu'elles sont, par leur nature ou par les *conventions arrêtées* entre les associés, soumises aux conditions qui justifient l'exigibilité de la taxe.

En employant le mot *nature* elle revient à son interprétation de l'article 2 *Non distribution des produits*, d'où il résulterait que les associations religieuses reconnues ou non reconnues sont soumises à l'impôt même, « en cas d'*absence de toute convention statutaire.*»

Nous avons démontré son erreur sur ce point (V. § 2, n°s 1, 2 et 3 du n° 3, « Non distribution des produits ».)

(1) Voir, en effet, ce qu'en dit M. Brisson. Tab. alph., *Amendement Brisson.*

En exprimant les mots *Conventions arrêtées entre les parties*, l'Administration entend évidemment parler, non d'un contrat proprement dit, mais de ces conventions qui existent entre membres de sociétés de fait et qui peuvent « tenir lieu » d'un statut ou d'un contrat. Si telle est sa pensée on va voir que les moyens de preuve qu'elle a indiqués ne sont pas ici à leur place.

Si, en effet, la meilleure preuve que l'on puisse donner de l'existence d'une société ou association non reconnue est le *contrat*, comment, à propos de *Sociétés de fait*, s'autorise-t-elle à mettre en avant, pour preuve d'existence, la CONVENTION ARRÊTÉE *qui tiendrait lieu d'un contrat*? Il y a contradiction.

Si la convention dont elle parle *vaut un contrat*, l'Administration ne se trouvera plus en présence d'une société de fait, et alors, ses agents, n'ayant pas à employer les moyens qu'elle leur indique pour établir l'existence des sociétés de fait, appliqueront, sans recherches à faire et sans difficultés, la première disposition de l'article 3. Du moment, en effet, que la convention vaudra le contrat dont parle le Code civil, la *forme* du contrat importera peu, puisque le *fond* est tout.

Mais si, par « convention arrêtée », elle entend des conventions qui n'ont pas le fond du contrat, il est certain que les agents qui les auront découvertes ne pourront pas s'en faire une arme, puisque les jurisprudences civile et fiscale n'admettent point que de tels écrits, de telles preuves, de telles présomptions soient « opposables aux parties ». (V. § 1er, « Législation, jurisprudence, doctrine ».)

On voit donc que les moyens de preuves que l'Administration indique à ses agents n'auront, en définitive, qu'un résultat négatif, ou, s'il y a résultat positif, ce résultat ne sera que la constatation de l'existence d'une société de droit. Alors, puisque les moyens seront inefficaces pour constater l'existence d'une société de fait, au point de vue de l'impôt, il faudra nécessairement que la jurisprudence, sur laquelle compte l'Administration, intervienne. Que de procès en perspective!

Sous le n° 23, l'Administration dit que « les associations *non reconnues ou sociétés de fait* sont, comme les sociétés *régulièrement formées*, constituées débitrices directes de la taxe. »

Ici nous relevons un manque de clarté.

En effet, on a vu que, par sa première disposition, l'article 3 vise toutes les sociétés régulièrement formées, c'est-à-dire qui sont des personnes morales dites *Sociétés*.

S'il en est ainsi, pourquoi, à propos de *Sociétés de fait* qui n'ont ni contrat, ni un équivalent de contrat, ni de personne morale, l'Administration donne-t-elle à entendre que les « associations *non reconnues* » sont des Sociétés de fait, quand l'on sait qu'il est des associations non reconnues qui sont « régulièrement formées », c'est-à-dire qui ont des contrats et des personnes morales? Pourquoi donne-t-elle à entendre qu'elles sont des sociétés de fait, par le motif *seul* qu'elles *ne sont pas reconnues?*

Dès l'instant que des sociétés non reconnues ont des contrats, c'est la première disposition de l'article 3 qui est applicable. Dès l'instant que les sociétés non reconnues, formées entre plusieurs membres de sociétés reconnues et non reconnues, n'ont pas de contrat, elles sont des sociétés de fait tombant sous l'application de la deuxième disposition.

Il ne faut donc pas dire, au sujet du numéro 8, que les *associations « non reconnues ou les sociétés de fait »* sont débitrices... Il fallait dire, pour être clair : « Les associations non reconnues *et* les sociétés de fait sont débitrices. » Nous renvoyons au numéro 2 du numéro 23, *Procédure*, pour la question de *recouvrement* de la taxe.

SECTION II.

DÉTERMINATION DU REVENU

TEXTE

(I., nº 9, p. 7)

Article 3. — Le revenu est déterminé:

1º Pour les actions, d'après les délibérations, comptes rendus ou documents prévus par le premier paragraphe de l'article 2 de la loi du 29 juin 1872.

2º Et pour les autres valeurs, soit par les délibérations des Conseils d'administration prévues dans le troisième paragraphe du même article, soit par la déclaration des représentants des sociétés ou associations, appuyée de toutes les justifications nécessaires, soit, à défaut de délibération et de déclaration, à raison de 5 pour 100 de l'évaluation détaillée des meubles et des immeubles composant le capital social.

1. — ACTIONS

DÉLIBÉRATIONS, COMPTES RENDUS, ETC.

(I., n° 10, p. 7.)

Le premier alinéa de l'article 2 de la loi du 29 juin 1872, auquel se réfère la disposition qui precède, est ainsi conçu :

Le revenu est déterminé, pour les actions, par le dividende fixé d'après les délibérations des assemblées générales d'actionnaires ou des Conseils d'administration, les comptes rendus ou tous autres documents analogues.

L'article 1er du décret du 6 décembre 1872 porte :

La taxe de 3 pour 100 établie par la loi du 29 juin 1872 est avancée par les sociétés... 2° Pour les actions, parts d'intérêt, commandites, en quatre termes égaux déterminés provisoirement d'après le résultat du dernier exercice réglé et calculé sur les quatre cinquièmes du revenu *s'il en a été distribué* (il s'agit ici des sociétés existant avant la loi), et, en ce qui concerne les sociétés nouvellement créées, sur le produit évalué à 5 pour 100 du capital appelé.

L'article 2 porte :

La liquidation définitive (de la taxe) a lieu au moment du dépôt... des comptes rendus... ou de tous autres documents fixant le dividende *distribué* (1).

Ce sont ces mêmes documents qui doivent servir de base à la perception de la nouvelle taxe imposée aux *associations ou congrégations religieuses*, sauf le cas où, par suite de l'innovation à la loi de 1872, il s'agira de faire une *déclaration.*

Comme il est uniquement question dans le présent paragraphe d'associations *reconnues ou non reconnues* constituées par *actions*, qui ne *doivent* pas distribuer des produits à leurs membres, on comprendra que la production à l'Administration des extraits de délibération, de comptes rendus, etc., ne lui seraient d'aucune utilité pour la perception, si ces documents n'indiquaient pas la portion de produits *réalisés* qui, sans la prohibition de distribution, eût pu *être distribuée.* C'est pourquoi l'Administration dit, page 7, n° 10, que ces documents devront faire connaître *quel dividende serait distribué dans le cas où l'interdiction, où l'impossibilité de distribuer n'existerait pas.*

Nous ne contestons pas la légitimité de la taxe imposée aux associations formées par actions. Le principe de l'égalité devant l'impôt trouve ici parfaitement sa place. Aussi l'Administration a raison de dire que, sauf la différence existant entre les sociétés qui doivent distribuer et celles qui ne doivent pas distribuer, « les documents visés par la loi du 28 décembre sont identiquement les mêmes que ceux de la loi du 29 juin

(1) Ce n'est point le fait de *fixation du dividende* distribué qui donne ouverture à la taxe, mais le fait *même de distribution* qui, d'après l'Administration et d'après la Jurisprudence, « est le FAIT GÉNÉRATEUR DE LA PERCEPTION. » (V. Tab. alph., *Fait générateur.*)

1872. C'est sur le produit ainsi déterminé en représentation de dividende que la taxe est établie. » Mais nous contestons que ces associations soient tenues à faire connaître le revenu qui, sans l'interdiction, eût pu être distribué. (V. n° 15, « Forme de la déclaration, » 1° Forme.)

L'Administration va se trouver en présence d'une grande difficulté qui pourra quelquefois l'entraîner dans un contrôle excessif et même lui faire côtoyer l'arbitraire, puisqu'elle déclare « qu'il lui appartient de *contrôler l'exactitude* de ces *documents par les moyens qui sont à sa disposition.*

Comment veut-on, en effet, que les associations auxquelles il est interdit par les statuts de distribuer des dividendes, puissent déterminer exactement le chiffre des dividendes qu'elles auraient pu distribuer, si cette interdiction n'eût pas existé, quand la loi du 16 juillet 1867, sous le régime de laquelle les sociétés civiles peuvent se placer, autorise les sociétés anonymes à mettre des produits en réserve, et, partant, les sociétés civiles (mines, carrières etc.) à *en faire autant?* Il est vrai, les produits qui ne doivent pas être distribués seraient une réserve indéfinie, et la loi de 1880 ne paraît pas vouloir d'une telle réserve pour les associations religieuses. Nous avons fait ressortir plus haut, n° 3, « Attribution des produits à la société, Réserves », 2e page, les conséquences d'une telle exigence, d'un tel contrôle. Comment veut-on, par exemple, qu'elles puissent faire connaître, dans les documents soumis au dépôt, le dividende qui aurait pu être distribué, si, à part le capital social, divisé en actions, il n'existe en fin d'exercice dans l'actif social qu'un *immeuble*, fruit d'une libéralité, ou qu'un meuble donné, ou qu'un don en argent. Serait-ce là un produit, un dividende?

Les *produits* passibles de l'impôt sont tous ceux qui sont compris, dit l'Administration, page 10, n° 17, par l'article 1er de la loi de 1872 sous la désignation « d'intérêts, dividendes, revenus ou bénéfices annuels »; que ces produits embrassent dans leur généralité, d'après la jurisprudence, toutes les sommes entrées dans la caisse sociale à quelque titre que ce soit, même à titre de libéralité (Cas., req., 18 mars 1879, Inst. n° 2621, § 4, « Pantographie voltaïque »); qu'il faut ranger, « dans la catégorie des produits, » les fruits naturels et civils des biens appartenant à l'association, les résultats du travail et de l'industrie de ses membres, le revenu des biens personnels des membres des congrégations autorisées mis au commun de la maison, lorsque les statuts le prescrivent; les quêtes, collectes, aumônes et dons, dès lors que les sommes et dons qui en sont l'objet deviennent la propriété personnelle de la société ou de l'association. V. le commentaire de ce passage n° 17, « Produits passibles de l'impôt ».)

Nous disons que l'on ne saurait ranger l'immeuble donné dans ces espèces de produits, sans dénaturer le sens juridique donné au mot *bénéfice* par le code civil en matière de société (1832, C. c.). (Voir sous ce même n° 13, § 2, n° 4, la définition de ce mot donnée par les auteurs et notre réponse à Garnier.)

Du moment que les statuts interdisent toute distribution de produits, on doit penser que jamais les délibérations n'agiteront la question de savoir s'il y a lieu de distribuer des produits réalisés. Il y sera seulement question de purs faits d'administration. Nous serions même étonné si l'on nous affirmait que les associations religieuses, formées par action et ne devant pas distribuer des produits, se donnent un soin qui nous paraît d'autant plus inutile que les délibérations et comptes rendus sont des modes d'agir incompatibles avec les *règles d'ordre d'intérieur* qui gouvernent les *ordres réguliers*. Comment ! il y aurait des assemblées délibérantes, le représentant de l'association risquerait la chance de lutter contre une minorité ! Un membre pourrait s'insurger contre l'autorité supérieure !

Il faut voir les choses telles qu'elles sont ou telles qu'on doit les présumer être d'après la *nature* du *milieu* où elles se produisent. Là où il sera pris des délibérations relatives aux produits, ces règles d'ordre intérieur n'existeront pas, et il sera possible alors de déterminer, si c'est là le vœu de la loi, ce dont nous doutons fort, quel serait le revenu à distribuer sans l'interdiction de distribution stipulée pour toujours ou temporairement, selon les volontés des parties délibérantes. Mais là où il ne sera pas pris de délibérations et où ces mêmes règles existeront, l'interdiction statutaire de distribution sera si étroitement liée à elles et tellement absolue, que toutes délibérations seront aussi interdites *de plano*, de telle sorte que, pour ces associations, ce sera la déclaration seule du représentant qui pourra servir, si, ce dont nous doutons fort encore, l'Administration compte sur son efficacité. Comment espérer, en effet, d'une association religieuse, attachée à l'*ordre régulier*, qu'elle fera des déclarations sincères, quand ce sera pour l'amour de Dieu, qu'elle prendra précisément les formes des sociétés par action à l'aide desquelles on peut pratiquer légalement la dissimulation de l'existence de faits imposables et autres faits de toute nature ?

Au point de vue de l'impôt, auquel personne ne doit se soustraire, la constitution sous forme d'association par *action* sera répréhensible sans doute, mais, au point de vue civil, elle sera irréprochable. Les associations ainsi constituées pourront mentir impunément, sans que l'Administration ait le droit d'intervenir pour les faire reconnaître en état de fraude. Vis-à-vis des contribuables, elle est un tiers intéressé, mais seulement quand l'intérêt porte sur une créance constatée, reconnue et tombant à la charge de l'actif social, auquel tous les autres tiers intéressés ont aussi un droit. Hors de ce cas, elle ne peut pas contester la validité du contrat constitutif qui liera des individus dont la règle même est, entre autre cas, de dissimuler leur fortune pour le grand profit de l'amour et de la gloire de Dieu, bien supérieur, il faut en convenir, à l'intérêt mesquin que le législateur a entendu protéger par les voies mêmes de la dissimulation et de la duplicité.

Chacun de nous agit dans l'intérêt de l'ordre d'idées ou de vues où il se place résolument, quand il s'agit de se vouer à une carrière, à une entreprise quelconque. Une concurrence s'établit : elle est la logique des intérêts opposés. Prétendre nuire aux congrégations religieuses en imposant démesurément leur bien de mainmorte, c'est aller à l'encontre de cette logique naturelle, et susciter le génie de la concurrence. C'est courir orgueilleusement à l'utopie, car personne ne sait ce que l'avenir contient de conceptions modificatrices de l'état présent. Aujourd'hui la concurrence se fait entre hommes à petit caractère. Lorsque les hommes à grand caractère prendront leur place, la mainmorte grandira peut-être, parce que le propre de ces hommes sera de respecter absolument autant les spéculations de l'intelligence que les aspirations du cœur. Quand nous entendons une Administration savante, poussée par les caractères de la génération présente, affirmer que les « quêtes, collectes, aumônes ou dons » font partie des produits atteints par la loi nouvelle, et devant supporter la taxe sur la partie qui en aurait pu être distribuée aux membres, sans l'interdiction de distribution, nous nous sentons désolé de vivre en un temps d'extrême petitesse et d'extrême méchanceté.

En admettant même que la valeur d'un immeuble *donné* fût indiquée dans un document émanant d'une association qui n'interdirait pas d'une manière absolue la distribution des produits, il ne sera pas possible aux représentants d'assigner une quotité distribuable, puisqu'un immeuble n'est point susceptible de division, de morcellement, de distribution et de partages par fractions. L'article 832 du Code civil interdit une pareille opération. Ce représentant ferait alors une distribution fictive, quand, en principe, la loi n'atteint que les distributions réelles. La loi de 1867 ne veut pas de fiction de ce genre. Voyez-vous le représentant écrire au bas de son document, suivant les prescriptions de l'article 16 de la loi du 22 frimaire an VII : Vu la fiction organisée plutôt par l'Administration que par la loi, vu tout ce qu'il y a de bête et de hautement comique dans cette fiction, je déclare que, sans l'interdiction de distribution, l'immeuble aurait pu être distribué en six lots, un pour la réserve légale, deux pour la réserve de prévoyance, et trois pour les actionnaires, et m'oblige à payer la taxe sur la valeur des trois derniers. Pour peu que le représentant ou la représentante ait une figure grotesque, le receveur rira sous cape. Il nous semble déjà que nous voyons ce curieux spectacle de l'application d'une fiction qui n'a rien de comparable, comme élévation d'idées, avec la fiction de la personne morale dans les sociétés.

Supposons que cette même association, à laquelle on a fait don d'un immeuble, ait réalisé de véritables produits pendant le second exercice, et que, tenue par les statuts à prendre des délibérations, ses actionnaires l'autorisent expressément à n'en pas prendre (1), que fera l'Administration ? Elle ne pourra pas alors *exiger* « qu'ils (les actes ou documents) déterminent seulement quel dividende serait distribué, si l'interdiction ou l'impossibilité de l'attribuer aux associés n'existait pas », puisqu'ils n'*existeront* pas. Dans ce cas, et pour se sortir d'embarras, elle n'aura pas le droit d'exiger une déclaration quelconque, pas même la « *déclaration* » imaginée par la nouvelle loi, puisque cette loi n'admet cette déclaration que pour les *valeurs autres que les actions*. Elle n'aura pas non plus le droit d'*obliger* l'association à prendre une délibération quand même, en se fondant sur la *législation générale des sociétés*, (p. 8, n° 10, *in fine*), sur la loi du 14 juillet 1867, par exemple, puisqu'elle n'a pas *qualité* pour lui imposer une pareille obligation. Enfin, elle ne pourra pas lui décerner une contrainte avec la mention « sauf à augmenter ou à diminuer », parce que la loi de 1880, pas plus que celle de 1872, n'exigent

(1) Voir « Pantographie Voltaïque », au n° 17 ; « Produits passibles de la taxe », n° 6 ; « Relevé de registres sociaux », et les §§ 2 et 3, « Sommes données à des actionnaires ou à des sociétés ».

des sociétés par actions que la production de documents *existants* et, qu'en notre cas, il n'en existerait pas.

On voit que l'Administration serait réduite à la plus complète impuissance, et la preuve qu'elle reconnaît son impuissance en pareille matière, c'est qu'elle ne vient pas dire à la Banque parisienne, qui peut rester dix ans sans prendre de délibérations sur la distribution de ses revenus, et cinquante ans sur ses réserves : Prenez des délibérations, ou sinon... (V. vers la fin du 1er § du n° 1, « But de la loi ». V. p. 34 et 47.)

Que Dieu garde l'Administration, pour un mince produit qui pourrait être détourné de la voie de l'impôt, d'entrer dans la phase des tracasseries, des persécutions et des procès!

Qu'elle n'étende pas trop loin les limites de son contrôle!

L'Administration dit, en thèse générale (page 8, n° 10, 1er alinéa de son Instruction) : « Il appartient à l'Administration de contrôler l'exactitude de ces documents par les moyens qui sont à sa disposition. »

Comment! elle n'a pas le droit de l'exercer sur les documents déposés par les sociétés anonymes ordinaires, et elle le prendrait pour des associations religieuses formées par actions qui se revêtent précisément des formes commerciales afin de jouir, en *toute liberté*, des avantages légaux accordés aux premières : la réserve légale, les réserves de prévoyance, la liberté de réunion et de délibération!

L'hôtel n° 7 de la rue Chauchat, appartenant à la Banque parisienne, est le produit d'une réserve. Jamais le Trésor public ne touchera cinq centimes de ce produit qui ne sera pas mis en distribution, et dont pourtant les comptes rendus font mention. Cette Banque possède, en outre, si l'on s'en rapporte à ses panégyriques hebdomadaires, une réserve de douze à quinze millions qu'elle ne trouve pas suffisante pour consolider son crédit, et qui la met dans la nécessité d'augmenter son capital. Pourquoi l'Administration n'exerce-t-elle pas un *contrôle* sur les documents déposés par cette société, conformément aux dispositions de la loi fiscale? C'est bien simple : C'est parce que, dit l'Administration, cette société est dans une situation bien différente de celle des associations religieuses établies par actions : celles-ci s'interdisent la distribution des revenus, tandis que celle-là en distribue. Donc des égards pour elle ; pour les autres, point. Les associations ne voulant rien donner, nous les obligerons à donner. La Banque *voulant* donner aux actionnaires, cette volonté, statutairement exprimée, suffit pour qu'elle soit *libre* de rester dix ans ou cinquante ans sans rien nous donner de ses revenus.

En présence de ces mots : « Il appartient à l'Administration de contrôler l'exactitude de ces documents par les moyens qui sont à sa disposition », voici la moralité : Les documents déposés par cette Banque ne seront pas contrôlés, et les documents déposés par les associations le seront!

Législation et contrôle d'une douceur évangélique pour telles sociétés, législation et contrôle féroces pour telles associations!

Si encore on frappait *également* la mainmorte partout où elle se rencontre, on pourrait dire : voilà de l'égalité devant les impôts.

Mais, au cas qui nous occupe, les choses ne se passent pas ainsi.

Voilà une Banque qui emploie ses réserves en construction, et voilà une association religieuse qui emploiera tous ses produits en bien de mainmorte. Leur situation est la même en face de la loi de 1872, qui n'atteint ni la totalité, ni partie des produits *réservés*. La loi de 1880 modifie cette situation. La Banque pourra continuer à créer des biens de cette nature sans payer le 3 pour 100, et l'association le payera. Si celle-ci paye à la fois et la taxe de 3 pour 100 et celle de mainmorte, celle-là ne payera que cette dernière taxe. Ainsi on les verra toutes deux, à moins l'arrivée de terribles effondrements que l'on prévoit sur le compte des sociétés financières et industrielles, vivre cinquante et cent ans à côté l'une de l'autre, l'une privilégiée, l'autre martyrisée !

Refaites donc cette législation odieuse !

On verra plus loin que le législateur de 1880 a inventé la mainmorte *mobilière*. C'est bien là un comble de haine, mais c'est aussi un comble d'absurdité. (V. nº 16, « Évaluation à 5 0/0 », §. 3, nº 1 *in fine*. — V. « Détermination du revenu », nº 13; « Déclaration », § 2.)

---

2. — AUTRES VALEURS

MODES DE DÉTERMINATION DU REVENU

(I., nº 11, p. 8.)

La loi du 28 décembre 1880 (art. 3, § 2, nº 2) prévoit, pour les *valeurs* autres que les actions, trois modes distincts de détermination du revenu.

Loi. — 1º Les délibérations des Conseils d'administration prévues dans le troisième paragraaphe de l'article 2 de la loi du 29 juin 1872, c'est-à-dire « des Conseils d'administration des intéressés. »

2º La déclaration des représentants des sociétés ou associations, appuyée de toutes les justifications nécessaires.

3º A défaut de délibérations et de déclarations, à raison de 5 pour 100 de l'évaluation détaillée des meubles et des immeubles composant le capital social.

L'article 2 de la loi du 29 juin 1872 auquel se réfère la première disposition est ainsi conçu:

Pour les parts d'intérêts et commandites, soit par les délibérations des conseils d'administration des intéressés, soit à défaut de délibération, par l'évaluation à raison de 5 pour 100 du montant du capital social ou de la commandite, ou du prix moyen des cessions de parts d'intérêts consenties par l'année précédente.

Les sociétés ont, dit l'Administration (page 8, n° 11), le *choix* d'adopter celui de ces moyens qui leur *convient*.

Elles peuvent faire leur *option* même après l'expiration des trois mois accordés pour le payement de la taxe par le troisième paragraphe de l'article 3.

Il ne leur est pas interdit davantage de *remplacer* l'un de ces procédés par un autre pendant la durée de l'association.

Délibérations ou déclarations. — Il ne s'agit plus de sociétés ou associations formées par *actions*, mais de toutes autres sociétés ou associations civiles qui sont établies par contrat et qui ont des bénéfices en vue, *sans qu'elles puissent toutefois en faire la distribution à leurs membres*.

Il est des sociétés ou associations civiles qui ont des conseils d'administration. Ce n'est que dans le cas où ces Conseils se prononceraient sur la fixation des revenus à distribuer, que leurs délibérations devraient être déposées pour servir de base à la perception de la taxe. De ce côté, il y aurait assimilation avec celles des conseils de sociétés anonymes. Si ces sociétés n'ont pas de conseils d'administration, le revenu est déterminé soit par une déclaration, soit à défaut de déclaration, à raison de 5 pour 100 de l'évaluation détaillée des meubles et immeubles composant le capital social.

La loi de 1880 innove quant à la déclaration. (V. « Déclaration, n° 13, et Forme de la déclaration appuyée de toutes justifications, » n° 15.) Elle n'innove quant au 5 pour 100, qu'en ce qu'elle le fait porter sur une évaluation *détaillée des meubles et immeubles* composant le capital social. D'après la loi de 1872, le capital, ou réunion des mises sociales, est pris en bloc pour sa valeur telle qu'elle est fixée par les contrats de société. Le législateur de cette époque se serait bien gardé d'exiger la déclaration, l'énumération et l'évaluation estimative des diverses valeurs apportées. (Voir au n° 16, « Evaluation à 5 pour 100. » § 2. « Principes de la loi du 29 juin 1872, « Déclaration personnelle ».) Mais celui de 1880, ayant pour but de connaître la consistance réelle des biens de mainmorte, d'en suivre les déplacements, les agrandissements, d'avoir une vue intérieure, malgré des grillages, dans l'habitation, dans le siége principal et dans ses succursales, et non de donner au Trésor public quelques millions de plus, a tenu expressément à la déclaration justifiée, parce qu'elle est la clef *qui permet d'entrer* et la *clef qui permet de fermer ou d'expulser*.

Choix dans le mode de détermination du revenu. — Les sociétés ou associations pourront faire le choix d'un des trois modes de détermination du revenu et auront la latitude de remplacer à leur convenance l'un de ces procédés par un autre pendant la durée de l'association.

Il nous semble que l'Administration se montre ici trop généreuse, car la loi ne confère pas le *droit d'option*.

L'option n'est pas de droit. Dès l'instant qu'une association est pourvue d'un Conseil d'administration, en vertu de ses statuts, lequel conseil pourra prendre des délibérations, il n'y aurait point pour elle la faculté d'option, à moins qu'elle se donne des statuts nouveaux.

La loi de 1872 n'est pas entrée dans cette voie et celle de 1880 ne pouvait pas y entrer non plus, parce qu'il n'est pas conforme aux principes des lois fiscales que la perception dépende d'une option faite suivant le bon plaisir des contribuables, d'une sorte de *déclaration personnelle* contre laquelle les hommes politiques de 1871 et de 1872 ont exprimé leur répugnance, tant dans l'intérêt des contribuables que dans l'intérêt même du Trésor. Nous renvoyons sur ce point à notre commentaire de la loi du 29 juin 1872. (V. la référence ci-dessus.)

C'est vouloir engendrer de perpétuelles difficultés administratives et judiciaires que de porter la main sur ces principes, en l'absence de toute disposition expresse. Or, cette disposition n'existe pas.

En effet, de ce que la loi s'exprime ainsi : « *Soit* par les délibérations du conseil d'Administration,... *soit* par les déclarations des représentants des sociétés ou associations,... à défaut, à raison de 5 pour 100... » il n'en faut pas conclure que si la société ou l'association prend des délibérations, elle aura la faculté de faire une déclaration ou de payer sur le 5 pour 100. Le législateur prend la société ou association dans la *situation juridique* où elle se trouve au moment où le droit à la taxe naît pour le Trésor, et non au moment où la taxe est exigible, période de perception.

Nous n'admettrons donc pas que les sociétés et associations antérieures ou postérieures à la loi puissent, dans le cours d'un exercice, opter, ni même toucher à leurs statuts dans le but de modifier le droit acquis au Trésor, quoiqu'il lui soit inconnu pour cet exercice.

Toutefois, comme, en principe, il ne peut leur être interdit d'apporter des modifications aux statuts en quel moment que ce soit, nous admettons parfaitement que les délibérations prises, en vertu de statuts nouveaux, devront servir de base à la perception dans le cas que voici :

Les associations antérieures à la loi *doivent* la taxe à partir du 1er janvier 1881, et cette taxe sera *exigible* dans les trois premiers mois de 1882. Si, en 1881, une association modifie ses statuts, la modification n'aura d'effet que pour la taxe qui sera acquise en 1882 et exigible dans les trois premiers mois de 1883.

Les associations postérieures à la loi doivent la taxe à partir du jour de leur constitution. Si, en janvier ou dans le courant de 1881, une association s'est constituée, elle devra, en 1882, payer la taxe d'après les résultats des délibérations prises en 1881, en vertu des statuts, et non d'après les résultats des délibérations prises, en 1882, en vertu des modifications à ces statuts survenues à partir du 1er janvier de cette même année 1882.

Nous le répétons, les principes de la perception ne peuvent pas être laissés à la discrétion des contribuables. Pauvres et riches, petits et grands, prêtres et laïques, tous doivent leur soumission complète aux principes sur lesquels reposent nos lois. Il est certain que, si le droit d'option est maintenu, l'Administration manquera elle-même aux principes d'une bonne administration et que son *service* sera considérablement surchargé.

Peut-être le Ministère des finances, en accordant ce droit, a-t-il eu des vues particulières. Tout donne à le penser du moment que la *déclaration* que les associations seraient *libres de faire*, permettrait au Gouvernement de surveiller toutes les péripéties de la fortune des associations et de leurs divers agissements.

Si telle est, cachée sous cette générosité du droit d'option, la pensée du Ministère, nous disons aux sociétés et aux associations, comme nous le dirions à un peuple que l'on flatte, que l'on encense, que l'on cajole avant les élections : défiez-vous ; mettez beaucoup de discernement dans vos choix et réfléchissez à toutes leurs conséquences. Ne modifiez vos statuts et ne déposez vos bulletins de choix ou de votes, que lorsque vous aurez sondé la jurisprudence et les intérêts de votre candidat, jurisprudence et enquête à laquelle vous devez soumettre avec entente toutes, absolument toutes les difficultés présentes et à venir. Si les tribunaux vous battent, soumettez-vous. Pour peu qu'ils vous donnent raison, résistez énergiquement jusqu'au jour où la loi du 28 décembre 1880 sera fondue dans la prochaine loi sur les revenus en général.

(V. ce que l'on doit entendre par ces mots des lois de 1872 et de 1880 : « Le revenu est déterminé », au n° 13 ; « Déclaration », § 2 ; 2° « Législation » de 1872.)

§ 1er. — Délibérations des Conseils d'administration.

(I., n° 12, p. 8.)

1° Délibérations, Revenu. — 2° Contrôle.

1° DÉLIBÉRATIONS — REVENU

Loi. — Les délibérations des Conseils d'administration prévues dans le troisième paragraphe de l'article 2 de la loi du 29 juin 1872, c'est-à-dire « des Conseils d'administration des intéressés. »

Le Conseil d'administration régulièrement institué, dit l'Administration (page 8, n° 12), fixe, d'après les bases qui servent à la détermination du revenu imposable en vertu de la loi du 29 juin 1872, le produit qui devrait être distribué si la prohibition n'existait pas. Le droit est perçu sur la remise d'un extrait de la délibération, sans que la société ait d'autres justifications à fournir et sauf l'exercice du contrôle de l'Administration.

Nous avons déjà entretenu le lecteur, sous le n° 10, « Actions, délibérations, comptes rendus, » au sujet de tous les produits et particulièrement d'un immeuble *donné*, des tiraillements tout à fait comiques qui se produiront lorsque le représentant d'une association *qui ne doit pas distribuer de produits* devra pourtant écrire sur l'extrait d'une délibération le montant des produits *qu'il aurait pu distribuer*. Ce que nous avons dit de l'immeuble *donné*, nous le disons aussi d'un immeuble acquis et de toutes sortes de meubles, tels que meubles meublants, chevaux, voitures, matériel et immeubles par destination. Ces biens meubles ne seront pas susceptibles d'une distribution, pas plus que le mobilier et le matériel d'une banque ou d'une société industrielle. Ils sont là, à demeure, pour répondre aux premiers besoins du fonctionnement de la société.

En présence de cette impossibilité, l'Administration met à la torture le malheureux représentant d'une association qui n'a pour but, par exemple, que la poursuite d'une œuvre religieuse ou charitable : « Reconnaissez, lui dit l'Administration, au nom de la loi (qui ne dit mot d'une telle reconnaissance), que vous auriez pu distribuer tant... (que vous auriez pu !), sauf mon contrôle ». Et ce même représentant qui n'a des yeux maintenant que pour la liberté, l'égalité et la fraternité, mais trop tard peut-être, se trouvera en face de l'*Inquisition!* On verra plus bas (n° 14, « Justifications », 2°) que, s'il se laisse rompre les os, ses papiers « domestiques et autres documents privés » seraient fouillés de la façon dont s'y prennent certains héritiers exclus par testament d'une succession. « Ces papiers seront immédiatement rendus aux déclarants. » Aux patients, oui, mais on ne rendra pas l'argent ainsi perçu!

La loi ne veut pas de pareilles justifications. Elle ne parle « de justifications nécessaires » que pour « les déclarations » : « soit par la *déclaration* des représentants *appuyée* de « toutes les justifications nécessaires. »

On peut nous objecter que l'Administration dit, sous le n° 12, page 10, 1er alinéa de son Instruction, que « le droit est perçu sur la *remise* d'un extrait de délibération, sans que la société ait à *fournir* d'*autres* justifications » et que, par conséquent, nous avons le tort de faire observer qu'elle en réclame d'autres. Mais, comme elle ajoute : « et sauf l'exercice du *contrôle* de l'Administration », nous soutenons que c'est exiger indirectement des justifications, autres que celles de la *remise* d'un extrait de délibération, quand, comme conséquence de l'exercice du droit de contrôle qu'elle prétend avoir *sur les délibérations*, le représentant se trouvera inévitablement obligé d'exhiber d'*autres* documents pour justifier que la mention dans l'extrait d'un *revenu distribuable possible est* parfaitement sincère.

Le législateur de 1880, pas plus que celui de 1872, ne parle de contrôle ni au regard de ces extraits, ni au regard des déclarations. (V. n° 16, « Évaluations à 5 0/0 ». § 2, « Principes de la loi de 1872. » 15, « Forme de la déclaration ».) En effet, « pour les autres valeurs », dit la loi, « le revenu est déterminé par les délibérations des Conseils d'Administration. » (Art. 2, « loi du 29 juin 1872 ».) C'est tout.

Il en résulte, à notre avis, que, s'il n'est point question dans les délibérations prises par des Conseils d'administration d'associations religieuses, de revenus réalisés ou à distribuer, la taxe sera due sur le 5 pour 100 du capital social et non sur le montant d'une évaluation approximative des produits qui auraient pu être distribués sans l'interdiction de distribution. La loi ne peut obliger ces associations à prendre des délibérations dans ce but. Mais comme, d'un côté, la loi n'a pas voulu se heurter à la liberté qu'ont ces associations de ne parler dans leur délibération, si elles en prennent, que de ce qu'elles jugent à propos d'y insérer; comme, d'un autre côté, elle a voulu les imposer à la taxe par le motif qu'elles *ne doivent pas* distribuer des produits, elle a dû nécessairement considérer, comme n'existant pas au regard de l'impôt, des délibérations forcément muettes sur la question des produits, et partant elle a dû dire : A défaut de délibérations prises sur les *produits réalisés*, la déclaration du représentant ou, à défaut, le 5 pour 100 sera pris pour base de l'établissement de la taxe.

Nous verrons plus bas que même la *déclaration* ne comporte pas l'exigence que nous critiquons. (V. n° 14 « Justification », § 2.)

On nous objectera sans doute que, puisque la loi dit, en termes formels : « et pour les autres valeurs, le *revenu est déterminé* par les délibérations », il est nécessaire que les associations y fassent la mention d'un revenu, car, à défaut de mention, la loi aurait employé inutilement le mot *délibération*, ce qu'il n'est pas permis de supposer. On doit donc croire que, puisque les délibérations sont nominativement désignées, le législateur a voulu leur faire remplir une fonction spéciale pour l'établissement de la taxe.

Cette objection n'est pas fondée. (V. ce que l'on entend sur ces mots: « Le revenu est déterminé, » n° 13, « Déclaration »; 2° « Législation de 1872 ».)

L'Administration semble croire que, parce qu'une association, non formée par actions, a un conseil d'administration, les délibérations devront *nécessairement se prononcer* sur les distributions des produits. C'est une grave erreur. Il est des sociétés ou associations qui, pour ces distributions, n'ont d'autre règle à suivre que celles prévues par les *statuts*. Leurs conseils d'administration n'ont aucun pouvoir sur ce point, surtout dans les associations purement religieuses qui n'ont pas voulu que leurs *règles* fussent ébranlées par de soudains caprices de leurs conseils. (V. « Détermination du revenu », n° 10, « Délibérations, comptes-rendus, Règles des ordres réguliers ».) Il en est de même dans certaines sociétés civiles ordinaires telles que, par exemple, celle qui a pour objet l'achat et la vente d'immeubles: ce sont les *statuts*, et non les *délibérations*, qui fixent les distributions, c'est-à-dire la quote-part de chacun « des intéressés » dans les bénéfices et en proportion de leurs « parts d'intérêt » ou apports (loi 29 du juin 1872, art. 2, n° 3).

Nous le répétons, la loi ne peut obliger à prendre des délibérations dans un but fiscal (V. au surplus ce que dit l'Administration, page 10, n° 13, 1er alinéa). Elle ne peut viser que les délibérations, qui, prises *volontairement*, renferment la mention *ordinaire* de distribution. Or, comme les délibérations *volontaires* que peuvent prendre les associations religieuses dont il s'agit ne détermineront jamais de revenu à distribuer, on doit en conclure que la taxe sera payée sur le 5 pour 100 du capital social, non en vertu des délibérations statutairement muettes sur ce point, mais en vertu des statuts qui sont, comme ceux des sociétés civiles *ordinaires* dont nous venons de parler, la base régulière de l'établissement de la taxe. Voilà pourquoi le législateur a dit « qu'à défaut de délibérations », de *délibérations prises en vue d'une distribution* « le revenu est déterminé par une déclaration ou, à défaut, à raison de 5 pour 100 de l'évaluation détaillée des meubles et immeubles composant le capital social », voulant faire entendre par ce mot *délibération* que là où il n'existerait pas de délibérations *volontaires*, de délibérations *libres* pour la fixation d'un produit *distribuable*, il y aurait le 5 pour 100 pour remédier au silence de ces « délibérations » ou au silence « des déclarations » considérées comme des équivalents de délibération.

En d'autres termes, le législateur dit : qu'à défaut des délibérations ou de déclarations s'expliquant sur un revenu à distribuer, la taxe devrait porter sur le 5 pour 100 du capital social. C'est si bien là sa pensée qu'il savait parfaitement que les associations religieuses dont il est question ne parleraient jamais de produits distribuables, puisque les statuts, ou la *règle* interdisent formellement de tenir un pareil langage dans les délibérations. C'était si bien sa pensée, qu'il ne se reconnaissait pas le droit d'imposer une délibération dans l'*intérêt seul du trésor*, obligation qui eût violenté la liberté des délibérations. Une telle délibération eût été une *déclaration forcée de revenu*, et le législateur de 1872 ni celui de 1880 n'en n'ont voulu. (V. n° 16 « Evaluation à 5 0/0, » § 2, « Principes de la loi du 29 juin 1872 ».) On verra plus bas quel est le caractère de la déclaration que le législateur de 1880 exige. (V. n° 13, « Déclaration », V. n° 14 « Justification », V. n° 15 « Forme de la déclaration ».)

Le législateur de 1880 a donc été mieux inspiré que l'Administration des finances en n'édictant dans ce cas que l'obligation de payer la taxe sur le 5 pour 100, et non sur des revenus qui auraient pu être distribués sans l'interdiction de distribution. Il n'ignorait pas qu'en exigeant une *déclaration de revenu*, il aurait mis le *service administratif* dans des nécessités inquisitoriales et dans un état déplorable de désorganisation. Il n'ignorait pas non plus que la taxe liquidée *annuellement* sur le 5 pour 100 du capital social, et non de tout l'actif social, ainsi que le prétend l'Administration (V. sous le n° 16, «Évaluation à 5 0/0, § 3, meubles et immeubles, *Patrimoine* social, *Valeurs* elles-mêmes »), serait bien plus productive que celle qui atteindrait un revenu *possible distribuable*, car les associations religieuses, dont la fortune date de loin, ne réalisent pas des produits *annuels* aussi considérables qu'on a pu le penser. Elles amassent petit à petit. (V. ce que les lois de 1872 et de 1880 ont entendu par ces mots : « Le revenu est déterminé », n° 13, « Déclaration », 2° « Législation de 1872 ».)

2° CONTROLE

Il suit de tout ce qui précéde que l'Administration n'a pas le droit d'exercer un contrôle *spécial* ni sur les délibérations, ni sur les *déclarations* en tant qu'elles peuvent servir de base à la taxe. Elle ne peut exercer que son contrôle *ordinaire* qui n'est pas écrit dans les lois, mais qui résulte implicitement des *devoirs* que les lois lui imposent pour la perception et le recouvrement des droits. Ce contrôle ordinaire s'exerce avec les documents tombés dans le domaine public par le fait *volontaire* des contribuables : actes, contrats, exploits, jugements, rôles d'imposition, pétitions, réclamations, journaux etc. La loi ne veut pas d'un contrôle *spécial*, *extraordinaire*. (V. n° 16 « Évaluation à 5 0/0 », § 2, n° 1 « Contrôle », et n° 15 « Forme des déclarations après le passage relatif aux sociétés de fait ».)

Si en disant : « sauf le contrôle de l'Administration », celle-ci a entendu un droit dans le sens de contrôle *ordinaire* dont nous venons de parler, oh ! nous n'avons rien à dire. Celui-là lui est incontestablement acquis. Mais il nous est bien permis de douter qu'elle restera dans les justes limites de ce contrôle, quand nous voyons que, sous le n° 39 de son Instruction, page 28, relatif au *droit de communication*, elle donne à penser que son droit de contrôle permettra *la constatation régulière du revenu imposable*. (V. « Droit de communication » à la fin des « Commentaires ».) En effet, ne trouve-t-on pas que le mot *régulière*, mot louable, se heurte contre le contrôle *irrégulier* dont elle veut user sur les délibérations des conseils d'administration et sur les déclarations, contrôle dont ni la loi de 1872, ni celle de 1880 ne veulent à aucun prix ?

Toutes ces critiques, que nous croyons justes, eussent été évitées, si l'Administration des finances n'eût point vécu quelque temps dans un milieu d'où la *Liberté* était momentanément absente. *Obliger* les associations religieuses à faire connaître « le revenu qui eût été distribué, sans l'*interdiction* de distribution », c'est faire l'ouvrage de ces délires d'un jour qui brisent tout ce qu'il y a de plus sacré dans le monde, la Liberté !

(V. ce que l'on entend par ces mots, « Le Revenu est déterminé », n° 13 « Déclaration », 2° « Législation de 1872 ». V. « Justifications », n° 14.)

§ 2. — Déclarations.

(I., n° 13, p. 9.)

1° Principe de la déclaration. — Innovation.
2° Détermination du revenu.
  1. Législation de 1872.
  2. Législation de 1880.
3° Rédaction de la déclaration.

1° PRINCIPE DE LA DÉCLARATION — INNOVATION

Loi. — Le revenu est déterminé.... soit par les déclarations des représentants des sociétés ou associations appuyées de toutes justifications nécessaires.

Lorsqu'il n'existe pas de Conseils d'administration réguliers, dit l'Administration (page 9, n° 13), ou que la société ne juge pas à propos de leur faire prendre des délibérations, soit de produire l'extrait de celles qui auraient eu lieu, la loi du 28 décembre 1880 permet de remplacer ces délibérations « par la déclaration des représentants des sociétés ou associations. »

La déclaration dont il s'agit doit être souscrite conformément à l'article 16 de la loi du 22 frimaire an VII (Voir cet article : « Forme de la déclaration, n° 15 ».)

La déclaration « doit déterminer, comme l'eût fait la déclaration d'un conseil d'administration, les produits qui devaient être distribués aux associés, si les statuts ou si la nature de l'association ne les attribuaient définitivement à la société elle-même, à l'exclusion de ses membres. (V. n° 12, « Délibérations ».)

Le principe de la *déclaration* est une innovation à la loi du 29 juin 1872. Ce principe a été écarté à cette époque par les plus grands esprits, tant il présentait des dangers contre la liberté individuelle, contre le secret des affaires, contre les propres intérêts des contribuables et du trésor public, et contre celui d'une bonne administration. *Point d'arbitraire, point d'inquisition*, point de *contrôle particulier*. Tel fut le cri unanime d'exclusion de la *déclaration* du régime fiscal. (V. n° 16, « Evaluation à 5 0/0 », § 2; « Principes de la loi de 1872 », n° 1, « Déclaration », et après le Rapport de 1871, de M. Casimir Périer. V. « Déclaration du capital social », au § 3, n° 2 du n° 3, « Évaluation à 5 0/0 »).

Le *discours de Charonne* s'est fait illusion sur ce point.

La *déclaration* est l'équivalent de l'extrait d'une délibération qui permettrait de « déterminer » le revenu imposable. S'il n'existe pas de délibération parlant de ce revenu, ce sera la déclaration qui sera le *moyen* de la détermination. Voyons alors comment et par qui ce revenu sera déterminé.

2° DÉTERMINATION DU REVENU

1° *Législation de 1872.* — On doit se demander alors ce que l'on doit entendre par ces mots de la loi :

Le *revenu est déterminé* pour les autres valeurs.... par les délibérations.... soit par les *déclarations* des représentants.

S'il s'agit d'actions « le revenu *est déterminé* par les délibérations, etc. »

Ces termes ne signifient pas que la société sera *obligée* de faire connaître le revenu ; ils signifient que le percepteur de la taxe *sera obligé* de prendre la *délibération* pour base de la perception, et point d'autres, même les registres sociaux. Or, comme l'on sait que les sociétés par action ont, à cause du soutien à donner à leur crédit, intérêt à publier leurs revenus, le législateur trouvant là un *moyen* fort commode de procéder à l'établissement de la taxe, n'en a pas *exigé* d'autres. Le receveur tient ce moyen d'un fait *volontaire* de la société qui n'est pas *légalement* obligée à publier ses délibérations. Il y a beaucoup de sociétés qui donnent des revenus et qui ne les annoncent pas à son de caisse.

S'il s'agit de valeurs autres que les actions, « le revenu est déterminé par les délibérations du conseil d'administration. » Comme les sociétés qui ont ces valeurs peuvent avoir le même intérêt que les sociétés par actions, le Trésor profite encore de ce même *moyen*. Le receveur tiendra également ce moyen d'un fait *volontaire*. Dans les deux cas, la situation est la même vis-à-vis du Trésor. Mais ce qu'il importe de bien faire remarquer, puisqu'il s'agit ici de définir ce que la loi entend par ces mots : *le revenu est déterminé*, c'est que la loi n'impose *pas l'obligation de prendre une délibération énonciative de revenu*. Elle oblige *uniquement* le receveur à établir la taxe quand une telle énonciation est faite *volontairement*, et qu'elle arrive directement à son bureau.

Le receveur est seul obligé. Le *revenu* « est POUR LUI *déterminé*. » Si on ne lui fournit point *volontairement* un revenu par la publicité des des délibérations, le *revenu* est POUR LUI *déterminé* par un revenu équivalant au 5 pour 100 du capital social. Ici, le législateur supplée à des volontés qui manquent.

Si les délibérations restent *muettes* sur les revenus, ce qui peut bien arriver dans certaines sociétés civiles, le receveur ne sera *tenu*, relativement à la *détermination du revenu*, qu'à se conformer à la loi qui dit que, dans ce cas, il trouvera la détermination *toute faite* dans le 5 pour 100 du *capital social*. Or, ce capital est connu; il figure sur le livre des enregistrements des actes. Le mot *est* ne veut pas dire *sera* et les mots *est* ou *sera* n'impliquent aucune obligation ni pour la société tenue à faire l'avance de la taxe, ni pour l'associé qui en est le débiteur.

Tel est le régime fiscal de 1872 ; — aucune obligation pour le contribuable.

2° *Législation de 1880.* — D'après la loi nouvelle, s'il s'agit d'autres valeurs, et que les délibérations restent muettes, « le revenu est *déterminé* par la *déclaration.* » Cela ne veut pas dire que le déclarant *sera* obligé de faire connaître un revenu quelconque, mais que le *receveur sera obligé* de prendre pour unique base de perception le revenu qui sera déclaré *volontairement*. Il en résulte que, s'il n'y a pas *déclaration volontaire* à cet égard, il s'accommodera du 5 pour 100 du capital social comme dans le cas précédent. Les statuts seront là! Si le capital social n'est pas *connu* du receveur, soit qu'il n'ait pas l'enregistrement du contrat de société, soit que la société lui en refuse la production, il demandera une *déclaration* de capital qui lui servira pour la détermination du revenu; enfin, si cette déclaration lui est refusée, son droit sera de liquider la taxe sur le 5 pour 100 de la valeur estimative des biens composant le capital social, 5 pour 100 correspondant à une distribution présumée de revenu. (V. « Présomption légale de distribution de revenu », sous le titre « 5 0/0 prétendu forfait », après la 4e hypothèse, lettre A, « Législation et jurisprudence fiscales », n° 16; Évaluation à 5 0/0).

En résumé, le représentant des associations religieuses n'est tenu de déclarer ni le produit réalisé, ni le produit distribué.

Qu'aura-t-il alors à déclarer? Nous l'avons dit: C'est le capital social et rien de plus.

Par la reproduction des mots: « le revenu est déterminé », le législateur de 1880 fait une innovation a la loi de 1872 en désignant la *déclaration* comme nouveau mode de détermination.

Cette disposition, dit l'Administration (page 12, n° 16, relative à la déclaration), est empruntée, comme l'a été celle relative aux *délibérations*..... à la loi du 29 juin 1872. Elle a eu pour but de répondre à la même nécessité qui est de fixer un revenu à forfait (5 0/0 du capital), lorsque le *revenu réel ne peut être déterminé*. (Voir « Forfait », n° 16 ; « Évaluation à 5 0/0 », § 2, n° 4.)

C'est sur le 5 pour 100 du capital *déclaré* que la taxe devra être perçue. Le receveur est obligé de prendre ce capital déclaré pour base.

Le tribunal de la Seine et la Cour de cassation, dans l'affaire de la société Pereire, ont décidé que le capital non *évalué* ou non *connu* doit être DÉCLARÉ pour la perception de la taxe (1). (V. au sujet de la déclaration elle-même, n° 15, « Forme des déclarations n° ».) Il n'y a donc que déclaration de capital et c'est sur le 5 pour 100 que doit porter la taxe, puisque

(1) Jugement, 8 juin 1877, Rép. pér., 4726; Arrêt. 28 janvier 1879, Rép. pér., 5157.

le « revenu réel ne peut être déterminé », ou puisque le déclarant n'a pas voulu le déterminer.

Les contrats des associations religieuses et les conventions en tenant lieu n'étant pas aux mains des receveurs pour percevoir la taxe sur le 5 pour 100 du capital social, la *déclaration* du capital lui est absolument nécessaire pour appliquer la loi. C'est un nouvel instrument que la loi lui donne. Mais bien qu'à défaut de délibération, cette déclaration soit obligatoire, il n'en résulte nullement que le législateur ait voulu obliger l'association à faire connaître dans sa déclaration un revenu quelconque. Aussi trouvons-nous qu'il existe une contradiction manifeste entre le passage ci-dessus de l'Instruction, qui répond à l'esprit de cette innovation, et celui-ci après, qui répond à un esprit de vexation et à un esprit peu politique, n° 13 : La déclaration « doit *déterminer*, comme l'eût fait la délibération d'un conseil d'administratration, les *produits qui devraient être distribués aux associés* si les statuts ou la nature de l'association ne les attribuaient définitivement à la société elle-même, à l'exclusion de ses membres. »

Non, la déclaration ne *doit pas déterminer* ces produits, pas plus que ne le *doivent* les délibérations qui, sous le rapport du revenu, sont un fait purement *volontaire* occasionné par les nécessités de maintenir en public le crédit de la société.

La loi ne parle pas d'une telle obligation qui, du reste, serait impraticable dans les sociétés en commandite simple et dans les sociétés civiles ordinaires, puisque la dispense de la *déclaration d'un revenu* naît précisément de ce que ces sociétés n'ont aucun intérêt à faire connaître en public leurs résultats bénéficiaires.

Pour elles, le législateur aurait pu rigoureusement les obliger à faire connaître leur capital social au moyen d'un extrait de leurs contrats, ce qui eût tenu lieu d'une *déclaration de capital*. Il n'a pas cru devoir imposer une telle obligation, parce qu'il lui était très facile de se procurer les contrats aux greffes des tribunaux de commerce, et de relever les contrats des sociétés civiles dans les bureaux d'enregistrement. (V. « Justification », n° 14, v. n° 15, « Forme de la déclaration », et le fond de la déclaration.)

3° RÉDACTION DE LA DÉCLARATION

L'article 3 de la loi du 28 décembre 1880 porte :

La déclaration souscrite conformément à l'article 16 de la loi du 22 frimaire, an VII. (V. cet article au n° 15, « Forme des déclarations » ; v., plus bas, « Déclarations sans justifications. »)

Elle doit déterminer, dit l'Administration, n° 13, page 10, comme l'eût fait la délibération d'un Conseil d'administration, les produits qui devraient être distribués aux associés, si les statuts ou la nature de l'association ne... *appuyée de justifications nécessaires.*

En ce qui concerne les produits qui devraient être distribués, nous renvoyons aux n°s 10, Actions, Délibérations et Comptes rendus, et 12, Délibérations des Conseils d'administration.

En ce qui concerne la *nature* de l'association, nous renvoyons au n° 2, Non distribution de produits, n°s 1, 2 et 3.

En ce qui concerne les *justifications nécessaires*, voir aux pages suivantes.

§ 3. — Justifications.

(I., n° 14, p. 9.)

1° Justifications d'après la loi du 22 frimaire an VII.
2° Justifications à l'appui de la déclaration.

1° JUSTIFICATIONS D'APRÈS LA LOI DU 22 FRIMAIRE AN VII

Loi. — Le revenu est déterminé... soit par la déclaration appuyée de toutes les justifications nécessaires. (V. l'en-tête du n° 13.)

Le législateur, dit l'Administration, page 10, n° 15, n'a pas indiqué de quoi se composeraient ces justifications. Il a employé ce mot avec la signification générale qui lui a été attribuée dans plusieurs textes de lois antérieures, notamment dans l'article 68, paragraphe 3, n° 2, de la loi du 22 frimaire an VII. L'Administration a donc un droit d'appréciation très étendu qu'elle exercera sous le contrôle des tribunaux d'après les circonstances et selon la nature particulière de chaque association.

Voici cet article de la loi de frimaire :

Les actes compris sous cet article sont enregistrés et les droits payés ainsi qu'il suit : « Actes assujettis à un droit fixe de 3 francs (aujourd'hui *droit graduel* sur les actes de sociétés et de partages) : 1°, 2° le partage des biens meubles et immeubles entre copropriétaires, à quel titre que ce soit, pourvu qu'il en soit justifié — s'il y a retour en soulte, le droit sur ce qui en sera l'objet sera perçu au taux réglé par les présentes.

Nous allons donner l'explication du premier alinéa de cet article.

Les termes, *à quel titre que ce soit,* signifient que le droit fixe est applicable aux partages de biens de succession et aux partages de biens acquis en commun, soit à titre de succession, soit à titre de libéralité. Le mot *copropriétaire* englobe tous ceux qui sont propriétaires de biens indivis. Ils doivent justifier par des actes réguliers du *titre* qui leur est *commun*, et que les biens meubles et immeubles soumis au partage dépendent *uniquement* de la masse indivise et partageable.

L'Administration prétend que le législateur de 1880 a employé le mot *justifications* avec la signification *générale* donnée au mot *justifié* par le législateur de l'an VII. Nous ne voyons pas que ce mot ait une signification aussi générale, puisqu'il se réfère à un cas tout particulier, le partage.

Le législateur de l'an VII a voulu, par l'emploi de ce mot, arrêter les fraudes qui pourraient résulter de l'introduction dans la masse partageable de biens étrangers à cette masse, et de l'intervention de personnes étrangères à la succession ou à la communauté de biens à partager. Par ces introductions ou interventions, les parties auraient pu dissimuler soit des ventes consenties à des étrangers par un ou plusieurs des véritables copartageants, soit des ventes consenties à un héritier qui aurait accru la masse partageable d'une somme égale au prix convenu avant le partage. Mais, à part la double justification de *copropriétaire* et de l'*origine* des biens, des biens meubles surtout, figurant à la masse partageable, le législateur n'en a pas ordonné d'autres.

Ce n'est pas en l'an VII, à cette époque de la législation où la liberté conquise pénétrait si profondément dans les mœurs et dans les lois, que l'on aurait pensé à assujettir les contribuables à des justifications pareilles à celles que l'Administration des finances, poussée par des républicains encore sans grandeur de caractère, réclame des contribuables meurtris par les glaives qui tuent les libertés et les principes du droit ! Non ! non ! hommes de 1880, n'invoquez pas les grands législateurs de l'an VII pour justifier vos « justifications nécessaires. » Invoquez plutôt celui qui, après avoir réclamé les *libertés nécessaires*, a protesté, en 1872, contre toute *déclaration personnelle*, contre toute justification, tout arrangement contradictoire, toute vexation et toute inquisition. (V. n° 16, « Évaluation à 5 0/0 », § 2, « Principes de la loi du 29 juin 1872 ».)

Le législateur de 1872, auquel se réfère si souvent l'Administration, a-t-il exigé des justifications ? Non, véritable écho du pays entier, et même des gouvernements passés, il n'a pas voulu, pour l'application de la taxe sur le revenu, que l'Administration s'immisçât, par voie de communication et de déclaration, dans les archives des sociétés en général, ni dans les écritures des sociétés civiles et des sociétés en commandite simple. Il a dit aux commanditaires : Vous ne payerez que sur le 5 pour 100 de la commandite, quels que soient vos bénéfices (1) ; vos livres sont, comme votre domicile, inviolables ! Vous allez voir, lecteurs, si les hommes de 1880 valent même ceux de 1872.

2° JUSTIFICATIONS A L'APPUI DE LA DÉCLARATION

L'Administration eût dû, ce nous semble, pour justifier elle-même ses prétentions exorbitantes à des justifications, citer au moins des articles d'autres *lois antérieures*, afin de ne point prêter, par la pauvreté de sa référence, à des commentaires, à des controverses sans fin et à des interprétations judiciaires qui, se heurtant de tous les points du pays, amèneront fatalement le Gouvernement à réclamer l'abrogation de la loi pour faire la pacification dans les esprits.

D'autres textes ? Il n'en est point.

Nous comprenons que, comme le législateur de l'an VII, celui de 1880 ait voulu, par des justifications, poser des barrières à la fraude. Nous comprenons aussi qu'il est du devoir de l'Administration de traquer partout la fraude, mais à la condition qu'elle ne sortira pas des limites légales. Or, quand nous la voyons demander la production : (V. le n° 16, p. 10.)

(1) Toutefois, voir le cas où les bénéfices encaissés seront inférieurs au 5 0/0, n° 16, *Évaluation,* à 5 0/0, § 2, n° 4, A, 2e hypothèse.

D'un compte sommaire des recettes et des dépenses de l'année;

Des titres de recettes et de dépenses acquittées;

De baux et des recettes de fermages;

La recette des produits d'immeubles exploités;

La contenance et la situation des immeubles;

Le nombre des personnes auxquelles s'appliquent les dépenses de frais d'entretien;

Quand nous la voyons admettre les sociétés à produire, à l'appui de leur première déclaration :

L'état détaillé de leur actif et de leur passif, pour ne pas dire inventaire et bilan;

Les *papiers domestiques et autres documents privés;*

Enfin quand nous résumons dans notre esprit l'immense travail auquel a dû se livrer le rédacteur de l'instruction pour sonder cette incommensurable matière des justifications, la rougeur au front, et la rage aux dents, nous nous écrions : C'est l'Inquisition, c'est l'Inquisition la plus raffinée, c'est une Révolution qui se prépare.

Administration des finances, vous reconnaissez que le législateur *n'a pas indiqué de quoi se composeraient ces justifications* et vous voulez jusqu'à l'inventaire des faits de la vie privée? Vous vous substituez à son morne silence, à son silence prémédité, pour entrer en bottes à l'écuyère dans l'intérieur du travail, de l'administration, de l'existence! Vous avez sans doute un tout autre but que la taxe sur le revenu à atteindre. A qui ferez-vous accroire que tout ce que vous demandez est *nécessaire* pour le payement de cette taxe? A personne. Jamais encore aucune loi fiscale, si c'est bien là la pensée du législateur que vous révélez, n'a autorisé de pareilles violences.

Comment! Vous admettez les associations religieuses à justifier leur déclaration par *des papiers domestiques et autres documents privés*... que vous leur rendrez? Mais quel chemin prendrez-vous pour arriver à leur insinuer qu'il est de leur intérêt de faire de telles justifications? Vous prendrez celui de la bergerie, vous caresserez le troupeau contribuable, et après si vos caresses prennent, si vous tirez les vers du nez des plus refrogneux, vous chanterez le refrain bien connu de victoire : *Écorchons la bête sans la faire crier.*

Jamais la grande majorité des agents de l'Administration ne se prêtera à cette levée de boucliers parce que, premièrement, la loi n'attribue pas aux mots *justifications nécessaires* la signification que lui attribue le vent révolutionnaire qui souffle aux oreilles du Ministère des finances; et, secondement, qu'instruits comme ils le sont, travailleurs comme ils le sont, laissés pauvres comme ils le sont depuis longtemps, ils ont toujours fait partie de tout ce qu'il y a de vaillant, de loyal et de généreux dans les milices de la vraie démocratie... Et nous disons avec eux : la loi n'aura pas deux ans d'existence, parce que la magistrature grondera et que toute la presse s'agitera!

Quelle sont donc, d'après nous, les justifications à faire?

Disons d'abord que nous n'admettons pas que la *déclaration* doive faire connaître le revenu qui eût pu être distribué, en cas de non prohibition de distribution. (V. n° 2, « Non distribution de produits », 1° « Délibérations, Comptes rendus », 12, « Délibérations et Conseils d'administration », et 13, « Déclarations, Législation de 1880 »). Si l'on admet notre opinion, tout le système imaginé par l'Administration croule, et les justifications à faire se trouvent rattachées plutôt à la *forme* qu'au *fond* de la déclaration. (V. « Forme des déclarations n° 15 »). Ainsi le représentant de l'association devra tout simplement justifier de sa qualité. Les justifications s'adressent, non à des choses, mais aux *personnes*, mais aux *parties*.

La loi du 28 décembre 1880 fait une demande alternative : Reconnaissez par voie de délibération ou par voie de *déclaration* une distribution de produits. Prenez l'un ou l'autre de ces procédés. Choisissez.

L'association répondra : « Je fais le choix de la déclaration. Je ferai connaître le montant de mon capital social ou de formation ; je ferai annuellement cette déclaration. Si ce capital diminue, je déclarerai ce qui en restera. A vous de rechercher si ma déclaration n'est pas sincère. Vous nous demandez nos comptes de recettes, de dépense, des titres, etc., soit l'état civil de nos biens, soit nos modes de location ou d'exploitation. Nous refusons, la loi, vous le reconnaissez vous-même, n'énonce pas de justifications, c'est de l'arbitraire. Je n'en veux pas. Je ferai une déclaration s'il s'agit de question de *forme*, de validité. Je justifierai qui je suis. Je ne ferai pas plus que ce que la loi du 22 frimaire an VII exige des « parties ». (V. cet article au n° 15, « Forme des déclarations » et ci dessus.) Si vous exercez votre droit d'appréciation sous le contrôle des tribunaux, nous exercerons le nôtre sous ce même contrôle. Ce qui prouve que vous n'êtes pas en possession de ce droit, c'est que vous avez l'espoir que la justice vous le donnera. Tel que vous l'entendez, il n'existe pas. Les tribunaux feront à cet égard ce que la loi eût dû faire. Alors seulement nous nous inclinerons. »

En résumé, la *déclaration*, qui *tient lieu d'une délibération*, ne comporte pas plus que ne le comporte une délibération quelconque, qui, en une seule ligne, énonce le revenu distribué, la portée extensive et *obligatoire* que lui donne l'Administration, à savoir : 1° l'énonciation du revenu qui aurait pu être distribué, sans l'interdiction de distribution ; et 2° la production d'une foule de titres et de papiers.

La distribution qui ressort d'une délibération est l'émanation d'une volonté libre. La *déclaration* est obligatoire pour la connaissance du capital social, mais ce qui n'est pas obligatoire, ce sont les justifications demandées. Elles tiennent, comme moyens de résistance aux prétentions de l'Administration, de la libre volonté des associations. Pour les sociétés par actions, qui livrent à la publicité leurs résultats, et qui sont libres de ne pas user de ce moyen de crédit, la loi de 1872 se soumet à leur *volonté*. Une société par action qui ne prendrait pas de délibérations sur un revenu distribuable ne saurait être recherchée. La loi impose et suppose des mises en réserve. Elle attend le partage final. Pour les sociétés non formées par actions, la loi se soumet aussi à leur volonté. Elle ne leur demande pas leurs contrats qui servent de base à l'impôt. Elle va le chercher aux greffes des tribunaux. Pour les associations religieuses, pareille volonté. La loi ne leur dit pas : apportez-moi vos contrats. Elle leur dit : remettez-moi une déclaration de capital social. Je la contrôlerai par mes moyens de preuves *ordinaires*... Et quand tout cela se passe ainsi, quand la liberté doit rester entière, l'Administration viendrait exiger d'elles la production d'un immense bagage de titres et de documents de toutes sortes? La liberté sera la pierre d'achoppement de ce sinistre échafaudage et l'Instruction du 20 juin 1881, ne *sera pas longtemps* la BASTILLE des *congrégations religieuses*! (V. « Déclaration », n° 13. V. « Forme de la déclaration », n° 15. V. « Délibérations et Comptes rendus », n° 10).

§ 4. — Forme des Déclarations.

(I., n° 15, p. 9.)

1° Forme.
2° Déclaration. — Société universelle.

1° FORME

La loi de 1880 ne parle pas de la *forme*. Elle se réfère à la loi de frimaire an VII, article 16 :

La déclaration, dit l'Administration, page 9, n° 15, doit émaner des représentants de la société ou de l'association. Ces représentants auront donc à établir leur qualité, si elle n'est pas de notoriété publique ou si elle n'est pas déjà constatée par les documents du bureau. D'après le paragraphe 3 de l'article 3 de la loi du 28 décembre 1880, la déclaration dont il s'agit doit être « souscrite conformément à l'article 16 de la loi du 22 frimaire an VII ».

L'article 16 de la loi du 22 frimaire an VII, relatif aux *déclarations*, est ainsi conçu :

Si les sommes et valeurs ne sont pas déterminées dans un acte ou un jugement donnant lieu au droit proportionnel, les *parties* seront tenues d'y suppléer avant l'enregistrement, par une déclaration estimative, certifiée et signée au pied de l'acte. (V. n° 14, « Justification », n° 2.)

Il convient de faire en ces termes la paraphrase de cette règle. Si les revenus distribués assujettis à la taxe de 3 pour 100 ne sont pas mentionnés dans les délibérations des Conseils d'administration, ou s'il n'existe pas de délibérations, les parties seront tenues d'y suppléer, avant l'enregistrement de l'acte ou du jugement, par une déclaration souscrite conformément à l'article 16 de la loi du 22 frimaire an VII. La déclaration sera déposée au bureau.

Tout le monde comprend que lorsqu'un acte ou jugement, soumis à l'enregistrement, ne contient pas les éléments servant de base à la perception, soit l'évaluation de la valeur imposable, il est indispensable que les parties suppléent, par une déclaration faite au pied de l'acte ou sur un registre quelconque, au silence de l'acte ou du jugement à cet égard. Sans la déclaration, la formalité demandée serait refusée.

6

Le receveur ne peut percevoir sur une évaluation faite d'office. S'il percevait sur une telle évaluation, il risquerait de frustrer les droits du Trésor ou ceux des parties, selon que la déclaration de ces dernières, ordonnée par les tribunaux, serait d'un chiffre inférieur ou supérieur à celui réglé d'office.

La déclaration de l'article 16 implique un fait de *perception*.

S'il y a lieu à déclaration, on la rédigera ainsi :

Le soussigné, supérieur de..., ayant son siège à...., agissant en cette qualité aux termes des statuts (ou de telle délibération), pour se conformer à la loi du 28 décembre 1880, déclare que le capital social est de... (1).

Telle est la règle tracée par l'article 16 de la loi du 22 frimaire an VII, à laquelle se réfère la loi du 28 décembre 1880. (V. n° 17, « Justification à l'appui de la déclaration ».) Il n'y aura pas à appuyer cette déclaration des justifications demandées par l'administration, puisque cet article 16 n'en exige pas et qu'il exige seulement que ce soient les *parties* en cause qui fassent la déclaration. Les justifications sont de droit étroit. Si, par exemple, le représentant est « notoirement » connu ou si l'acte de société est connu du receveur, toute déclaration et, partant, toutes justifications sont inutiles. (V. « Déclaration de capital social, » p. 75 et ci-après.)

La déclaration de l'article 16 faite en vertu de l'article 3 de la loi de 1880 pourra être contrôlée au moyen « des documents de bureau » ou de tous autres, pourvu qu'ils tombent régulièrement aux mains de l'Administration... mais jamais au siège social. Le contrôle ne se fait qu'avec les documents qui, par le fait *volontaire* des *parties* en cause ou de l'association, entrent dans le domaine public. (V. « Contrôle, § 3 du n° 12, Délibérations des conseils d'administration », § 2, n° 1 du n°3; « Évaluation » à 5 0/0). Si le contrôle ne s'étend pas plus loin en matière d'enregistrement, à plus forte raison il ne doit pas s'étendre plus loin en matière d'*impôt sur le revenu*, puisque les principes, sur cette matière, s'écartent du tout au tout des principes de la perception des droits d'enregistrement. (V. Table alph. aux mots « Impôts directs, Contributions directes et indirectes ».)

On verra plus loin que ces derniers principes ne peuvent être invoqués que pour le *recouvrement de la taxe*. (V. « Moyens de contrôle, » § 2, n° 23; Procédure ».)

2° DÉCLARATION — SOCIÉTÉ UNIVERSELLE

Puisque nous sommes sur le chapitre de l'article 16 de la loi du 22 frimaire an VII, nous croyons devoir examiner si la *déclaration* prescrite par cet article est *obligatoire* en matière de *perception* de taxe sur le revenu.

MM. Émile et Isaac Pereire ont mis en société tous leurs biens, meu-

(1) Quant aux sociétés de fait, visées par la deuxième disposition du premier alinéa de l'article 3 de la loi du 28 décembre 1880, la déclaration sera pareille, sauf qu'elle fera connaître non le capital social, mais tout le chiffre de l'actif social. (Voir la distinction entre le capital social et l'actif social, n° 16, « Évaluation à 5 0/0 »; § 3, n° 2, « Meubles ».

bles et immeubles présents, à l'exclusion « de tous les gains qu'ils feront ensemble ou séparément à quelque titre que ce soit pendant la société. » (Art. 1837, C. c.)

« En cas de décès d'un des associés, la société doit continuer de droit entre ses héritiers et représentants et le survivant, si bon semble à ce dernier. Celui-ci sera seul chargé de l'administration ».

Les parties n'ont pas fait connaître dans le contrat la valeur des biens mis en société.

Après le décès de M. Emile Pereire, l'Administration réclama la taxe de 3 pour 100 sur le 5 pour 100 du capital social à *évaluer*, d'après l'article 16 précité.

La société refusa d'évaluer le capital. Contrainte et opposition. L'Administration appuya sa prétention sur l'article 5 de la loi du 29 juin 1872, ainsi conçu :

« Le recouvrement de la taxe sur le revenu sera suivi, et les instances seront introduites et jugées comme en *matière d'enregistrement* ».

Elle a prétendu que cet article se référait à l'article 16 précité.

Le tribunal de la Seine a rendu, le 8 juin 1877, le jugement suivant (Rép. pér. 4726).

Attendu que toutes les sociétés civiles, quelles qu'en soient la nature et la forme, sont, sans exception, soumises à son application.

Attendu que le droit commun en matière d'enregistrement (art. 16 précité), auquel la loi spéciale de 1872 se réfère, fournit un moyen *facile* de suppléer à cet égard au silence de l'acte de société ; que si le montant du capital sur lequel, à défaut de délibération d'un Conseil d'administration, le revenu servant de base à l'impôt doit être calculé, n'est pas exprimé, il doit être lui-même déterminé par une déclaration des représentants de la société ; que, pour les sociétés qui n'ont pas de Conseil d'administration, la loi ne pouvant asseoir la taxe de 3 pour 100 sur un revenu réel et public, l'a assise sur un *revenu présumé* (1) (V. table alph. « Revenu présumé », et n° 16, « Évaluation » 5 0/0, 3e « Hypothèse et Présomption légale de distribution »), d'après l'importance de leur capital, ou sur le produit à 5 0/0 de ce capital, quelle que soit la bonne ou la *mauvaise* fortune de la société. (V. la tab. alph. « Improductivité ».)

Sur le pourvoi de la société, la Cour de cassation a rendu, le 28 janvier 1879, l'arrêt suivant (Rép. pér. 5157) :

Attendu que l'article 1er de la loi de 1872 est général et n'a entendu faire aucune exception ; qu'il s'applique à toutes les sociétés civiles ; attendu, qu'aux termes de l'article 2, le revenu des parts d'intérêts est déterminé par l'évaluation à raison de 5 pour 100 du capital social ; que, dans le cas où le capital social est indéterminé, il doit être fait une déclaration estimative, conformément à l'article 16 de la loi du 22 frimaire an VII.

Le tribunal et la Cour de cassation ont fait une fausse interprétation de l'article 5 de la loi du 29 juin 1872, en ce qu'ils ont pensé qu'il se référait à l'article 16, tandis qu'il se réfère aux articles 63, 64 et 65 (« Solution des difficultés, poursuites et instances ») concernant le *recouvrement*. (V. « Recouvrement, Moyens de contrôle », § 2, « Procédure », n° 23.)

(1) Le 5 0/0 est un revenu présumé d'après des bases apparentes. (Instr., p. 14, *in fine*.

Cette fausse interprétation provient de l'erreur que nous allons signaler.

M. Dareste, rapporteur à la Cour de cassation, tire son principal argument de l'article 5 du contrat, ainsi conçu :

« La part de chacun des comparants dans la société, et, par conséquent, dans les *bénéfices*, est fixée à moitié ». — Il y a bénéfices, dit-il, donc la taxe est due. Elle est due sur le 5 pour 100 du capital social dont l'évaluation sera faite au moyen d'une déclaration estimative.

Cet argument ne peut tenir debout en présence de la loi du 29 juin 1872.

Nous avons dit plusieurs fois, et nous le répétons, que deux conditions sont indispensables pour la perception de la taxe, à savoir, l'*existence d'un contrat*, et une société ayant pour *objet la réalisation de bénéfices*. (V. à la tabl. alph. « Bénéfices réalisés ».)

Nous avons fait remarquer que, pour l'application de la loi de 1872, la réalisation ne suffirait pas, et qu'il fallait qu'elle fût suivie d'une distribution de bénéfices, en vertu d'une délibération, ou, à défaut de délibération, d'une distribution présumée dite *présomption légale de distribution* (V. n° 16, « Évaluation » à 5 0/0, § 2, n° 4, après la 4e hypothèse), et que, pour l'application de celle de 1880, la réalisation suffirait, puisque le législateur se plaçait en présence des sociétés dont les statuts *interdisent toutes distributions de revenus*.

Or, M. Dareste a bien démontré que le contrat, première condition, existait, mais il n'a pas démontré, pas plus que le tribunal ne l'a fait, que l'*objet* de la société fût la *réalisation de bénéfices*, deuxième condition.

Par conséquent, la loi de 1872 n'était pas applicable, puisque le contrat porte en lui la preuve que les gains ou bénéfices sont exclus de l'association, et que cette exclusion implique formellement l'inexistence d'une personne morale propriétaire d'un capital social et des bénéfices du capital.

M. Dareste insiste sur la clause qui prévoit des bénéfices,et un partage. Mais il n'a pas remarqué que cette clause tient de l'essence même du contrat, et qu'étant, par cela même, en opposition avec la clause accessoire relative au partage de bénéfices, le mot *bénfices* ne devrait pas s'entendre des bénéfices qui, dans les sociétés ordinaires, sont le *produit direct de l'exploitation du capital social*, mais de ceux qui sont attachés à ce capital, *indépendamment* de toutes exploitations, tels, par exemple, que ceux attachés aux immeubles possédés par la *communauté* du passage Vero-Dodat, avant que cette communauté fût transformée en société par action. (V. tabl. alph., « Code civil », 4559.) Dans son jugement du 25 juillet 1874, relatif à cette société, le tribunal de la Seine confirme pleinement notre observation, et il nous est permis de marquer de l'étonnement en le voyant, au sujet de la *communauté Pereire*, qui se trouvait dans une société identique à celle de la communauté du passage Vero-Dodat, manifester une opinion contraire. (V. tab. alph. « Droit de mutation », 3887, et tab. alph. « Code civil », 4559.)

Le tribunal de la Seine et M. Dareste ont donc sacrifié la clause essentielle du contrat relative à l'exclusion du gain, à celle relative au partage des bénéfices. En sacrifiant ce *point de fait* qui s'imposait, ils ont présenté la société comme étant façonnée dans le moule d'où sortent les sociétés ordinaires passibles de la taxe : sociétés à personne morale ayant pour *objet de réaliser des bénéfices*.

On voit alors bien clairement que, pour avoir négligé le fait, qui disait assez que la communauté n'avait en vue qu'une simple *administration* (le survivant sera chargé de l'Administration), ils sont tombés dans une grave erreur. Entraînés sur cette pente, il fallait bien aboutir. C'est « facile » dit le tribunal : le tribunal, M. Dareste et la Cour s'aventurent sur le terrain de la loi du 22 frimaire, an VII, article 16, et bien que cette loi soit aux antipodes de la loi du 29 juin 1872, quant à la *perception*, ils décident que la société devra déclarer la *valeur estimative* des biens mis en société pour *percevoir* la taxe sur le 5 pour 100 du montant de l'évaluation. Or, si l'on considère que le tribunal de la Seine et l'Administration ont reconnu maintes fois qu'il n'existait aucune analogie entre les lois d'enregistrement, lois d'impôts *indirects*, et celle du 29 juin 1872, loi d'impôt direct, que ces deux lois, d'une *nature différente*, étaient régies par des principes différents, on demeure contristé de les voir, dans l'affaire de la société *Pereire*, renier leur opinion. (V. à la table alph. « Impôt direct, Contributions directes ».)

Au surplus, est-ce que le tribunal et M. Dareste n'auraient pas dû démontrer que l'article 5 de la loi de 1872 se référait, *quant à la perception*, à l'article 16 de la loi de frimaire ? Imitant l'Administration, qui n'a jamais fait cette démonstration, ils ont passé, à pieds joints, de l'article 5 à l'article 16, au lieu de passer de l'article 16 aux articles 64 et 65 de la loi de frimaire an VII, qui visent le recouvrement que prévoit ledit article 5.

Voila comment sont traités les intérêts des contribuables. Voilà ce qui arrive quand les magistrats prenant pour des oracles les mémoires de l'Administration, ne se donnent pas la peine d'approfondir l'étude d'une question.

Nous le répétons : la loi de 1872 ne vise que les sociétés à *personne morale*, propriétaires d'apports, débitrices de bénéfices, s'il en existe, et chargées, comme *liquidateur*, de dégager le passif de l'actif, afin de préparer au partage de l'actif net.

Aux termes du contrat Pereire, il y aura bien un jour une liquidation. Mais cette liquidation, devant être faite par les associés *conjointement*, n'aura pas le caractère ordinaire qu'ont les liquidations de sociétés exclusivement formées en vue de réaliser des bénéfices, puisque la société ne sera point *personnellement* propriétaire des gains. Dans ces sociétés, le liquidateur, c'est la personne morale qui, survivant à la dissolution, est tenue de faire emploi des bénéfices, qui sont *siens*, pour payer les dettes, qui sont siennes aussi. Il a une mission déterminée qui doit avoir nécessairement une fin.

Dans notre espèce, la personne morale, le futur liquidateur, fait défaut. La liquidation sera une œuvre *commune*, et quand *tous* les associés liquident, il n'y a pas de liquidation proprement dite. Il n'y a qu'une série d'actions *personnelles* conduisant au partage : actions de cohéritiers ou de copropriétaires. Le mouvement, pour opérer le payement du passif, est imprimé par l'universalité des intéressés. Il a sa cause originaire dans l'acte de décès, l'article 731, et la réglementation légale du partage, articles 817 à 842 du Code civil. Enfin, le partage peut être suspendu indéfiniment (art. 835), et la loi, moins puissante que la volonté des communistes, n'impose à chacun d'eux aucune mission spéciale de liquidation, ni ne prévoit, pour l'universalité, aucune fin nécessaire, fin qui s'impose aux liquidations proprement dites.

N'ayant jamais été dépossédés *temporairement* de leurs biens, ni des revenus au profit d'une personne morale, les héritiers de M. Emile Pereire et M. Isaac Pereire, survivant, ont agi, après le décès comme avant, avec les mêmes droits que ceux existant au jour du contrat, droits de cohéritiers ou de communistes. S'ils font face *personnellement* au passif, c'est parce qu'aucune personne morale n'en sera devenue débitrice. S'ils n'y font pas face, les créanciers poursuivront leurs personnes dans les biens, et non une personne *morale qui, n'ayant pas eu de bénéfices à sa disposition*, n'a pu *s'engager*, *liquider* et *payer*.

Ainsi donc, point de personnes morales, point de *déclaration* estimative à faire, et point de taxe sur le revenu.

Il est vrai, des arrêts de 1864, 1868, et 1870, et d'autres décisions semblables rendues depuis ont décidé que les sociétés civiles donnaient naissance à des personnalités morales.

Ces arrêts ne paraissent point avoir fait de distinction entre les diverses sociétés civiles.

M. P. Pons ne reconnaît pas l'existence de la personne morale dans ces sociétés. Il les considère, avec raison, comme des communautés, des copropriétés. La jurisprudence n'a pas admis sa doctrine. Alors, ne discutons pas sur ce point. Mais lorsqu'il s'agit d'une société *universelle de de tous biens présents*, exclusive de tous bénéfices, il n'est pas douteux que son opinion doit triompher. Ce serait une erreur de croire que le Code civil n'a pas fait de distinction entre les sociétés civiles.

Dans la pensée des auteurs du Code civil, il y a deux sortes de sociétés civiles : 1° celles formées entre personnes qui, moyennant une proportion déterminée dans les bénéfices, *transmettent à titre onéreux* leurs apports à un être moral qui sera en rapport avec les tiers jusqu'à la fin de la liquidation sociale; 2° celles formées entre personnes qui, voulant conserver la propriété de leurs biens, et le *droit d'en réclamer le partage à une époque déterminée*, s'engagent personnellement envers les tiers et restent, jusqu'à la complète libération du passif, en rapports directs et constants avec eux.

Au moyen de ces dernières sociétés, et dans un but de conservation et d'administration, les parties donnent un corps à une indivision préexistante, née d'un décès ou de la loi (731, C. c.), c'est-à-dire une réglementation *conventionnelle*. (Art. 737.)

Dans les premières, les parties sont momentanément dépossédées de leurs biens; dans les secondes, il n'y a pas d'interruption dans la possession. Les premières ont une personnalité morale, les secondes n'en ont pas.

Donc, du moment que la loi *distingue*, la loi fiscale doit distinguer aussi.

Il résulte de tout ce qui précède que, non seulement la société Pereire qui n'a pas donné naissance à une personne morale (V. Table alph., « Etre moral, 3387 »; « Bénéfices réalisés » 5560, Garnier.), n'était point tenue par la loi fiscale à faire la déclaration de la valeur des biens mis en société, mais encore qu'elle n'était point assujettie à la taxe au cas même où cette valeur eût été exprimée dans le contrat.

Nous pourrions démontrer que, dans les sociétés universelles de biens présents et dans les communautés ou copropriétés, il n'y a point de capital social proprement dit, et que c'est improprement que l'on donne la qualité d'*associé* aux membres composant ces sociétés ou communautés.

Nous pourrions démontrer que les droits des associés sont des droits en *nature*, et non, comme l'a prétendu le tribunal de la Seine, des *droits incorporels*, ou des actions mobilières (art. 529 C. c.) (V. Table alph., « Droit de mutation, » 3887.)

Nous pourrions démontrer que les mots *parts d'intérêts* dont s'est servi la Cour correspondent à la proportion qu'ont les apporteurs dans les bénéfices, eu égard à l'importance des apports respectifs, et non, comme l'a pensé l'Administration, aux mots, *parts*, parts d'intérêt *mobilier*, *droits incorporels*, *actions mobilières* qui correspondent aux droits qu'ont les apporteurs dans les biens sociaux pendant l'existence d'une société à personne morale jusqu'au terme de la liquidation. (V. Table alphapétique, « Actions » et « Code civil ».)

Mais ces démonstrations nous mèneraient trop loin.

§ 5. — Évaluation à 5 %.

(I., n° 16, p. 10.)

1° Innovation à la loi du 29 juin 1872.

2° Principes de la loi du 29 juin 1872.

1. Jouissance, Déclaration, Contrôle.
2. Délibérations et comptes rendus, Revenus distribués.
3. Documents analogues.
4. 5 0/0 ou forfait.

a. Législation et jurisprudence fiscales.
b. Loi civile.
c. Rapport de 1871.

3° Évaluation des meubles et des immeubles.

1. Meubles et immeubles.
2. Meubles.
3. Evaluation détaillée.

1° INNOVATION A LA LOI DU 29 JUIN 1872

Nous sommes toujours à l'article 3, paragraphe 2, n° 2, qui, au sujet de la *détermination* du revenu et des *déclarations à faire*, dit :

Soit à défaut de délibérations et de déclarations, à raison de 5 pour 100 de l'évaluation détaillée des meubles et des immeubles composant le capitalsocial.

Cette disposition est empruntée, dit l'Administration (page 12, n° 16), comme l'a été celle relative aux comptes rendus ou documents analogues, à la loi du 29 juin 1872. Elle a pour but, en effet, de répondre à la même nécessité, qui est de fixer le revenu à *forfait*, lorsque le revenu réel ne peut être déterminé. Il y a lieu, dès lors, d'appliquer à l'évaluation dont il s'agit les *règles d'interprétations admises* au sujet du *forfait* édicté par la loi de 1872.

La disposition dont parle l'Administration est, en effet, empruntée à la législation de 1872.

Mais, il n'y a pas d'emprunt fait pour l'*évaluation* du *capital*, quand le capital n'est pas évalué ou, qu'évalué, il n'est pas destiné à fournir des bénéfices aux associés; ni pour l'évaluation *détaillée* de ce même capital, quand la société n'est point formée en vue de réaliser des bénéfices et d'en distribuer. Il n'y point d'emprunt quant à un prétendu forfait, puisque, ainsi que nous le prouverons plus bas, un forfait n'a jamais existé. Il n'y a pas d'emprunt fait pour les *justifications nécessaires*, les sociétés de *fait* vivant à côté des sociétés de *droit*, les preuves de droit commun, etc., etc.

Tout en s'inclinant devant ces nouvelles dispositions, les nouveaux contribuables ne manqueront pas de s'écrier : Comment ! vous, mandataires du pays, mais ici mandataires de vos consciences, pressés de donner à nos libertés le dernier coup de marteau, vous avez déclaré, en face du pays, que vous ne faisiez pas à notre endroit une législation nouvelle, et vous parsemez d'innovations à la loi de 1872 celle qui devait porter la date du 28 décembre 1880 ? Où donc est votre franchise ? Où donc est votre bonne foi ? Fils dégénérés des hommes de 1789 qui, carrément, allaient droit à leur but en nous supprimant par un mot, vous mentez à la *Révolution* dont vous vous dites les continuateurs ! Ces hommes repoussaient leurs ennemis et l'ennemi avec l'audace de leur courage, et vous, leurs arrières petits-fils, amollis par les jouissances du matérialisme, vous les repoussez avec l'audace de votre duplicité !

L'initiative individuelle est donnée aux peuples pour se grouper, s'associer contre ses ennemis du dedans et du dehors. Cette initiative naît de besoins moraux et matériels. Un *Corps legislatif* n'a pas de besoins, à moins qu'il ne s'agisse d'un règlement relatif à ses délibérations. Un corps législatif qui procède d'une telle initiative, dite *initiative parlementaire*, manque à ses fonctions, parce que le mandat populaire lui fait défaut. Est-il permis à un député ou à un groupe de députés de susciter par cette voie les esprits au point de faire surgir des orages aux horizons politiques ? Non. Dans la presse, dans les réunions publiques et privées, qu'il parle, qu'il agisse, qu'il se déchaîne contre ses ennemis et contre l'ennemi, c'est son droit. On peut bien ne pas aimer une *forme* de gouvernement et chercher à la détruire. Mais sous un gouvernement, quel qu'il soit, la *liberté* et le *droit* sont le *lot de tous* et ce lot n'est pas une *forme* que l'on puisse détester, combattre et renverser. Si la *forme* et le *but* de nos associations vous déplaisent personnellement, attendez que la voix du peuple vous dise: innovez et frappez ! Nous nous en prendrons alors au peuple et nous vous laisserons tranquilles. Jusques-là, laissez-nous la liberté, laissez-nous l'égalité devant la loi civile et devant la loi fiscale, qui sont un fonds commun insaisissable.

Nous serons de leur avis.

L'initiative parlementaire est le premier échelon qu'enjambent les Assemblées politiques composées de partis intéressés et violents. Par elle en devient *personnel*. C'est un Gouvernement qui se substitue au Gouvernement que le peuple s'est donné. Le Sénat sera une institution utile tant que les passions personnelles essayeront de prédominer dans la *Chambre*.

M. Grévy, Président de la République, et plusieurs de ses Ministres, notamment M. Magnin, Ministre des Finances, et M. Wilson, Sous-Secrétaire d'État au Ministère des Finances, ont bien senti que l'amendement de l'honorable M. Brisson portait un levain de despotisme. Sachant que, de même que les peuples victorieux, au lendemain d'une révolution, ne savent pas user sagement des fruits de la victoire, les Corps législatifs, au lendemain de certaines exécutions politiques et de certaines inventions fiscales impolitiques, ne savent pas conserver sagement le terrain conquis pas à pas, ils ont, devant le Sénat, fait de nombreuses concessions à l'esprit de résistance dont était animée cette haute Assemblée contre des usurpations personnelles qui se présentent aujourd'hui, sous le couvert d'une grande Administration publique, avec les engins du prétoire romain. (V. n° 14, « Justifications » ; et n° 17, « Produits passibles de l'impôt ».)

M. Wilson a dû souffrir sans doute quand, après avoir voté la loi née de l'amendement, et après avoir passé au Sénat, il s'est vu obligé, par nécessité politique, de repasser à la Chambre pour faire *réduire les dispositions votées* par elle. Ce n'est que cette nécessité, entrevue à la dernière heure, qui a fait déverser une douche éminemment opportune sur le feu de l'*initiative parlementaire* (V. n° 8, « Sociétés de fait, » § 2, « Débats législatifs ».)

Nous reviendrons plus bas sur les curieuses innovations dont la conscience publique se plaint amèrement. Quand nos lecteurs, après avoir vu les obligations imposées pour la *déclaration* (n° 13), pour les *justifications* (n° 14), pour la forme des déclarations (n° 15) verront la violation des sièges sociaux, la persécution du *travail personnel* et l'avalanche des *pénalités* et des preuves *de droit commun*, ils se demanderont quel est le rôle qu'un Gouvernement opportuniste doit remplir dans un pays porté à tout *contrôler*, parce qu'il se sent le *droit* et la *liberté de commander*.

Nous voilà donc arrivés à la *détermination du revenu* par le 5 pour 100 du capital social, le prétendu *forfait*, cette monstruosité dont veut se servir l'Administration des finances comme une épée d'Alexandre, pour trancher un nouveau nœud gordien.

2° PRINCIPE DE LA LOI DU 29 JUIN 1872

Pour traiter cette importante question, il nous paraît utile, puisque l'opinion publique se prononce sur la nécessité d'un *impôt général sur le revenu*, et la nécessité d'abroger certains *impôts indirects de consommation*, qui tiennent sous une sorte de *servitude* les premiers besoins d'un peuple travailleur, de résumer la législation de 1872 à laquelle celle de 1880 se réfère, quant au 5 pour 100 et à plusieurs autres dispositions.

Voici la division de cette étude :
1° Jouissance, déclaration, contrôle.
2° Délibérations et comptes rendus, revenus distribués.
3° Documents analogues.
4° 5 pour 100 ou prétendu forfait.

1° JOUISSANCE — DÉCLARATION — CONTRÔLE

En 1871, à l'exemple de plusieurs États voisins, un groupe de députés proposa d'assujettir tous les citoyens à acquitter un impôt direct sur la jouissance de leurs capitaux mobiliers et immobiliers.

Dans un premier projet de loi émanant de l'initiative parlementaire, les contribuables étaient divisés par catégories ayant une certaine ressemblance avec les tableaux annexés à la loi des patentes.

On adoptait comme moyen d'établissement de la taxe la *déclaration personnelle* des contribuables. La perception laissée, pour ainsi dire, à la discrétion de ces derniers, était entourée d'un cercle de pénalités et d'un *droit de contrôle.*

Le droit de *recouvrement* et de *contrôle* qui revenait à l'Administration des contributions directes, puisqu'il s'agissait d'un impôt *direct*, devait être placé aux mains de l'Administration de l'enregistrement et du timbre qui, mieux que cette dernière, était en position de surveiller l'exécution de la loi, à raison des droits qu'elle tenait déjà des lois des 5 juin 1850 et 23 juin 1857 sur le timbre et la transmission des titres des sociétés visées dans le dernier projet d'impôt sur le revenu des valeurs mobilières devenu la loi du 29 juin 1872.

Taxe sur la *jouissance* des capitaux, *déclaration personnelle*, *contrôle* de l'Administration, tels étaient le principe et les moyens d'application que les auteurs du premier projet de loi désiraient faire consacrer par des dispositions législatives.

Après de longues, de savantes et de nombreuses discussions, ce projet fut repoussé par la majorité de la Commission du Budget, par le Gouvernement et par la grande majorité de l'Assemblée nationale.

Seul, le principe de l'impôt sur la *jouissance* fut conservé. MM. Thiers, Casimir Perier, Léonce de Lavergne et autres se prononcèrent vivement contre l'idée de frapper le *capital*, les *revenus* en *général*, contre la *déclaration*, le *contrôle* ou tout *acte arbitraire ou inquisitorial.*

On était en 1872. Il fallait de l'argent. Le projet abandonné fut remplacé par le projet devenu la loi du 29 juin 1872. Il n'y eut pas de discussion. On s'en rapporta à la sagesse et au patriotisme du Gouvernement.

Comme le principe de cette loi reposait sur la *jouissance*, on a prétendu avec raison que cette loi, prenant sa source dans les éléments de discussion mis en avant dans le projet rejeté, il y avait lieu, pour son interprétation, de se reporter aux discussions antérieures.

Pour le besoin de nos commentaires, il nous a paru utile de reproduire ici quelles étaient alors les préoccupations de l'opinion publique et du *Gouvernement*.

Les auteurs du premier projet furent animés d'un sentiment d'équité et d'un esprit d'égalité: *atteindre tout le monde*. Mais ils ne s'aperçurent pas que, pour l'exécution, ils prenaient des moyens vexatoires, réprouvés par nos mœurs, tant il est vrai de dire que, dans une société comme la nôtre, déréglée, oublieuse des principes supérieurs et fondamentaux d'une organisation sociale, les hommes honnêtes et équitables de tous les partis politiques sont, souvent, à leur insu, aussi despotes, aussi inquisiteurs que ceux pour qui le *despotisme* et l'*inquisition* sont le propre de leur nature.

Les auteurs du second projet au nombre desquels il faut compter MM. Thiers, Magne, Casimir Perier, furent plus prudents qu'équitables. Mais il est des nécessités politiques qui font passer sur les droits naturels.

Après une guerre effroyable, en présence d'un *Trésor public* épuisé, de fortunes particulières compromises, s'il leur parut urgent de donner des ressources à l'État, il leur parut aussi politique de ne pas marcher trop vite et de ne pas aller trop loin sur le terrain brûlant de l'impôt sur le revenu, parce qu'ils savaient que l'état matériel du pays et la surexcitation des esprits, entretenue par la rivalité des divers partis politiques, avaient rendu le peuple peu disposé à subir un impôt dont les moyens d'application risqueraient de blesser la *liberté individuelle* et le *secret des affaires*.

Ils ne virent pas d'inconvénients politiques et moraux à frapper de la nouvelle charge les *sociétés en général*, surtout les sociétés par actions qui, étant moins des associations de personnes que de capitaux, pouvaient facilement en supporter le poids.

Cet impôt *particulier* aux sociétés répondait, d'ailleurs, aux vœux d'une fraction importante du peuple. Notamment, la bourgeoisie jalouse, et les fonctionnaires de tous ordres travaillant beaucoup et étant peu rémunérés, en voulaient depuis longtemps à tous ceux qui *jouissent* abondamment *sans travailler*.

Ce premier principe, l'*impôt sur la jouissance*, suivi du principe de la *non déclaration personnelle* et de la *non immixtion de l'Administration dans les livres des sociétés*, trouva dans l'assemblée de très nombreux partisans.

On avait vu, sous l'Empire, comme on le voit, du reste, encore de nos jours, les actionnaires se créer de grandes jouissances matérielles, sans avoir d'autre peine, d'autre *travail* que d'aller toucher le montant de leurs coupons. Il parut juste que, dans des moments suprêmes, les actionnaires payassent à l'État un tribut particulier, puisque l'État protégeait l'emploi de ces jouissances. Pouvait-on se récrier, lorsque la *Patrie*, faisant entendre le noble cri de la *libération*, demandait le PLUS A CEUX QUI POUVAIENT LE PLUS? Sans doute l'égalité, cette justice naturelle, se trouvait blessée. Mais n'est-il pas permis aux nations malheureuses de s'affranchir des lois naturelles, lorsqu'il s'agit de sauvegarder leur plus précieux biens : l'Honneur et la Liberté?

La loi patriotique passa : le 29 juin 1872 fut un grand jour ! ! !

S'il ressort de la manière la plus évidente des débats législatifs commencés en 1871, que l'impôt nouveau devait être perçu en dehors de toute déclaration personnelle et de tout contrôle administratif, il en ressort aussi d'une manière non moins évidente que, en 1872, l'on n'a pas entendu frapper le *capital lui-même*, par le motif qu'il était déjà suffisamment atteint par les lois sur l'enregistrement et le timbre, lois d'impôts indirects. Il fut uniquement question de frapper la *jouissance* du capital.

Il convient aussi de faire remarquer que le législateur n'entendit frapper que tout ce qui, dans le langage du *droit*, devait être considéré comme étant une *jouissance réelle* des capitaux engagés dans les risques sociaux, tels que INTÉRÊTS, REVENUS, DIVIDENDES, PRODUITS, *exclus définitivement de la participation aux risques, par leur entrée directe dans le patrimoine des associés.*

Le législateur se garda d'atteindre la *jouissance* ou le *produit du travail personnel* d'un associé, réalisant en cela le désir qu'avait l'opinion publique de voir frapper uniquement les associés qui ne doivent pas le produit à leur *travail personnel.* Idée grande et éminemment morale !

Le législateur n'a pas non plus atteint l'*intérêt pris sur le capital*, en l'absence de revenus réalisés, parce que cet intérêt, loin d'être un *produit* (terme générique) du capital, et, partant, une *jouissance imposable*, n'est que le démembrement du capital.

Dans ce cas, en effet, il n'y a pas une *jouissance*, puisque l'associé entame ce qui est destiné à en produire une.

Quant au droit sur le *revenu*, dit M. Magne, ministre des finances (le seul qui ait pris la parole sur le dernier projet de loi), il doit être établi directement sur le *revenu*.

A ceux qui voulaient que le nouvel impôt portât à la fois sur le *capital* et sur le *revenu*, il répondit :

Le droit de *mutation* s'adresse au *capital* dont le changement de propriétaire est garanti par la loi. L'impôt sur le *revenu* s'adresse à la JOUISSANCE aussi garantie par la loi.

Comment! Voilà une entreprise commerciale dont les actions se cotent à la *Bourse*, mais qui n'a encore *produit* aucune espèce de *revenus*, et c'est sur son *capital* que vous allez asseoir l'impôt, *présumant que le capital représente un revenu!* Nous avons pensé, je le répète, qu'il y avait là un danger sérieux.

M. le *Président de la République* avait dit avec une grande raison que frapper le *capital* c'était une mesure dangereuse. C'est en nous conformant à ces principes, qui nous ont paru à la fois justes et raisonnables, que nous n'avons pas voulu admettre un système qui a pour résultat final de *frapper le capital*, même le *capital improductif*. (*Journal officiel* du 30 juin 1872.)

Quant aux moyens d'exécution de la loi, il parut difficile de percevoir un impôt qui, n'étant point basé sur la déclaration personnelle des contribuables, ni protégé par un contrôle administratif, pouvait risquer de ne pas donner le rendement prévu au Budget. Comment saisir sûrement la jouissance des capitaux ?

Les malheurs des temps donnèrent du génie au Gouvernement.

Vous avez, répondit un membre du Gouvernement, dans des dépôts publics des documents qui, mieux que les déclarations personnelles, qui, mieux que les investigations dans des livres sociaux et *souvent l'Arbitraire*... vous permettent d'assurer le service de l'impôt. Ce sont, pour les sociétés civiles et pour les commandites simples, les extraits des actes des sociétés déposés aux greffes, et pour les sociétés par actions, ces mêmes extraits, les comptes rendus des Conseils d'administration, les délibérations des conseils et des assemblées d'actionnaires, et tous autres documents analogues que ces sociétés ont, pour leur crédit, *intérêt à livrer à la publicité*.

Le législateur consacra, par une disposition législative, cette ingénieuse pensée sans laquelle le principe de la *déclaration* et du *contrôle administratif* eût été probablement admis, tant les besoins du *Trésor* étaient pressants.

Ainsi, ces *seuls* et derniers documents durent servir de *titres* pour l'établissement et le recouvrement de la taxe, et, fait remarquable que les sociétés ne doivent jamais perdre de vue, pour bien affirmer qu'il ne serait jamais fait usage d'un contrôle, d'une investigation quelconque aux sièges des sociétés, il fut prescrit que ces documents *seraient déposés* aux bureaux d'enregistrement par les *Sociétés elles-mêmes*.

En résumé, la loi du 29 juin 1872 est empreinte d'un caractère de grandeur, et c'est en nous inspirant des principes élevés qu'elle a consacrés, que nous combattons énergiquement celle du 28 décembre 1880 qui n'a qu'un caractère de petitesse.

2° DÉLIBÉRATIONS ET COMPTES RENDUS — REVENUS DISTRIBUÉS

L'article 2 de la loi du 29 juin 1872 fait porter la taxe (détermination du revenu) :

Pour les actions, sur le dividende fixé par des délibérations, des comptes rendus ou autres documents analogues;

Pour les parts dans les sociétés civiles et les commandites simples, la loi fait des distinctions :

1° Si le capital social est divisé en titres négociables, et que la répartition des bénéfices est faite en vertu de délibérations des Conseils d'administration, le revenu est *fixé* par les délibérations comme pour les sociétés par actions; et si ce revenu fixé est distribué, la taxe portera sur le *montant de la distribution ;*

2° Si le capital n'est pas divisé en titres négociables, et si la société a un Conseil d'administration, le revenu est encore fixé par les délibérations;

Dans ces deux cas, le compte rendu ou l'extrait de la délibération *sera déposé* et sera le *titre de recouvrement*.

3° Enfin, si le capital n'est pas divisé en titres négociables, et si la société n'a pas de Conseil d'administration, la taxe porte annuellement sur le 5 pour 100 du capital social ou de la commandite.

On verra plus bas que, selon nous, si le revenu touché est inférieur

(1) Ce ne sont pas les termes textuels dont s'est servi l'auteur, mais c'en est la paraphrase.

au 5 pour 100, et que la société en justifie, la taxe ne portera que sur ce revenu.

Ce n'est pas tout : afin que la perception de la taxe ne fût arrêtée par aucune difficulté, afin qu'il fût bien entendu que cette perception ne relèverait d'aucun document (inventaires sociaux, livres sociaux, inventaires de successions, cessions de droits sociaux, déclarations écrites plus ou moins sincères et toutes écritures faites au cours de la société) (1), autre que ceux nommément désignés par la loi, le décret du 6 décembre 1872 (art. 2, 2e alinéa), complétant la pensée du législateur exprimée par ces mots : revenu *fixé*, édicte que, pour les sociétés ayant des titres négociables, et pour celles n'ayant pas de titres, mais ayant des Conseils d'administration *fixant* le revenu, la taxe serait perçue sur le revenu DISTRIBUÉ en vertu des documents visés par la loi et DÉPOSÉS aux bureaux des receveurs.

Ce fut donc, pour nous servir d'une expression fort juste de l'Administration, la *distribution* qui devait être, pour toujours, *le fait générateur de la perception*. (V. « Fait générateur », à la tab. alph.)

Il résulte évidemment de ce principe que la taxe ne porte pas sur le fait seul de *réalisation* de bénéfices, soit sur l'intégrité des bénéfices, ni sur les *réserves légales*, qui sont la prudence du législateur, ni sur les réserves de *prévoyance*, qui sont la sagesse des sociétés.

Il faut, pour que la taxe soit exigible sur les réserves de prévoyance, l'existence d'un second fait de distribution qui dépend uniquement de la volonté des assemblées d'actionnaires. Si cette volonté ne se manifeste pas, ces *réserves* sont une espèce de *mainmorte mobilière*.

Si donc, par l'effet de cette volonté, l'intégralité ou une partie des bénéfices réalisés, moins ceux mis en réserve légale, passe de la caisse sociale dans la caisse privée des actionnaires, ils seront considérés comme étant mis définitivement à l'abri des chances de pertes. S'ils restent dans la caisse sociale, à titre de réserve de prévoyance, leur continuation à courir ces chances les met à l'abri de la taxe, ce qui confirme d'une manière indubitable que le législateur n'a voulu atteindre que la *jouissance des capitaux*.

Il doit en être ainsi rigoureusement, parce que l'État, avant de réclamer sa part légitime dans les revenus *réalisés*, doit se soumettre à la *volonté* des Conseils ou des Assemblées qui ont jugé à propos de mesurer la dose de jouissance.

On va voir, dans un instant, que les principes et les règles ci-dessus ne sont pas en tous points applicables au cas où la taxe doit porter sur le 5 pour 100 du capital social.

3° DOCUMENTS ANALOGUES

Le principe de la loi et les modes d'application de la taxe étant connus, sauf ceux applicables au 5 pour 100 dont nous allons parler sous le numéro suivant, il est aisé de se rendre compte de ce que la loi et le dé-

(1) Toutefois, voir ce que nous disons ci-après quand l'un de ces documents tombe, par un fait volontaire des associés, régulièrement aux mains de l'Administration.

cret de 1872 ont entendu par *documents analogues* aux délibérations et aux comptes rendus. On va voir le parti que l'Administration peut tirer de ces documents tant *avant qu'après* la dissolution des sociétés.

La délibération ou le compte rendu, fixant le revenu réalisé et le revenu *distribué*, tient lieu d'un véritable *partage* social. C'est un acte de répartition passé en vertu des statuts entre la *personne morale*, propriétaire de tout l'actif social, et les actionnaires ses créanciers.

Par la distribution cette personne se dessaisit. Elle déclare qu'il n'est pas besoin, pour la marche de la société, que les bénéfices à distribuer continuent à courir les risques sociaux. Elle paye sa dette.

Si, pendant le cours de la société, un document quelconque, *émanant de la société*, fournit la preuve qu'il a été distribué un chiffre de bénéfices supérieur à celui annoncé dans les comptes rendus ou délibérations déposées aux bureaux, ce document sera opposable à la société : la taxe sera exigible sur la différence, et l'avance en sera faite par cette dernière.

Si, par le résultat de la liquidation de la société, liquidation faite au nom de la *personne morale*, les associés se trouvent avoir reçu, indépendamment de leurs mises sociales et des revenus distribués en vertu de délibérations, des valeurs supérieures au chiffre des mises et de ces revenus, ce sera là encore un partage social, et la taxe sera due par la liquidation sur l'excédent. Ce partage sera un document *analogue, générateur de la taxe.*

Dès l'instant que la loi ne saurait *exiger* que, pendant le cours de la société, les associés prennent des résolutions sur le sort des bénéfices, on doit admettre que si, après la dissolution, elle opère une distribution, un partage final, le Trésor, n'ayant pas perdu ses droits à un prélèvement, réclame la taxe, si le partage tombe régulièrement sous sa main. Dans ce cas, il ne lui sera pas possible d'exiger l'avance de la société, puisque la personne morale n'existe plus, mais il exigera la taxe de l'ancien associé, puisqu'il en est le *débiteur*. On ne peut pas faire fraude à la loi.

Durant la société, l'action du Trésor est *limitée*, parce que la loi respecte la *liberté de distribuer ou de non distribuer*. Après la dissolution, son action n'a plus de limites. Le débiteur trouvé, la taxe est réclamée. Sans cette action, le Trésor pourrait risquer de ne pas percevoir la taxe sur la jouissance *totale*. Cette action est exercée en vertu des droits qu'il tient des lois antérieures pour la surveillance de la fraude. (Prescription trentenaire, Grasse, 18 février 1878, 5 pour 100.) (V. à la tabl. alph. « Prescription ». Ce jugement a été confirmé par un arrêt récent.)

L'Administration, pouvant user jusqu'à une certaine limite de son droit d'investigation dans les sociétés (Timbre, Transferts), ne saurait se créer à elle-même un document *analogue*, parce que c'est le document *déposé* aux bureaux par les sociétés elles-mêmes qui sert uniquement de base à l'établissement de la valeur imposable, et qu'il est de principe que l'on ne peut se faire un titre à soi-même.

Cependant il est arrivé une fois, à notre connaissance, qu'au moyen de la vérification de livres sociaux et d'un extrait des livres pris par un vérificateur, cet agent a réclamé la taxe sur des bénéfices déclarés distribués sur les registres, et non mis en distribution en vertu de délibérations, de comptes rendus ou autres documents analogues. Bien que la fraude fût évidente, il y a là un excès de pouvoir. La fraude ne peut être poursuivie que lorsque la preuve en est faite *au dehors* du siège social, en vertu du principe qui refuse absolument toute investigation. (V. n° 17, « Produits passibles de la taxe », § 2, n° 6.)

Il n'est pas permis à l'Administration d'établir des liquidations de taxes *contradictoirement* avec les sociétés. Le législateur a proscrit de telles liquidations, parce qu'elles revêtaient la forme d'une *déclaration personnelle* qu'il a exclue du régime fiscal, tant dans l'intérêt du Trésor, que dans celui des sociétés. Il a voulu soustraire les sociétés à l'intérêt *personnel* que trouverait l'agent du Trésor à faire ces liquidations. Il a voulu s'opposer à tout « Arbitraire » qui, d'après l'orateur du Gouvernement, s'exerce « souvent ». (V. ci-devant après le discours de M. Magne.) Ces vérifications, liquidations, transactions, arrangements seraient immoraux.

Nous avons été le témoin d'un fait de ce genre. Un agent de l'Administration réclamait à une société civile formée par actions (Gillet et Compagnie, achat des terrains de l'ancien *Ministère des Finances.*) (V. « Attribution des produits à la société, » n° 4, *in fine.*), la taxe de 3 pour 100 sur des revenus réalisés qui n'étaient pas régulièrement distribués. Cette réalisation résultait d'achats et de vente, et de la balance faite entre le prix d'achat et le prix de vente. Il avait admis d'abord une déduction de 40.000 francs de frais d'études, ensuite de 60.000 francs, *sans vérifications*, et liquidé la taxe sur le surplus des bénéfices. En présence d'un tel fait et tenant avant tout aux principes, nous conseillâmes une résistance énergique. Battu sur ce point, il réclama la continuation de la perception de la taxe sur le 5 pour 100 du capital social. Une contrainte fut décernée. Après une opposition à la contrainte, l'affaire fut abandonnée, et la société avait réalisé quatre cent mille francs de bénéfices !

La société n'a payé ni droits de timbre sur ses titres, ni droits de transfert, ni taxe sur le revenu distribué.

Les associés sont-ils libérés pour cela de la taxe sur le revenu? Non. Mais il faut qu'un document *analogue* tombe aux mains de l'agent du Trésor.

Ce qui n'est pas permis à l'Administration, n'est point permis non plus aux tribunaux. Lorsque les comptes rendus, les délibérations ou tous autres documents analogues ne mentionnent pas *expressément* le chiffre du revenu distribué, les tribunaux ne doivent pas rechercher dans un *libellé* incomplet sur telle ou telle dépense, un commencement de preuve de distribution. C'est cependant ce qui a eu lieu. On peut lire, en effet, sous l'article 5210 du Répertoire périodique un rapport fait à la Chambre des requêtes où il est dit que la distribution résulte suffisamment des mots : et *autres dépenses.* (V. « affaire Pantographie Voltaïque », n° 17, « Produits passibles de la taxe », § 2, n° 5, *in fine.*)

Certainement nos lois fiscales, surtout les nouvelles, sont imparfaites, et la fraude, comme l'arbitraire, ont souvent beau jeu. Mais l'Administration et les Tribunaux n'ont pas le droit d'en redreser les imperfections par des moyens illégaux condamnés par ces lois mêmes, d'autant plus que l'État, en fixant le budget des recettes, tient toujours compte, pour la fixation du chiffre budgétaire, du préjudice fait au Trésor public par ces imperfections.

4° 5 POUR 100 OU PRÉTENDU FORFAIT

a. *Législation et jurisprudence fiscales.* — Le législateur de 1872, faisant la part des bonnes et des mauvaises années commerciales, s'est contenté, en s'arrêtant au chiffre de 5 pour 100 du capital social, d'une taxe modérée, mais à la condition que la société la payerait pendant toute sa durée, sauf en cas d'improductivité complète, et même en cas de productivité d'un revenu inférieur à ce chiffre. (V. ci-après.)

Il n'ignorait pourtant pas, qu'en général, les sociétés civiles et les sociétés en commandite simple produisent un revenu plus élevé que le 5 pour 100. Mais il s'est attaché à cette triple considération qu'il ne fallait pas imposer trop lourdement des sociétés qui pourraient végéter longtemps, qu'il eût été injuste d'atteindre les bénéfices dus au *travail personnel* des associés, et que ces sociétés ne seraient jamais soumises à aucune *déclaration personnelle*, ni à *aucune investigation*, le tout dans un *intérêt général*. Il a pensé aussi que, puisque rien ne pouvait défendre à ces sociétés de mettre des bénéfices en réserve, il n'eût pas été juste, non plus, de frapper les réserves, quand celles des sociétés par actions étaient provisoirement exemptes de la taxe. (V. après le « 5 0/0 ou forfait, Présomption légale de distribution de revenu ».)

En pondérant ainsi les intérêts des sociétés, ceux du Trésor et ceux de l'ordre public, le législateur s'est montré très sage. Ce qu'il y a de remarquable dans ces dispositions, c'est que, pour ces sociétés, au moyen de la taxe sur le 5 pour 100, et, pour les sociétés par actions, au moyen du *dépôt* de leurs comptes rendus et extraits de délibérations, il a consacré l'*inviolabilité des livres sociaux*. Hélas ! pourquoi n'en est-il pas de même aujourd'hui ! (V. n° 14 « Justifications, preuves de droit commun, expertises, » etc., et tout le bagage des justifications nécessaires.)

Ces considérations exposées, faut-il dire avec Garnier, avec l'Administration et avec plusieurs tribunaux, que la disposition relative au 5 pour 100 a créé un *forfait* entre le Trésor et les sociétés, forfait qui *oblige* les sociétés même *improductives* ou dont les produits sont *inférieurs* au 5 pour 100 du capital social, à acquitter la taxe sur ce *5 pour 100?* Non, mille fois non !

L'Administration a soutenu que ce forfait existait. Elle a dit : « Il y a un forfait. » Mais, qu'on le remarque bien, elle n'en a jamais *démontré l'existence*. Il lui arrive très souvent de prendre pour démontré ce qui est précisément à démontrer. On conçoit qu'avec un tel système de raisonnement, elle arrive à une conclusion favorable à sa thèse. (V. Tabl. alph. au mot « forfait ».)

Nous ne ferons pas comme elle : nous disons qu'il n'y a pas de forfait, et nous l'allons démontrer, pièces en mains.

C'est « une sorte de forfait », a-t-elle dit d'abord; puis, quand elle a eu obtenu la consécration de ce mot par les tribunaux, Administration, tribunal, rapporteur à la Cour de cassation... mais non la Cour, ont dit en chœur : *C'est un forfait!*

On a lu plus haut ce que M. Magne, Ministre des Finances, disait à l'Assemblée nationale : « L'impôt sur le revenu s'adresse à la *jouissance*. Voilà une société qui n'a encore produit aucune espèce de revenu, et c'est sur son *capital* que vous allez asseoir l'impôt? Nous n'avons pas voulu admettre un système qui a pour résultat final de frapper le *capital, même le capital* IMPRODUCTIF. »

Improductif !

Tout le monde sait que la loi du 29 juin 1872 a été votée sous une pression terrible. Jusqu'au dernier moment on n'était pas tombé d'accord. Il fallait se décider. M. Magne parla, et la loi fut acclamée. Le rédacteur en chef du « Répertoire de l'Enregistrement » qui a imaginé le *forfait* (Seine, 31 janvier 1874, art. 3809; « Répert. pér., Observation), a attesté lui-même le triomphe du ministre éloquent.

Qui peut nier maintenant que la loi sur les *revenus*, votée à la dernière heure et sans discussion, n'atteint pas une société *sans revenus*?

Et dire que ce rédacteur, que l'Administration et presque tous les tribunaux, sauf la Cour de cassation, ont fait porter la taxe sur un capital improductif, sans vouloir même qu'une société, qui était une société en nom collectif et en commandite, *justifiât de son improductivité par ses registres*! (Boulogne, 9 janvier 1879, « Affaire Libert », Table alph., « Documents analogues », 553.)

Dans cette affaire, l'Administration a dit : Il y a un forfait, payez; le tribunal de Boulogne a répété : Il y a un forfait, je vous condamne. La société offre des justifications : le tribunal les repousse, en disant que la la loi n'a pas pris en considération la *bonne* ou la *mauvaise fortune* des sociétés et que toute *justification est inutile*; or le 5 pour 100, taux modéré, n'a été précisément fixé que parce que l'on a tenu compte de la *bonne et de la mauvaise fortune* et du *travail personnel des associés*! On verra plus bas quelles sont les conséquences de cette barbarie.

Que devient alors le discours de M. Magne? Il tombe dans l'oubli! Que devient alors la combinaison sage et ingénieuse du législateur de 1872? Elle est foulée par la brutalité fiscale.

Ce qu'il y a de plus incroyable comme arbitraire dans cette affaire Libert, c'est que les *livres sociaux* que l'on n'a pas voulu prendre en considération, seront précisément *ces mêmes livres dont l'Administration pourra peut-être demander un jour la production*, quand, en vertu *d'une clause des statuts, le décès d'un associé, rapproché de cette clause, prouvera une cession des droits sociaux en faveur des associés survivants!* Si, ce jour-là, ces associés refusent, ils sont condamnés à payer la somme réclamée!

Faut-il donc, parce que dans un intérêt majeur des affaires commerciales, le législateur a interdit l'immixion de l'Administration dans les archives des sociétés, qu'une société ne soit pas reçue à produire ses livres, quand elle a un intérêt pécuniaire à les faire sortir de l'ombre où, par rapport à l'Administration seulement, ils sont tenus de rester? Non. Le législateur de 1872, pas plus que le législateur de l'an VII, n'ont pu interdire l'exercice de *droit de production*, parce que ce droit tient de la liberté et du Code civil. Jamais on n'a vu, en matière civile et commerciale, un tribunal refuser les justifications des parties, jamais, parce que les justifications sont des moyens de défense, et que le droit de défense est sacré. Pour quel motif n'en serait-il pas de même en matière *fiscale*, quand le *Trésor*, pour qui les frais de justice sont bien légers, se présente presque toujours avec le droit du plus fort? Nous allons justifier cette haute considération d'intérêt général en signalant des cas où l'Administration, réclamant dans son intérêt la production de certains documents, ne peut se refuser à admettre des justifications que, de leur côté, les sociétés ont intérêt à produire.

Première hypothèse. — Supposons qu'une société, *volontairement* ou par suite d'un procès, vient à rendre publique la réalisation d'un revenu supérieur au 5 pour 100, pense-t-on que l'Administration, munie du document publié, n'aura pas le droit de lui dire : Vous devez la taxe, non sur le 5 pour 100, mais sur le *revenu réel* indiqué par vous. Ce droit nous paraît être incontestable par le motif que le législateur n'a fixé un revenu *présumé*, et refusé à l'Administration tout droit d'investigation intérieure, que pour les sociétés qu'il a voulu, dans un *intérêt général*, soustraire à ce droit.

Nous reviendrons plus bas sur ce terrain que l'Administration a déjà exploré et nous démontrerons que ce qu'elle a perdu, en se soumettant à la décision des tribunaux, lui a moins profité pécuniairement et moralement que ce que les tribunaux lui ont fait gagner par son prétendu forfait, qui n'est qu'un vol fait au *capital* et au *travail* (1).

Deuxième hypothèse. — Supposons que cette même société rend publique la réalisation d'un revenu inférieur au 5 pour 100. Pense-t-on que l'Administration aurait le droit de retenir les taxes perçues sur le 5 pour 100? Non, par le motif que le législateur, n'ayant jamais entendu porter atteinte à la liberté de la société, à ses agissements en dehors du siège social, n'a pas entendu non plus que ce fait *volontaire* de publicité nuisît au *principe* de la loi qui vise la *jouissance*, soit le *revenu encaissé par l'associé*, soit tout simplement le *revenu*. La société accuse *publiquement* un revenu inférieur au 5 pour 100. La taxe ne doit frapper que le *revenu*. Mais, il est bien entendu que, si elle ne l'accuse pas *publiquement*, la taxe sera due sur le 5 pour 100 parce que, alors, la société sera censée avoir voulu profiter de la faveur accordée, dans l'intérêt général, de ne pas être soumise aux investigations des agents de l'Administration. Au surplus, voir sur ce sujet le rapport ci-après de M. Casimir Perier.

Ces deux motifs trouvent leur fondement dans les explications suivantes.

(1) L'Administration réclamait la taxe sur le revenu déclaré dans des inventaires parvenus régulièrement en ses mains. Les tribunaux la lui ont refusée. C'est ce refus qui a donné l'idée du *forfait* qui, depuis, pèse sur les sociétés civiles et les commandites simples improductives. (V. Tab. alph. au mot *cinq pour cent.*)

En refusant le droit d'investigation, le législateur n'a pas enlevé celui de divulgation. Son refus, uniquement basé sur un motif d'ordre public (déclaration, arbitraire, secret des affaires, inquisition, etc.), n'a pu exercer d'influence sur un fait d'ordre privé, sur un fait touchant à un intérêt tout à fait particulier qui devait lui être parfaitement indifférent, car nous n'avons jamais vu que le législateur, l'État, le Gouvernement, l'Administration soient intervenus dans les règlements d'affaires privées. Pa conséquent, l'Administration peut, dans la première hypothèse, réclamer la taxe sur le revenu supérieur au 5 pour 100, et, dans la seconde, elle ne doit la réclamer que sur le revenu inférieur au 5 pour 100. Dans les deux cas, la pensée conciliatrice du législateur, uniquement concentrée dans la *non production des livres aux agents de l'Administration*, s'évanouit par suite de l'opposition qu'elle rencontre dans *la volonté de la société de produire ses affaires au grand jour*. C'est le cas de dire que la société rentre alors dans le *droit commun*, et qu'elle doit être assimilée, au *point de vue de l'impôt*, aux sociétés qui ont un *intérêt particulier* à livrer leurs affaires, compte rendus, etc., à la PUBLICITÉ (Sociétés par actions). La société faisant connaître ELLE-MÊME la réalisation d'un bénéfice, d'un bénéfice encaissé par les associés, il est juste et conforme au principe de la loi qu'elle paye sur son *revenu*. Ce principe, basé sur la *jouissance connue*, reprend son empire. Nous reviendrons plus bas, sous les hypothèques 3 et 4, sur le revenu inférieur au 5 pour 100.

Si notre raisonnement est exact, nous trouvons que l'Administration avait bien raison, lors de ses premières applications de la loi du 29 juin 1872 aux sociétés dont il s'agit, de réclamer la taxe sur l'intégralité des revenus, quand ces revenus sont, avant comme *après* la dissolution, constatés par des inventaires sociaux, des inventaires de successions et toutes autres écritures *sorties volontairement du* SECRET COMMERCIAL, et ce, avec d'autant plus de raison, que la taxe est due non par la *personne morale*, mais par les *associés*. Les tribunaux ne l'ont pas suivie dans cette voie. C'est un tort grave. Qu'a fait alors l'Administration ? Elle a dit : Puisqu'il en est ainsi, nous percevrons désormais la taxe sur ce que nous appellerons le *forfait de 5 pour 100*, et cela, lors bien même que la société produirait *moins* que le chiffre de 5 pour 100 ou qu'elle serait en *perte*. Mouvement de colère. Lorsque les colères ne s'apaisent pas, c'est l'*arbitraire* qui domine.

Pour ne pas avoir à revenir sur leurs décisions, tant l'amour-propre frise souvent l'arbitraire, ces tribunaux ont consacrés cette tragique invention. (V. la désignation de ces tribun aux au mot « forfait », table alphabétique.)

Ils ont commis un tort bien plus grave encore, parce que, dans le premier cas, la perception sur le *revenu réel* était conforme aux *principes* de l'impôt, tandis que, dans le second, elle blessait profondément le principe de l'*égalité devant l'impôt*, en atteignant le *capital social* que M. Thiers et M Magne avaient voulu protéger, et en faisant pâtir les sociétés malheureuses au profit de celles dont le revenu encaissé est supérieur au 5 pour 100. Telle est la situation actuelle.

Troisième hypothèse. — En rentrant dans l'ordre d'idées de la deuxième hypothèse ci-dessus (revenu inférieur au 5 %), supposons qu'une société, de même que la société Libert, si odieusement traitée, usant de sa liberté, produise en public, pendant son existence, un bilan ou un document quelconque établissant que son capital social ou sa commandite a été complètement *improductive*, pense-t-on que l'Administration aura le droit de lui réclamer la taxe sur le 5 pour 100? Oui, mais sauf justification de l'improductivité.

On verra plus bas que la justification est nécessaire et qu'elle ne peut être repoussée. Dans notre hypothèse, la perception ne saurait être maintenue pour un autre motif : M. Magne a dit qu'il ne fallait pas toucher au capital. Or, ce serait toucher au capital que de percevoir une taxe sur un capital *improductif*. Ce serait là le comble de l'arbitraire, et cet arbitraire se voit tous les jours!

Quatrième hypothèse. — Si cette même société livre à la publicité un document duquel il résulte que la commandite est entamée par des pertes, ce qui sera le criterium d'une *improductivité absolue*, l'Administration devra-t-elle percevoir la taxe sur le 5 pour 100 d'un capital ébréché, dévoré aux trois quarts? Oui, comme pour l'hypothèse précédente, mais sous justification de la perte; et si l'Administration ou un tribunal rejettent les justifications, ce serait l'arbitraire poussé au plus haut degré. Percevoir sur le *5 pour 100 d'un capital qui n'a presque plus d'existence?* Mais c'est impossible! Des millions de voix crieraient à l'arbitraire, à l'absurdité et à la malhonnêteté. Voilà pourtant où mène le prétendu forfait. Il mène à quelque chose de criminel. L'État dépouille le malheur! (V. à la Tab. alph., « Capital en perte, » 4959.)

Les réponses faites dans les quatre hypothèses ci-dessus vont trouver leur justification dans les raisonnements suivants.

Présomption légale de distribution de revenu. (V. ci-devant « 5 pour 100 ou prétendu forfait »). — Les tribunaux, l'Administration (page 14 de l'Instruction), le projet d'amendement de M. Brisson et les débats législatifs parlent du 5 pour 100 comme étant une *présomption de revenu.* Cette expression ne rend pas parfaitement, selon nous, la pensée du législateur. Il faut dire : Le 5 pour 100 est une *présomption légale de distribution de revenu.* Puisque, a dit le législateur, dans une société formée en vue de réaliser des revenus, il y a la possibilité d'une distribution de revenu, je m'appuie sur ce fait possible pour fixer le 5 pour 100 comme étant la base de la perception.

La présomption légale de distribution pouvait être chiffrée au 5 pour 100, ou 10 pour 100, ou 20 pour 100, etc., du capital. On s'est arrêté au 5 pour 100. Donc, le 5 pour 100 est le *chiffre du revenu présumé distribué.* Cette *fixation* est une *détermination légale de revenus pour l'assiette de la taxe.* C'est parce qu'elle s'impose au receveur, qu'il est interdit à ce dernier d'aller au siège social pour s'assurer du chiffre du revenu *réel* distribué.

Cela étant, aux termes de l'article 1352 du Code civil, relatif aux présomptions légales, ce ne sera pas au receveur à qui profite la présomption légale d'une distribution égale au 5 pour 100, d'établir, à l'appui de sa perception, que la société a *réellement distribué un revenu quelconque*, mais ce sera au contribuable, commanditaire ou associé, à détruire cette présomption par la preuve que la société, bien qu'étant formée *en vue de réaliser des bénéfices, n'en a point réalisé*. S'il fait la preuve de *non réalisation*, qui entraîne naturellement celle de non distribution *effective*, le receveur ne pourra pas invoquer la présomption *légale* dont il s'agit, puisque cette présomption manquera elle-même de son point d'appui indispensable, *le fait certain de réalisation*. Dans ce cas, on arrive à cette formule: point de revenus réalisés, *point de présomption légale*, et, partant, point de taxe.

On voit donc que la présomption légale de distribution d'un chiffre de revenu égal au 5 pour 100 s'évanouit devant la preuve de *non réalisation*.

Puisque nous sommes sur la matière des preuves, voyons ce qui se passe dans la pratique.

La loi de 1872 donne au receveur un droit, et lui impose une obligation avant d'arriver à la perception sur le 5 pour 100. Elle lui dit : Vous percevrez sur le 5 pour 100 du capital des sociétés en commandite simple et du capital des sociétés civiles. Voilà son droit. Vous prouverez deux choses, la première qu'il existe un contrat de société, la seconde, que la société est formée en vue de réaliser des bénéfices. Voilà son obligation. Si le commanditaire nie l'existence du contrat, ou si, le contrat étant produit ou étant tombé régulièrement aux mains du receveur, il nie que la société ait eu pour objet non une *réalisation* de bénéfices, mais, par exemple, un prêt fait à la société, le tribunal sera saisi de la difficulté. Le tribunal dira : Vu le contrat, vu que l'*objet est la réalisation de bénéfices*, j'ordonne que le receveur applique la *présomption légale de distribution*. Le commanditaire ou l'associé d'une société civile se soumet. C'est à ce moment que la loi intervient : Je ne dois, ni ne puis, dit-elle, imposer au contribuable une déclaration *volontaire* du revenu *réellement* touché par lui ; voici ma présomption *légale de distribution*, le 5 pour 100.

Mais si le receveur se trouvant, par exemple, en présence d'une association religieuse ou d'une société universelle de biens présents seulement, ne peut établir l'existence du contrat de société, ou si, ayant même ce contrat en mains, il ne peut établir que la société a pour objet de *réaliser* des bénéfices, il sera impuissant à faire acte de perception, parce que la présomption légale de distribution, dont il est armé, sera sans cause. Elle sera sans cause par le motif que le *fait certain de réalisation*, qui est sa base, fera complètement défaut.

Arrivant à la question d'improductivité du capital, on doit conclure de là que, lors bien même qu'une société serait formée en vue de *réaliser* des bénéfices, et que le receveur ne soit pas obligé, avant de percevoir, de prouver l'existence d'une *distribution effective*, la taxe perçue sur le 5 pour 100 est restituable chaque fois que le contribuable peut *justifier* soit que le revenu effectivement distribué est inférieur au 5 pour 100, soit que le revenu est nul, soit que le capital a été entamé par des pertes, parce que, nous le répétons, les justifications de *droit* font tomber la présomption *légale d'un revenu distribué égal au* 5 pour 100. Il est bien entendu que ces *justifications* une fois faites n'empêcheront pas que, pour chaque exercice, la perception continue, d'après la présomption légale de distribution, et que, pour chaque exercice aussi, le contribuable exerce son droit de justification. Il n'y aura donc pas les difficultés « inextricables » dont a parlé M. Dareste, rapporteur, dans l'affaire de la société Pereire.

La loi de 1872 n'est que l'écho des voix de M. Magne et de M. Casimir Perier, soit celle du Gouvernement d'alors. Puisqu'elle ne parle pas de forfait, c'est qu'il n'y en a pas. « La loi est claire, dit M. P. Pons, point d'interprétation » (arrêt du 23 août 1875, Rép. pér., 4201). La Cour de cassation n'a jamais prononcé le mot forfait. Donc il faut interpréter la loi, dont la *lettre* est muette sur ce point, en s'attachant à son *esprit,* ou, ce qui revient au même, à son *principe fondamental.*

Au surplus, nous allons démontrer, en nous plaçant sur le terrain de la loi civile, que le législateur ne peut point procéder par voie de *forfait.*

b. *Loi civile.* — Qu'entend-on par *forfait.* Le rédacteur du Répertoire périodique de l'enregistrement, qui a imaginé le *forfait fiscal*, va répondre :

On donne le nom de forfait à un marché qui est fait pour un prix déterminé à perte ou à gain. On appelle aussi de ce nom tout traité fait à l'occasion d'un droit éventuel, moyennant un prix fixé, de quelque valeur que puisse être le droit futur. (Rép. gén.)

Avec qui donc le législateur aurait-il passé un traité à forfait ? Avec qui, puisqu'il est constaté et reconnu par tout le monde que la loi a été votée sans discussion et que, seul, M. Magne a enlevé le vote ? Pour traiter, il faut être au moins deux, et lui était tout seul ! Les forfaits légaux n'existent pas. Les forfaits naissent de *conventions.* Le législateur n'a rien convenu. Il a apprécié, en consultant l'intérêt général, et il a voulu. Il n'a offert ni reçu aucun prix. Il n'a pas eu en prévision un droit éventuel, une taxe éventuelle, puisque toute éventualité dans le forfait conventionnel profite à l'une ou à l'autre des parties *contractantes* et, qu'étant *seul*, il était *seul* à courir une chance de gain ou à courir un risque de perte. Le forfait légal n'existe donc pas.

En soumettant les commandites, et autres capitaux, à la taxe fixée sur le 5 pour 100, il ne s'est nullement écarté du principe en vertu duquel l'impôt n'atteint que la jouissance *réelle*, ni de son intention manifeste d'exclure du régime fiscal le *capital* et, à plus forte raison, le capital *improductif.*

L'Administration a fait ce qu'il n'a pas voulu qu'elle fît. Là où il n'y avait point de *jouissance* pour l'associé commanditaire, elle a frappé la *personne morale* dans ses biens, personne qui n'est tenue à l'*avance* de la taxe que lorsqu'il y a un *revenu dû au débiteur de la taxe* ! En introduisant dans la jurisprudence un forfait, qui est une *convention* entre parties intéressées *exclusive* de toutes réserves ou *justifications* ultérieures, et en *refusant*, par suite, les *justifications offertes* que permettent les principes généraux du droit, l'Administration et le jugement précité du tribunal de Boulogne (affaire Liébert) ont violé ouvertement la loi civile et la loi fiscale. (Voir les tribunaux qui ont violé la loi au mot « Forfait », Tab. alph. — V. « Documents analogues ».)

c. *Rapport de 1871.* — Nous voulons venger les sociétés qui ont été les victimes de ces odieuses violations en livrant à la *publicité* et à la *presse* les paroles suivantes de M. Casimir Perier. (*Journal officiel*, 5 décembre 1871, page 525).

La taxe *annuelle*, dit le rapporteur de la Commission du budget, ne porte que sur l'*intérêt* afférent à la commandite évalué et fixé à 5 pour 100, et non sur les bénéfices que le commanditaire peut toucher en sa qualité *d'associé* (Bénéfices industriels) (1).

Le projet fixe à 5 pour 100 le montant du *revenu* des commandites.

Si le revenu (de 5 0/0) est *dépassé*, le commanditaire jouira d'une *immunité complète* pour l'*excédent* qui représentera d'ailleurs ses bénéfices industriels (2).

Si, *au contraire*, le taux de 5 pour 100 n'est *pas atteint*, le redevable JUSTIFIERA, s'il le juge convenable (3), du *revenu* RÉEL de la *commandite*, et *l'impôt ne sera liquidé que sur le* REVENU. Est-ce clair?

Il justifiera !

L'Administration et le tribunal n'ont pas voulu de *justifications !*

L'Administration et le tribunal n'ont pas voulu d'un *revenu réel justifié !*

Et la loi ne porte ni dans son texte, ni dans son esprit ce que l'Administration et le tribunal ont voulu : le forfait !

Le terme « justifié » employé par M. Casimir Perier ne sera plus maintenant un vain mot pour l'Administration et pour les tribunaux.

Si le revenu *réel* est supérieur au 5 pour 100, l'excédent est exempté de la taxe, et cette « immunité » est le corollaire du *droit de s'opposer à toute investigation !*

Si le revenu réel est inférieur au 5 pour 100, la différence en moins

(1) On sait que les bénéfices attribués aux associés solidaires et indéfiniment responsables, qui engagent leur fortune et leur honneur (Bénéfices résultant de leurs travaux personnels), ont joui de cette immunité. (Loi du 1er décembre 1875.)

Si la *lettre* de la loi de 1872 a paru à la Cour de cassation (Arrêts des 23 août 1875, Rép. pér. 4201) contraire à cette exception, il est reconnu aujourd'hui par l'Administration elle-même, qu'il n'a pas été dans l'esprit du législateur de frapper la rémunération des des travaux personnels, et c'est pourquoi la loi du 1er décembre 1875 a consacré l'intention d'immunité par l'une de ses dispositions. Le législateur de 1872 ne pouvait, en effet, avoir eu l'idée d'atteindre les résultats dûs au travail personnel, « aux bénéfices industriels », puisque, pour répondre à des vœux publics, il n'atteint que la *jouissance* de ceux qui ne *travaillent pas*. Nous verrons le parti que les Congrégations religieuses tireront de cette magnifique pensée. « Mais, dit M. Clément, député, les membres des sociétés civiles travaillent ! » L'argument portait. Le Rapporteur de la Commission, M. Gouin, répondit : « Nous aurions trop à faire pour le moment... Après une société civile, il en viendrait une *autre* demandant l'exemption... » Passons. On a passé. Le temps a marché... et M. Gouin, sénateur, se trouve aujourd'hui combattre ce que M. Gouin, député, n'a pas combattu !

(2) C'est dire que le droit d'investigation est écarté pour la constatation d'un revenu supérieur au 5 0/0.

(3) Ce qui répond à la liberté qu'a le redevable de livrer le secret de ses affaires, secret que, pour l'intérêt général, le législateur a voulu protéger.

est exemptée de la taxe, et cette « immunité » est le corollaire du *droit de justification !*

Si le revenu *réel*, supérieur au 5 pour 100, est porté *volontairement* à la connaissance des tiers, la présomption légale de distribution, soit le 5 pour 100, s'évanouit, et la taxe est due sur le *revenu* CONNU, parce que l'Administration recouvre son *droit de contrôle !*

Et maintenant que l'on réplique !

Revenons à la loi du 28 décembre 1880 qui ne parle pas non plus de *forfait*, et qui ne pouvait en parler, puisqu'elle se réfère à la loi de 1872 qui *n'en parle pas*.

Si nous insistons tant sur ce point, c'est pour faire remarquer les moyens « faciles » (1) d'interprétation qu'emploie l'Administration, quand, battue sur un point par les tribunaux, elle se replie avec colère sur un autre, ou quand, au sujet des congrégations religieuses, on lui prescrit de s'armer d'un arbitraire foudroyant. (V. n° 14, « Justifications nécessaires ».)

Il faut interpréter la loi de 1872 comme toutes les lois, selon les règles *ordinaires d'interprétation*.

Le mot *forfait* ne se trouvant pas exprimé, on ne peut pas dire que l'*esprit* de la loi contrarie la *lettre*. *A défaut de la lettre*, c'est incontestablement l'*esprit* qui doit être consulté, et cet esprit doit se chercher dans le rapport de la Commission et dans le discours de M. Magne. Or, comme en fait le législateur de 1880 a reproduit *littéralement* le texte de la loi de 1872, nous pouvons affirmer, sans crainte d'être démenti, que l'Administration a violé les règles ordinaires d'interprétation, en ne s'attachant pas à l'esprit, puisque la *lettre manque* (« Instruction », page 12, n° 16). « Cette disposition a eu pour but, en effet, de répondre à la même nécessité qui est de fixer un revenu à *forfait* lorsque le revenu *réel* ne peut être *déclaré*. »

Où est la lettre? La violation de ces règles d'interprétation, la violation des deux lois fiscales sont d'autant plus graves que l'Administration, qui n'est jamais sobre de s'appuyer sur les *rapports* et les *débats législatifs* pour faire triompher son opinion, n'ignorait pas que M. Casimir Perier avait dit : « Si, au contraire, le taux de 5 pour 100 n'est pas atteint, le redevable devra *justifier*, s'il le juge convenable, du *revenu réel* de la commandite, et l'impôt ne sera *liquidé* que sur le REVENU. »

On voit donc bien clairement que, qu'il s'agisse de commandites simples ou de sociétés civiles, qui n'ont ni titres négociables, ni conseils d'administration, ce n'est point un *revenu réel à déclarer* qui est atteint, mais bien un *revenu réel fixé* à 5 pour 100 du *capital social* ou *commanditaire*, sauf la *justification*, au cas où le *revenu* n'atteint pas le 5 pour 100.

Le législateur de 1872 ne pouvait pas, en effet, s'arrêter, comme on l'a vu aux précédentes pages, à la circonstance d'une *déclaration* de revenu *réel*, puisqu'il désapprouvait *toute déclaration personnelle*.

(1) Terme employé par le jugement du tribunal de la Seine dans l'affaire de la société Pereire au sujet de la Déclaration d'évaluation du capital, d'après la règle de l'article 16 de la loi du 22 frimaire an VII. (Voir au n° 15, « Forme de la déclaration. »)

Pourquoi donc alors l'Administration vient-elle dire qu'il faut fixer un revenu à *forfait*, lorsque le *revenu réel* ne peut être DÉCLARÉ ?

Pourquoi donne-t-elle à penser que le législateur admet, exige une *déclaration de revenu* (des produits qui auraient pu être distribués sans la clause de prohibition), quand elle sait, mieux que personne, que la loi de 1880 n'exige aucune *déclaration* de *revenu*, et que, comme celle de 1872, elle se contente, pour base de l'établissement de la taxe sur la présomption du 5 pour 100, des *extraits de contrats de société ou d'actes équivalents?* quand elle sait qu'elle n'a droit qu'à une *déclaration de* CAPITAL SOCIAL ?

Le pourquoi, le voici :

Quand on dore l'arbitraire ou des interprétations erronnées, quand on les infiltre graduellement dans la jurisprudence, et dans l'esprit des agents, quand on suit le cours d'un torrent qu'on sait être périlleux pour le trésor de remonter, on arrive à ceci : Malgré la conscience qui crie, malgré la lumière qui a dissipé les erreurs ou le doute, on continue à se départir de la *lettre* de la loi qui gêne pour invoquer l'*esprit* qui flatte l'amour-propre ou la passion ; on continue à récuser l'*esprit* qui déplait pour s'attacher à la *lettre* qui séduit, et Garnier, Administration des finances, Tribunaux et Rapporteurs à la Cour de cassation font sombrer dans le torrent les intérêts sacrés des contribuables ! C'est alors que, pour châtier les imprudents et les coupables, la grande figure de Merlin nous apparaît:

« *Quand*, dit-il, ce droit *d'interprétation n'est pas limité*, les TRIBUNAUX peuvent *violer les lois fiscales* et les apprécier à *faux* IMPUNÉMENT.

« Le FORFAIT EST UN FAUX ! »

3° ÉVALUATION DES MEUBLES ET DES IMMEUBLES

1. *Meubles et immeubles.*

Loi. — Article 3. A raison de l'évaluation détaillée des meubles et des immeubles composant le capital social.

L'évaluation, dit l'Administration (page 12, n° 16), doit comprendre, suivant les termes mêmes de l'article 3, les meubles et immeubles composant le capital social. Ce sont effectivement ces valeurs elles-mêmes, et non pas seulement les biens apportés originairement en société et indiqués dans le contrat, qui constituent le capital social. L'estimation pourra donc varier annuellement, suivant que le patrimoine social augmentera ou diminuera. Elle devra donc être renouvelée à chaque payement annuel.

L'évaluation détaillée des meubles et des immeubles doit s'entendre d'une évaluation faite article par article, comme les évaluations que contiennent les déclarations détaillées prévues par l'article 27 de la loi du 22 frimaire an VII, pour le payement des droits de mutation par décès. Elle doit émaner, comme la déclaration de revenu dont elle tient lieu, des représentants des sociétés ou associations. L'évaluation de biens meubles pourra résulter, conformément à l'article 27 précité, d'un inventaire ou état estimatif, article par article, certifié par le déclarant, et remis au receveur avec la déclaration.

Voici cet article 27 : « Les mutations de propriété ou d'usufruit par décès seront enregistrées au bureau de la situation des biens. Les héritiers seront tenus d'en passer une déclaration détaillée et de la signer sur le registre. S'il s'agit d'une mutation, au même titre, de biens meubles, la déclaration en sera faite au bureau dans l'arrondissement duquel ils seront trouvés au décès de l'auteur de la succession.

Les rentes et les autres biens meubles, sans assiette déterminée lors du décès, seront déclarés au bureau du domicile du décédé. Les héritiers.... rapporteront à l'appui de leurs déclarations de biens meubles un inventaire ou état estimatif, article par article, par eux certifié, s'il n'a pas été fait par un officier public; cet inventaire sera déposé et annexé à la déclaration qui sera reçue et signée sur le registre du receveur de l'enregistrement.

La loi impose « l'évaluation » des meubles et des immeubles composant le capital social. — Le CAPITAL SOCIAL ! Retenons bien ce mot pour braver un danger imminent !

L'Administration veut l'évaluation détaillée des meubles et des immeubles, non de ceux *apportés originairement en société*, dont la valeur constitue cependant le *capital social*, mais de ceux qui, au jour du payement de la taxe, constituent le PATRIMOINE SOCIAL ou, autrement dit, l'ACTIF SOCIAL !

Pour la loi, quelle est l'origine des meubles et des immeubles composant le capital social? C'est évidemment le *contrat de société*, société en commandite simple, société civile ordinaire, soumises à des risques sociaux, puisqu'elle se réfère à la loi du 29 juin 1872, qui fait porter la taxe sur le 5 pour 100 du montant de la *commandite* ou du *capital* exprimé au contrat.

Le Ministère des finances ne veut pas de cette référence qui lui impose des limites gênantes. Il n'a plus d'oreilles pour la loi de 1872, parce qu'il porte dans son cœur celle de 1880, laquelle, sans respect pour les principes du droit, écarte ces limites, pour mieux déployer ses ailes menaçantes.

Il faut suivre et poursuivre la *mainmorte!* L'Administration des finances craindrait de manquer aux devoirs politiques qui lui ont été dictés, si elle n'imposait pas l'évaluation *détaillée et annuelle des biens composant le* PATRIMOINE SOCIAL. Ainsi, confondant, par des circonlocutions, l'*actif social* avec le *capital social* dont la loi parle, elle conclut, des termes de l'article 3 (page 12, n° 16) : « que ce sont effectivement ces valeurs ELLES-MÊMES, *meubles et immeubles*, et non pas les biens *apportés originairement en société et indiqués dans le contrat*, qui constituent le *capital social* : L'estimation pourra donc varier, dit-elle, suivant que le PATRIMOINE SOCIAL augmentera ou diminuera. »

Est-ce que l'Administration serait jalouse des lauriers éphémères de M. Ribot qui, sous prétexte de prêter main forte « aux principes généraux de notre *droit public* » a introduit la *société de fait* dans la législation nouvelle? Elle veut donc faire l'étonnement du monde entier, en proclamant que ce ne sont pas *les biens apportés originairement en société et indiqués dans le contrat* qui constituent le *capital social?* Comment? elle serait l'adversaire d'un principe de *droit* qui date de 78 ans! Le christianisme a eu ses hérésiarques. Est-ce que le Code civil aurait aussi les siens? C'est pourtant à une telle hérésie qu'a conduit une loi de haine! Voyez les promoteurs de la loi : ostensiblement, c'est le *capital social*; cachés derrière le rideau de l'exécution, c'est le *patrimoine social*, c'est l'*actif social !*

L'actif social est formé de deux éléments : le *capital social* et les *bénéfices* (V. « Bénéfices », n° 17, « Produis passibles de la taxe », § 2, n° 4.) La loi vise le *capital social*, l'exécuteur vise *capital et bénéfices*!

Si le *capital social*, désigné par le texte, dit *moins* que *les valeurs elles-mêmes, meubles et immeubles* faisant toute la fortune de l'association au jour de l'exécution de la loi, l'Administration ne peut exiger le *plus*, et elle violerait la loi, en obligeant les représentants à faire une évaluation détaillé de TOUS les biens, puisque la loi n'atteint que le 5 pour 100 du premier élément de l'actif social, dit *capital social*, et non le second, dit *bénéfices*.

Si l'Administration a été autorisée à tenir le langage ci-dessus, il est clair que le législateur ne s'est servi de la *déclaration* que pour arriver à autre chose qu'une taxe sur le revenu. Son dessein, à cet égard, se manifeste partout, car l'Administration, plus franche que M. Ribot et autres, parle assez dans son instruction d'associations religieuses, de congrégations religieuses et de biens de mainmorte. Ici encore elle montre de la franchise, mais aussi une hardiesse pleine de précautions. Elle n'a pas le courage de dire que, par ces mots, *meubles et immeubles*, VALEURS ELLES-MÊMES, elle entend *toutes les valeurs existantes* au *moment* de l'application de la loi. Elle prononce bien les mots *patrimoine social*, mais, de crainte de nous ne savons quoi, elle ne peut articuler les mots : *actif social*. Voyez-vous l'artifice pour avoir *le plus?* (1) (V. Section V, « Epoques de payement ».)

A quand donc le décret réglementaire d'administration publique pour l'exécution de la loi qui dit « s'il y a lieu »? Il est temps qu'il arrive comme document interprétatif et exécutif, car le langage de l'Administration manque de vérité.

On attendra longtemps.

Voici pourquoi.

Dans le principe, le Gouvernement n'avait pas une grande inclination pour l'amendement de M. Brisson. Il lui paraissait, qu'après les fameux décrets, il était sage, prudent, politique, ainsi que l'avaient dit avant lui, en 1871 et 1872, M. Magne et autres, de ne point parler aux congrégations religieuses de taxes et de *déclaration*. M. Wilson a eu beaucoup d'ennuis au Sénat et à la Chambre des Députés. Il a fort bien parlé, mais il s'est souvent abstenu de répondre à des questions pressantes. Il en avait assez de cet amendement. Et le Ministre des Finances donc...

(1) Bien que nous blâmions les tendances impolitiques de M. Brisson à l'endroit des congrégations religieuses, nous ne pouvons pas nous empêcher de le louanger de tenir toujours à la tribune un langage franc, net et courageux. Le voyez-vous dire au Corps législatif, après que ses articles ont été « mutilés » par le Sénat : « Il se trouvera que des législateurs français auront voulu faire une loi sur les *Congrégations*, et que, dans leur texte, ils n'auront pas *osé* les nommer ! » Si l'on rapproche son langage de celui tenu par MM. Wilson et Ribot, et de celui tenu par l'Instruction du Ministère des Finances, calquée sur le discours de M. Wilson, celui dont il est question ici, on se convainct que le Ministère a peur, et qu'il n'agit que par la voie de la duplicité et de la dissimulation (Voir à la Table, *Wilson*.) De là, entre M. Brisson et le Ministère, deux politiques différentes qui se choqueront dans un avenir prochain. Nous ne voulons pas de ces deux politiques, qui sont mauvaises l'une et l'autre. En tous cas, sous une République, les hommes qui parlent franchement valent beaucoup mieux que ceux qui parlent hypocritement.

qui n'a point parlé! et M. Brisson lui-même qui a jeté la pierre à la loi votée qui n'était pas SA loi! (Voir à la Tab. alph. *Brisson.*)

Que faire d'un décret, a dû dire le Gouvernement? Est-ce que la présente loi, celle du 29 juin 1872, et le décret du 6 décembre 1872 ne suffisent pas? Avons-nous besoin de travailler de nouveau une matière qui a tant surexcité l'opinion publique, et scindé en deux camps le vieux parti républicain? Nous savons bien qu'obliger une association religieuse à *déclarer quel revenu elle eût pu distribuer*, sans *l'interdiction de distribution*, c'est une conception qui heurte la raison et le droit, et fait le tourment des plus hautes intelligences et des plus fameux comédiens; nous savons bien qu'une *déclaration de tous biens*, pour frapper l'*actif social*, et qu'un *droit exorbitant de contrôle*, etc., etc., etc., sont des pièges tendus; nous savons bien que la loi est impraticable sur tous les points... Eh bien, tant pis! C'en est assez. Une instruction, même signée de moi, ne tire pas à conséquence, et puis... la loi sur les revenus généraux va bientôt arriver... Nous fondrons celle-là dans celle-ci... Alors, que l'Administration parle, agisse... Que ceux qui ont fait la loi, puisque nous n'avons parlé que pour adoucir l'amendement, soufflent à son oreille... Quant à nous, point de nouveaux décrets, c'est assez.

On a soufflé! et l'instruction du 20 juin 1881, dûment approuvée, tient lieu d'un décret réglementaire!

Or, comme il est connu du monde des affaires, qui sait faire la distinction entre le *capital social* et l'*actif social*, que l'Administration des finances prend, par la voie des décrets et celle des instructions, ce que la loi lui retire, on se rend facilement compte de l'ardeur qu'elle a mise à forger les fers et la torture de la *déclaration*. A l'instar de décrets, qui édictent des dispositions fiscales que réprouvent les tribunaux, elle usurpe le *pouvoir législatif*. (Voir la Tab. Alph. au mot *Règlement* d'administration publique.)

Son but, le voici : si, avec le taux de 5 pour 100, j'appesantis la taxe sur le capital originaire dit *capital social*, je n'atteins que la *mainmorte primitive*. En l'appesantissant sur le *patrimoine social*, sur les VALEURS ELLES-MÊMES, *meubles* et *immeubles*, j'atteins la mainmorte *entière!* La loi veut le *moins*... nous voulons le *plus!* (Voir au mot *Cinq pour cent*, les jugements qui ne font porter la taxe que sur le 5 % du *capital social.*)

2. *Meubles.*

Avant tout, relevons une erreur que les règles ordinaires de la comptabilité se chargent de démontrer.

Il n'est pas exact de dire que les valeurs, qui viennent accroître ou diminuer le patrimoine, constituent avec « les biens apportés originairement en sociétés et indiqués au contrat » le *capital social*.

On entend par *capital social* le montant des *apports ou mises sociales*, c'est-à-dire tout ce que l'on expose aux risques sociaux, et qui devient la propriété de l'être moral.

En droit civil, comme en droit fiscal, l'apport est *attributif de propriété.*

L'apport est transmis à *titre onéreux*, moyennant que la personne morale répartisse les bénéfices à réaliser au prorata du montant des apports respectifs. L'apport est une vente que, dans le but de favoriser les entreprises commerciales, le législateur de l'an VII a exempté du droit proportionnel de mutation. Le prix, ce sont les bénéfices, s'il y en a. (MM. Brisson et Wilson ont fait connaître le motif de cette exemption.)

Les biens de toute nature acquis par la Société, en exploitant le capital social, s'appellent bénéfices.

L'ensemble du capital social et des bénéfices s'appelle : *actif social*. Cet actif fait face en entier au *passif social*.

En matière de comptabilité, il y a le *compte spécial* des apports ou *capital social*, et le compte spécial des bénéfices ou *compte de profits et pertes*.

Or, la loi de 1880, ne parlant que de *meubles et immeubles* composant le *capital social*, il s'ensuit que les *bénéfices* mobiliers et immobiliers, deuxième élément de l'*actif social*, ne sont pas soumis à l'*évaluation*, ni passibles de la taxe sur le 5 pour 100 du montant de l'évaluation.

Par conséquent, l'administration a vainement essayé, dans le premier alinéa ci-dessus, de faire un tour de force, en voulant faire accroire que la loi considère comme *capital social*, *capital originaire*, le *patrimonie social* ou l'*actif social*.

Légalement parlant, elle n'a pu donc dire en parlant des meubles et des immeubles que ce sont effectivement ces valeurs *elles-mêmes* qui *constituent le capital social.*

En disant à *raison de 5 pour 100 de l'évaluation détaillée des meubles et des immeubles composant le capital social*, la loi de 1880 n'innove pas sur ce point à celle du 29 juin 1872 qui dit : « Par l'évaluation à raison de 5 pour 100 du montant du *capital social.* » (Déterminaison du revenu, art. 2, n° 3.).

Le décret du 6 décembre 1872 dit : « Pour les actions, parts d'intérêt, etc. sur le produit évalué à 5 pour 100 du *capital* appelé, » (art. 1er, n° 2) et, à défaut de cession, d'après l'évaluation à 5 pour 100 du montant du *capital social* ou de la *commandite.*

Du moment que ces lois et décret n'atteignent pas, au moyen du 5 pour 100, les *bénéfices sociaux eux-mêmes*, du moment qu'ils n'atteignent qu'un revenu présumé égal au 5 pour 100 du capital social, tout le système de l'administration s'écroule, et, quoi qu'elle en dise, les sociétés ne sont pas tenues à une estimation *annuelle* comprenant à *la fois le capital social et les bénéfices ou biens acquis*. On comprend que si ce système pouvait passer, ces bénéfices ou bien acquis supporteraient plusieurs fois la taxe, puisqu'ils devraient être détaillés et évalués chaque année. Cette multiplication de taxes sur les bénéfices *eux-mêmes* serait absolument contraire au principe de la loi de 1872.

On va voir jusqu'à quel point il s'écroule.

Evaluation détaillée. — Le renvoi qu'elle fait, en ce qui concerne *les meubles* à l'article 27 de la loi du 22 frimaire an VII, n'est point justifié par le raisonnement, parce que les termes « l'*évaluation détaillée* de la loi de 1880 » ne comportent pas l'extension que leur prête l'Administration. Le législateur, voulant suivre, pour un motif politique ou économique, les péripéties des biens de mainmorte, n'a exigé l'évaluation *détaillée* que parce que les *contrats de société*, ceux déjà anciens surtout, *ne sont pas aux mains de l'Administration*, ou, s'ils y sont, ne révèlent pas, pour le jour même de l'application de la loi, l'*importance* du *capital frappé*. (V. plus bas « Evaluation détaillée ».)

Ainsi que le dit l'Administration « l'évaluation détaillée tient lieu » de l'évaluation détaillée dont parle l'article 27 de la loi du 22 frimaire an VII. Or, comme l'évaluation prescrite par cet article n'a pour objet que de faire connaître, et nous ne parlons ici, bien entendu, qu'au point de vue du *détail* et non de l'estimation en revenu, les biens meubles et les biens immeubles soumis au droit de mutation par décès et *existants au jour du décès*, celle dont parle l'article 3 de la loi de 1880 ne peut avoir non plus pour objet que de faire connaître, *pour le payement de la taxe de 3 pour 100*, les biens meubles et les biens immeubles *dépendant du capital social* EXISTANT *au moment du payement*.

Dépendants du capital social! Tel est le trait distinctif de l'innovation faite à la loi de 1872 par l'*évaluation détaillée*. Elle ne s'applique qu'au *capital social*.

Conséquemment nous maintenons fermement cette opinion :

1° Qu'il n'y a d'atteint par l'impôt et soumis à une évaluation *détaillée* que le *capital social mobilier et immobilier*, qui se trouve *exister* au *moment du payement de la taxe*. Ainsi, par exemple, dans le cas où la taxe aurait porté, en 1882, sur un capital originaire de 200.000 francs, qui, en 1881, se trouverait réduit, par suite des pertes, à 100.000 francs, ce dernier chiffre servirait de base d'évaluation lors du prochain payement, sauf *justifications de droit* à faire. (V. « les cas d'improductivité et de capital en perte », au n° 4 du § 2 du n° 16, « Évaluation » à 5 0/0) ; 2° que les *bénéfices réalisés*, meubles ou immeubles, seront affranchis de toute évaluation *détaillée* et de toute taxe, pendant *toute l'existence sociale*.

Il est entendu que si les évaluations détaillées, celles relatives au capital de formation, sont suspectes de fraude, l'Administration pourra les critiquer par la voie de l'expertise et de tous autres documents tombés régulièrement entre ses mains, qui sont, pour le Trésor public, des *justifications de droit*. (V. n°s 19 à 21, « Moyens de contrôle. »)

En définitive, on voit combien l'interprétation de l'Administration, si elle était acceptée par la jurisprudence, serait contraire au principe de l'égalité devant l'impôt. Les associations religieuses seraient tenues d'évaluer *annuellement tout leur actif social*, tandis que les commandites simples et les sociétés civiles ordinaires (sauf les cas d'improductivité ou de perte de capital) ne sont *annuellement* tenues que de la taxe sur le *capital social ou capital de formation*, et non sur les bénéfices *eux-mêmes* qu'elles ont réalisés.

3. *Évaluation détaillée.*

L'évaluation détaillée équivaut ici à la production d'un *contrat de société* (V. aussi à la précédente page). On doit penser qu'elle a été exigée, parce que l'on prévoyait que les contrats ne seraient point *volontairement* produits par des associations malheureusement trop portées à la résistance en bien des cas, et cela de tout temps. Il est de fait que les gouvernements, et une foule de hauts fonctionnaires de tous ordres, ont gâté certaines associations en ce qui concerne la charge des impôts (1). Ils ont été corrupteurs et les corrompus n'ont pas manqué de corrompre à leur tour. Désordre moral produit par des intérêts d'argent, d'honneurs et de politique!

Si nous critiquons la loi, son esprit et son texte, si nous critiquons l'*Instruction de l'Administration des finances*, son texte et l'esprit qui la pousse, ce n'est certes point pour encourager la résistance contre les *lois d'impôts équitables*. (V. n° 2, « Non distribution de produits », § 1er, « Économie de la loi, » *in fine*.) Nous trouvons bon, en matière politique, de faire de l'opposition même à un gouvernement favori, afin qu'il recule quand il va trop loin, et qu'il aille de l'avant, quand il est trop lent. Il est toujours mauvais que gouvernement, fonctionnaires et contribuables persécutent l'IMPOT, parce que cette persécution, blesse moins le *Trésor public*, que l'intelligence et les bras des citoyens qui payent, sans résistance, la prime de la protection que les lois leur accordent par les mains de l'État.

L'évaluation détaillée des immeubles pourra être ainsi faite :

Le sousssigné, représentant de..., se conformant à l'article 3 de la loi du 28 décembre 1880, déclare que les immeubles faisant partie du *capital social* sont les suivants : 1°, 2°, 3°, etc. (Ou sont ceux compris dans l'extrait ci-joint de la matrice cadastrale. Dans ce cas, faire l'évaluation dans la colonne d'observations. — On doit indiquer la nature, la contenance, le lieu dit et l'évaluation.)

L'évaluation détaillée des meubles pourra être faite ainsi :

Le soussigné, représentant de..., se conformant à l'article 3 de la loi du 28 décembre 1880, déclare que les biens meubles faisant partie du *capital social* sont les suivants : 1°, 2°, 3°, etc. (Evaluation article par article.)

Sociétés ou associations de fait. — Pour ces sociétés dont parle la deuxième disposition du premier alinéa de l'article 3, la désignation devra comprendre, et ce, annuellement, *tous* ses biens, c'est-à-dire tout l'*actif social*. Cette disposition étant une innovation à la loi du 29 juin 1872, tout ce que nous avons dit concernant les sociétés ou associations de droit ne leur est pas applicable. N'ayant point, par leur nature, de *capital social* proprement dit, puisque tout contrat leur fait défaut, ou mieux, fait défaut à l'Administration, leur patrimoine consiste en un *actif annuel*, qui est moins l'actif *social* des sociétés régulièrement constituées, que l'*actif* ou l'AVOIR d'un particulier, d'une famille, d'une succession.

(1) M. Brisson a fait sur ce point de très justes remontrances à la *haute administration* (Voir Tab. alph. *Brisson*.). Il a paru faire aussi des remontrances à la magistrature. Hélas!... Mais, pourquoi donc, dans l'intérêt du peuple contribuable dont il est le serviteur, comme tous ses collègues, ne s'est-il pas élevé contre les innombrables contradictions des décisions judiciaires et administratives qui sacrifient cet intérêt au profit du Trésor public? (Voir le relevé de ces décisions à la Tab. alph.)

PRODUITS PASSIBLES DE L'IMPOT

(I., nº 17, p. 10.)

§ 1er. — Définition du produit.

(I., nº 17, p. 10.)

On remarquera que le numéro 17 est la suite directe du numéro 16 sous lequel l'Administration énumère les divers procédés à suivre pour l'application de la taxe : « délibération des conseils, documents analogues, déclaration, évaluations détaillées, etc. »

Ces différents procédés, dit l'Administration sous le numéro 17, page 13, ont pour but de faire connaître les *produits* passibles de la taxe.

On entend par « produits », dit-elle, selon la législation de 1872 et celle de 1880, « les intérêts, dividendes, revenus ou bénéfices annuels. »

Ils embrassent dans leur généralité, d'après la jurisprudence, toutes les sommes entrées dans la caisse sociale, même à titre de libéralité. (Cass. req. 18 mars 1879; » Instr., nº 2621, § 4. « Affaire de la Pantographie Voltaïque ».)

Par conséquent il faut ranger dans les produits :

Toutes les sommes entrées dans la caisse sociale, à titre de libéralité, quêtes, collectes, aumônes ou dons font partie des produits, dès lors que les sommes ou valeurs qui en font l'objet deviennent la propriété personnelle de la société ou de l'association... et le revenu des biens personnels des membres des congrégations autorisées mis au commun de la maison, lorsque les statuts le prescrivent.

Elle ajoute encore que :

On doit également considérer comme produits toutes les valeurs mobilières et immobilières qui ont été acquises à la communauté ou à l'association au moyen des produits de l'année.

Nous prétendons que l'Administration donne au mot *produits* une extension que ne comportent point le texte et l'esprit des lois de 1872 et de 1880. (V. nº 13 « Déclaration et détermination du revenu. »)

Peut-on, en effet, appeler *produit* et, partant, *intérêts, dividende, revenus ou bénéfices annuels* un don, une quête, une collecte, des revenus *personels*, une *aumône? Une aumône!* Où trouvera-t-on dans les débats de l'Assemblée nationale, aux époques si tristes et si douloureuses de

1871 et 1872, et dans ceux de la Chambre des Députés et du Sénat de 1880 une telle aberration d'esprit? Nulle part.

Nous avons démontré plus haut (n° 16 «Évaluation à 50/0, § 2, principe de la loi du 29 juin 1872 ») que le législateur de 1872, dont M. Magne a été l'éloquent interprète, n'a entendu imposer que la *jouissance* des *capitaux mis en société*, afin de répondre aux vœux du pays qui voulait, lui, que l'on frappât les *capitalistes* qui *jouissent* SANS TRAVAILLER. On a vu que le législateur de 1875 n'a pas voulu, à l'égard des sociétés en nom collectif, imposer le revenu dû au travail *personnel* des associés; on a vu encore que, en 1872, le revenu dû au travail *personnel* du commanditaire était exempté de la taxe.

Dans quels temps sommes-nous donc pour, qu'en présence de cette législation si grande, si libérale, qui nous fait regretter l'Assemblée nationale, le Ministère des Finances se soit autorisé à jeter à la face du pays, qui observe, cette prétention que l'aumône, qui n'est pas le résultat d'une opération *sociale* appliquée au *capital exploitable*, est un *produit* de ce capital, et que le revenu du travail *personnel* d'un membre d'une congrégation autorisée est aussi un *produit* de ce même capital ?

Il y a en lui quelque chose du despote qui tue froidement sa victime, car il va bien plus loin que l'arrêt cité par l'instruction (Pantographie Voltaïque) qui paraît servir de fondement à ces excursions dans le domaine de la *charité* ! (1)

La *jouissance* étant un *produit*, on est obligé de reconnaître que le *produit imposé* n'est qu'un *résultat bénéficiaire des opérations faites sur le capital* SOCIAL. Tout ce qui n'est pas le *fruit* DIRECT de ces œuvres *sociales*, *personnelles à l'être moral société*, n'a pas été dans les prévisions du législateur de 1872.

§ 2. — Sommes données à des actionnaires.

1° PANTOGRAPHIE VOLTAÏQUE — FAITS

L'Administration s'appuie, pour justifier l'extension qu'elle donne au mot *produit*, sur l'arrêt de la Chambre des requêtes du 18 mars 1879 (Affaire de la Pantographie Voltaïque.)

Nous connaissons cette affaire pour l'avoir suivie, non devant le tribunal de la Seine, mais devant la Cour de cassation.

Il s'agissait d'un *don* fait *aux associés*.

La question de droit soulevée par l'administration à l'occasion de cette affaire, et cette même question qu'elle soulève aujourd'hui, au sujet de la taxe imposée aux communautés religieuses, sont tellement importantes, qu'il nous a paru nécessaire de déployer toutes les forces de l'argumentation pour combattre la théorie de l'Administration des finan-

(1) Voyez sous le n° 14 et les nos 19 à 22: Il arrive avec un effrayant bagage de justifications nécessaires et de preuves de droit commun!

ces. C'est pourquoi nous allons passer à l'analyse l'arrêt du 18 mars 1879.

Le jugement du tribunal de la Seine, en date du 22 février 1878, est rapporté à l'article 5156 du Rép. pér. L'arrêt est rapporté à l'article 5210 de ce même répertoire.

Les faits de la cause n'étant pas présentés dans ce recueil avec clarté, nous allons les reproduire ici très exactement.

Pantographie voltaïque. — Le directeur de la société avait été chargé de faire, à ses frais, l'émission des premiers titres de la société. Comme celle-ci s'était constituée pour fabriquer des objets religieux, des objets d'arts et appliquer sur certains métaux les procédés de la pile de Volta, elle rencontra naturellement des ennemis acharnés dans des maisons anciennes ou nouvelles qui servaient la clientèle religieuse. Nous disons *naturellement* parce que, de tout temps, même les commerçants qui font le commerce des choses ayant un cachet religieux, se jettent la pierre. Pour faire le placement des titres, le directeur eut recours malheureusement à des agents plus présomptueux que riches et capables. Il voulut économiser. Il eût infailliblement réussi s'il se fût adressé, dès le début, à des établissements bien posés dans le domaine de la *Bourse*. Cependant, à force d'énergie et de dépenses, il réussit. La société lui *devait une commission de 472.188 francs.* Comment les payer? Point de bénéfices. Fallait-il ébrécher le capital social? Non, c'est un fruit défendu par la loi. On n'y toucha pas. Mais ce directeur voulut que les actionnaires, qui attendaient leur poule aux œufs d'or, reçussent quelque chose, et ce quelque chose, c'était les 472.188 francs *dus* : sa *créance sur la société*. Les actionnaires, ravis de tous points, encaissèrent cette somme. Plus tard, un vérificateur de l'enregistrement se présente au siége social. Il constate ce don. De plus, comme depuis le don, la société avait distribué des bénéfices, et comme la distribution de ces bénéfices résultait des *registres sociaux*, et non *des procès-verbaux des assemblées d'actionnaires,* il fit un relevé des registres et le mit dans son portefeuille, pour s'en servir au besoin. (V. plus bas n° 6, « Relevé de registres sociaux ».)

Sur son rapport, l'Administration réclama à la Société la taxe de 3 pour 100 sur la somme de 472.188 francs. Le directeur fit opposition à la contrainte décernée; puis, dans un second exploit, après avoir exposé les faits, il développa tant bien que mal ses arguments. Il en dit assez cependant pour que l'Administration et le Tribunal pussent se convaincre que cette somme n'était pas un *réel produit de la Société.*

2° JUGEMENT

Voyons ce que dit le jugement, abstraction faite de plusieurs considérations qui sont étrangères à la question de droit fiscal que nous avons en vue ici. Il s'agit de savoir uniquement si la taxe devait porter sur les 472.188 francs.

Que la circonstance invoquée par la Pantographie Voltaïque de l'abandon, par un Protecteur de la société, d'une somme de 472.188 francs qui aurait contribué à former l'excédent de l'actif sur le passif, ne peut d'ailleurs modifier le caractère de *bénéfice* que comporte cet excédent ; qu'un *avantage gratuit* fait à une société est un élément de *gain*, dont la distribution aux actionnaires n'est point affranchie de la taxe du 3 pour 100 établie par la loi du 29 juin 1872.

Nous démontrerons que *l'avantage* n'a *pas été fait* à la SOCIÉTÉ, *personne morale*, mais *aux Actionnaires.*

3° RAPPORT DE M. DARESTE — ARRÊT

La Société s'est pourvue en cassation. M. Dareste, conseiller rapporteur, a conclu au rejet du pourvoi.

Après avoir constaté qu'il résultait des délibérations que la somme donnée, « jointe aux bénéfices réalisés par la Société, avait aidé à servir les *intérêts statutaires*, sans toucher au capital social », après avoir constaté que les délibérations considèrent cette somme comme un *bénéfice*, M. Dareste s'exprime ainsi :

Mais, dit le pourvoi, la somme distribuée à *titre d'intérêt* n'était pas un *produit de l'activité sociale*; c'était un *don*, une *libéralité* faite par un *tiers*. Nous ne croyons pas que cette objection puisse vous arrêter longtemps. Quelle que soit l'origine de la somme dont il s'agit, *elle est entrée dans la caisse de la société,* elle est devenue un élément de l'*Actif social.* Elle constitue dès lors un *bénéfice*, un *gain*, dont la *distribution* justifie la perception de l'impôt. Vous venez de voir que tel est le *langage* employé par le Conseil d'administration lui-même qui, *dans les comptes,* a fait figurer comme *bénéfice* la somme abandonnée par Mgr Pillon. C'est donc vainement que le pourvoi s'efforce de faire considérer cette somme comme étant en dehors des comptes *sociaux.*

Nous démontrerons que la somme n'est pas « entrée *dans la caisse de la société.* »

Nous ne disons pas que les termes employés dans les délibérations ne prêtent pas le flanc à l'argumentation du Rapporteur qui vise, en effet, le mot *bénéfice*. Mais, comme il ne s'agit pas ici de ce qui s'est dit ou écrit, ni d'une rédaction plus ou moins bien soignée ou habile, et qu'il s'agit uniquement de prouver, qu'en fait et en droit, la somme donnée est ou *n'est pas entrée dans la caisse sociale*, peu importent ces termes et le rôle joué par la somme dans les *écritures sociales*, et dans les *délibérations destinées à recevoir le jour de la publicité.*

Si nous démontrons que cette somme *n'a pu entrer* dans la *caisse sociale*, et être, par suite, *encaissée par les actionnaires*, *à titre de* DISTRIBUTION SOCIALE, la *seule* visée par le législateur de 1872 et par le décret du 6 décembre de la même année, nous aurons atteint le but de nos efforts, à savoir que la taxe n'était pas exigible et qu'elle est restituable.

Quand nous aborderons la question de savoir si un agent de l'Administration a le droit de faire un *relevé des registres sociaux* dans le but de réclamer la taxe, nous verrons si M. Dareste, en réponse à la Société qui prétendait avoir réalisé des bénéfices et *ne les avoir pas distribués en vertu d'une délibération*, pouvait s'autoriser de *certains termes* d'une délibération, pour AFFIRMER que la *mention de distribution était expresse.* (Voir ci-après le texte de cette délibération.)

Arrêt. — Qu'en fait cet intérêt de 6 pour 100 a été payé; que si la Société n'a pu effectuer ce payement que grâce au don d'une somme considérable qui lui a été abandonnée par un tiers, il n'en est pas moins vrai que cette somme est *entrée dans la caisse sociale* et qu'elle a dû figurer dans les comptes comme un *bénéfice*, et qu'en le décidant ainsi, le jugement attaqué n'a violé aucune loi.

On le voit, c'est toujours la question de savoir si la somme donnée *est entrée dans la caisse sociale.*

Quant aux pièces visées par le jugement, nous y reviendrons en traitant la question de *distribution expresse résultant des délibérations* et des *agissements de l'agent qui a fait un relevé d'écritures sociales.* (Voir ci-après le texte et relevé des registres sociaux.)

4° OPINION DE GARNIER

Enfin, que dit le rédacteur en chef du Répertoire périodique de l'enregistrement ?

Il dit que :

La Chambre des requêtes répond avec raison que cette valeur, étant *entrée dans la caisse de la Société*, est devenue un élément de l'actif social et constitue dès lors un gain véritable.

Dans ses observations au sujet de cette affaire, nous trouvons des définitions que nous avons déjà faites sur le capital social, l'actif social et les bénéfices. Nous croyons devoir rapporter ici ces observations pour fortifier nos critiques générales.

Bénéfices. — 1° Cour de cassation (af. Demachy et Sellière), Rép. pér. n° 5146 :

Il n'y a dans le fonds social que deux éléments : d'une part, les biens apportés, et, d'autre part, les *bénéfices*. Tout ce que possède la Société et qui ne provient pas des mises a le caractère de profits. (V. « Capital social, actif social et bénéfices », § 3, n°s 1 et 2 du n° 16. « Evaluation à 5 0/0 ».

2° On lit dans le *Traité des sociétés de M. Dalloz,* n° 384:

Les bénéfices comprennent la différence qui existe entre la valeur du *fonds social* au moment où la Société a commencé, et cette même valeur à un moment donné de sa durée.

3° C'est également la définition de Pardessus (t. IV, n° 384, Duvergier, n°s 999, et P. Pons, n° 428) :

Il y a *bénéfice*, enseigne ce dernier auteur, lorsque, comparaison faite au jour de la formation de la Société avec *l'ensemble des valeurs sociales au moment de la liquidation,* on trouve une différence en plus, un excédent. Cet *excédent*, sauf, bien entendu, déduction des frais de gestion et des dettes communes, *constitue les bénéfices réalisés, le profit auquel chaque associé a le droit de participer.*

Par conséquent, ajoute le rédacteur du Rép. pér., ce ne sont pas seulement les biens *réalisés* par les opérations *sociales* qui constituent un profit, ce sont aussi les valeurs qu'elle acquiert à un *titre quelconque* pendant son existence et aussi bien les acquisitions *gratuites* que les autres.

Cette déduction tirée de la définition faite par M. P. Pons ne résout pas notre difficulté. Lorsque cet auteur parle de *bénéfices*, « *il y a bénéfice*, » il n'a en vue que les bénéfices SOCIAUX pour la poursuite desquels la Société s'est formée, soit les bénéfices qui font *l'objet* de l'association (art. 1832, C. c., voir son ouvrage). Or, comme les *dons* ne peuvent faire *l'objet* d'une société, parce qu'ils ne sauraient entrer dans les *spéculations commerciales* sans blesser l'ordre moral et *violenter la liberté individuelle dans ses manifestations*, on ne peut pas présumer que ce ou ces jurisconsultes éminents aient voulu faire entrer, dans leur définition du mot *bénéfices*, des biens acquis à titre de *libéralité*.

Si la somme *donnée* entre dans la caisse sociale, elle n'est pas un *gain*, parce qu'elle n'*est pas gagnée;* elle n'est pas un profit, parce qu'elle ne provient pas d'*actes de commerce*. Si elle y entre, et dans l'espèce elle n'y entre pas, puisque c'est cette même caisse qui en est *débitrice*, elle n'en *sortira* qu'avec son *caractère propre*. Au surplus, si l'on veut bien se référer au commentaire que nous avons fait de la loi du 29 juin 1872 (nº 16, « Évaluation à 5 pour 100, » § 2), on se convaincra que le législateur n'a entendu frapper que les *bénéfices dont parle le Code civil* (art. 1832), et dont les auteurs précités ONT DU seulement parler. Il est certain que si l'on eût demandé à l'un d'eux quel caractère pouvait avoir la valeur d'un don dans l'actif social, il aurait répondu qu'il avait uniquement ou le caractère d'une *augmentation d'apport*, si la Société eût été en nom collectif, ou le caractère d'une *libéralité directe* aux actionnaires, si la Société eût été par actions, bien que sa *valeur*, pour arriver aux mains de ces derniers, dût être *passée dans les écritures sociales*. Cette question n'a jamais été posée, et si elle eût été posée, peut-on penser qu'il y aurait eu *unanimité* dans le sens de l'affirmative, comme paraît le penser le rédacteur du Répertoire périodique. Non, tant la morale publique et l'ordre public sont hostiles à un pareil état de choses.

On le voit, au lieu de venir en aide à la Jurisprudence du tribunal de la Seine, de la Cour de Cassation, à la doctrine de M. Dareste et à celle de l'Administration, l'opinion émise par Garnier et les définitions sur lesquelles il l'appuie sont une arme que nous retournons contre lui, et contre ce passage de l'instruction : « Ils embrassent (les produits) dans leur généralité, d'après la *jurisprudence*, toutes les sommes entrées dans la caisse sociale, même à titre de libéralité. »

Et cette arme nous la retournons avec tellement de force que nous démontrons, qu'en fait, la somme n'est jamais *entrée dans la caisse sociale*, par le motif qu'elle était une *créance* du bienfaiteur sur la *Société*.

Le jugement du tribunal de la Seine est révoltant.

Le rapport de M. Dareste et l'arrêt de la Cour sont révoltants sur tous les points.

Ce qui nous frappe dans les observations du Répertoire périodique, c'est de voir un homme profondément versé dans les études du droit fiscal, prêter l'appui de son talent à des décisions qui froissent les principes les plus élementaires du droit civil. (1)

(1) M. Brisson a crié contre la magistrature. Nous nous révoltons contre elle, quand elle rend de semblables décisions.

5° FONDS DE LA QUESTION

Pénétrons maintenant au fond de la question.

La loi fiscale atteint les *produits* de l'action. L'*action* (1) étant un *droit de propriété* sur une *fraction du capital social*, et, partant, le capital même, elle recevra, des mains de la *personne morale*, ce qu'elle aura produit activement ou passivement; si c'est activement, le produit prendra le nom « d'intérêt, ou de dividende, ou de revenu ou de bénéfices. »

Si le produit est un *intérêt*, ce sera le prix du placement du capital. L'actionnaire sera un bailleur de fonds;

Si le produit est un *dividende*, ce sera une partie des bénéfices réalisés par le capital et à répartir proportionnellement au nombre de divisions du capital, ou actions, que chaque bailleur de fonds aura;

Si le produit est un *revenu*, il sera, pour l'actionnaire, le *fruit général* de son placement de fonds, car il arrive souvent que dans le dividende est compris l'intérêt;

Si le produit est un *bénéfice*, il prendra le nom de dividende, s'il est *distribué*.

En définitive, il n'y a qu'un produit, c'est le *bénéfice*. C'est donc le bénéfice que les lois de 1872 et 1880, avec des appellations diverses, *enserrent dans un texte dont il ne faut pas sortir.*

Voyons si la somme donnée par le *directeur* de la *Pantographie Voltaïque* est un *bénéfice* qui comporte une de ces *appellations*.

Elle n'est pas un *intérêt*, puisqu'elle n'est pas le prix d'un placement d'un *capital qui n'existe pas*.

Elle n'est pas un *dividende*, puisque, n'étant pas *réalisée par le capital-action*, elle n'est pas *à partager, à diviser*.

Elle n'est pas un *revenu*, puisque le revenu est le *fruit général* d'un placement de fonds, et que l'actionnaire, qui le reçoit, n'a fait d'*autre placement que celui représenté par son* CAPITAL-ACTION.

Le revenu est un *effet* qui a une *cause* : un capital. Ici, il n'y a *ni cause, ni effet.*

On fait l'amône à un pauvre. Le pauvre ne peut pas dire qu'il a perçu un *revenu*, puisqu'il *ne possède rien*.

La Société est, supposons-le, en *mauvaise fortune* et l'action ne vaut que 10 francs. C'est là tout l'*avoir* de l'actionnaire. Cet actionnaire reçoit la deux millième partie d'une somme de 472.188 francs, soit 236 francs. Dira-t-on que, le jour de l'encaissement, il a *touché un revenu de 236 francs?* Non, puisqu'il sera dans la situation du pauvre. Ces 236 francs, en effet, seront sans cause *sociale*, soit sans *capital*. C'est le tiers bienfaiteur, ou le *bienfait* qui sera la *cause*, et c'est la somme donnée qui sera l'*effet*.

La société, personne morale, est propriétaire du capital social et des bénéfices. Les bénéfices, mis en distribution par elle, constituent une *dette sociale*. Si elle *n'a pas de bénéfices*, et qu'elle remette les 236 francs, elle ne payera pas une *dette sociale*, puisque l'on ne paye des dettes qu'avec

(1) Voir Tab. alph. au mot *Actions*.

des *bénéfices*. Or, dans l'hypothèse, s'il *n'y a pas de bénéfices*, cette *dette n'existera pas*. Le *payement* qui a été fait par la société à l'actionnaire, qui n'est pas son créancier d'un bénéfice, est donc *un effet sans cause*. Alors il faut rechercher la *cause du payement*, et on la trouve uniquement dans l'*acte de libéralité en faveur de l'actionnaire*. La quittance de l'actionnaire *ne libère pas la société*, puisque la société n'a pas de *dettes envers lui*, qui *n'est pas encore un tiers pour elle*. La société n'a agi, dès lors, que comme intermédiaire, et, *en agissant ainsi*, *elle s'est libérée envers son créancier*, Mgr Pillon. « Le directeur, le bienfaiteur a donc tout simplement *subrogé* le malheureux actionnaire à son lieu et place. Par conséquent la *subrogation suivie de payement* n'a fait apparaître que la *libération du débiteur de la somme* de 472.188 francs.

Nous croyons que ce dernier argument est sans réplique.

Où est donc alors le *prétendu produit*, le prétendu *revenu réalisé* et le prétendu « bénéfice » distribué par la société? Il est dans le néant, quoique le mot bénéfice soit écrit dans le texte de la délibération.

Le lecteur comprendra que nous ne prendrons pas la peine de discuter maintenant sur les pointes d'épingles de M. Dareste, ni sur les déductions du rédacteur du « Répertoire périodique de l'enregistrement ». On voit suffisamment, en rapprochant les *faits* des *jugements* et *arrêts*, et en élaguant toutes les critiques faites sur la rédaction des délibérations, que la somme donnée n'est jamais *entrée dans la caisse sociale* comme *bénéfices* passibles *de la taxe*. On voit que si la somme de 472.188 francs *est sortie de cette caisse*, c'est comme *dette sociale envers un tiers*, que ce tiers s'appelle Mgr Pillon, Pierre ou Jacques, et non comme *dette sociale envers les actionnaires*. C'est, en définitive, le *créancier qui est payé*!

Après une telle démonstration, l'Administration pourra-t-elle affirmer longtemps que *les produits embrassent dans leur généralité* d'après la JURISPRUDENCE, toutes les sommes entrées dans la caisse sociale, à quelque titre que ce soit, même à titre de libéralité?

Vaine prétention! On dirait à l'entendre parler de *jurisprudence* qu'elle a en faveur de sa thèse des *monuments* de jurisprudence. Elle n'a que l'arrêt précité basé sur quelques grains de sable mal gâchés.

Dans l'affaire de la Pantographie voltaïque, la jurisprudence est tombée dans une erreur *de fait* et *de droit*. Il y avait libéralité, mais la somme donnée n'est pas entrée dans la caisse sociale, par cette circonstance, qui n'a été prévue par personne, même par nous avant l'arrêt, que la cause faisait ressortir un don et l'*exécution d'un traité qui engageait la société*. L'arrêt n'a donc aucune valeur doctrinale Il accuse sans doute une tendance à considérer le don comme un produit. Mais la Cour ne s'est pas catégoriquement exprimée sur ce point. Elle s'est laissée entraîner par des circonstances *de fait et de présomption de fraude* tirée de la rédaction plus ou moins claire ou plus ou moins habile des délibérations du Conseil d'administration, et par cette autre circonstance que, dans les sommes payées aux actionnaires, il y figurait des bénéfices réels attestés par le relevé des registres sociaux fait par le vérificateur. Ces circonstances ont exercé une telle influence sur son esprit que, bien qu'il n'ait pas été possible de reconnaître une *distribution expresse de bénéfices*, comme l'entend la loi, elle s'est déterminée à reconnaître une distribution dans le passage suivant :

« Laissé à la disposition du Conseil d'administration pour continuer les travaux de la cité ouvrière, pour frais de propagande *ou toute autre chose qu'il jugera convenable* : 372.270 fr. 75.

Ce sont ces derniers mots, que M. Dareste a soulignés, qui ont enlevé la décision. Où est la *distribution expresse?* On ne la trouve pas. Donc la loi a été violée par la Cour.

Ainsi donc, l'Administration n'est pas bien venue à représenter le législateur de 1880 comme s'étant inspiré « des règles d'interprétation admises et consacrées par la jurisprudence au sujet de la loi de 1872. » A part le jugement et l'arrêt isolés que nous avons cités, on ne voit pas de décision rendue sur la matière qui nous occupe. C'est donc là une consécration bien précaire et qui ne tiendra pas devant les résistances des congrégations, quand on viendra leur dire que l'*aumône* est un *produit.*

6° RELEVÉ DE REGISTRES SOCIAUX

La question de principe étant épuisée, voyons si, comme nous le disions plus haut, et comme nous venons de le dire, la Cour a violé la loi en s'appuyant sur le passage ci-dessus de la délibération : *Ou toute autre chose qu'il jugera convenable*, 372.270 fr. 75.

La loi et le décret de 1872 disent formellement que le revenu, pour les actions, est « *fixé* par les *délibérations*, et que la taxe est perçue sur les revenus « *distribués* ». D'un autre côté, l'Instruction de l'Administration dit, page 8, n° 10, en visant les *Actions* :

Le revenu est déterminé, par les actions, par le dividende *fixé* d'après les délibérations... (Loi de 1872).

Les documents visés par la loi du 28 décembre 1880 sont identiquement les mêmes que ceux de la loi du 29 juin 1872... Les sociétés n'ont d'autres *justifications* à fournir que la remise d'un extrait de la délibération, du compte rendu ou du document qui le remplace (documents analogues), ainsi qu'il est réglé pour l'application de la loi du 29 juin 1872.

Le vérificateur a fait un relevé des registres sociaux desquels il résultait que des dividendes avaient été distribués.

Il a abusé de son droit d'investigation, puisque la loi a prescrit que *seuls*, *l'extrait de délibération* ou le *compte rendu déposé* au bureau, dans les 20 jours de sa date, doivent *servir de base à la perception*. La délibération, produite aux débats, ne dit pas *expressément* qu'il a été distribué tant. Elle dit ce que l'on vient de lire. La délibération n'a pas reellement « *fixé* » de dividende à distribuer. M. Dareste et la Cour ont donc violé la loi en prenant pour *base* et ce *relevé* et ce *passage* de la *délibération*. L'arbitraire du vérificateur a amené ce résultat déplorable, et l'on peut affirmer que l'arrêt rendu est un arrêt *ab irato* (1).

(1) On parle de réprimer les fraudes! Mais, ne sait-on donc pas qu'elles sont le plus souvent engendrées par des lois d'exception, par des lois oppressives, par l'arbitraire administratif, par les passions politiques des législateurs, par des intérêts personnels, par des faits inexactement rapportés, par des interprétations erronées, par le peu de respect pour les grands principes, par des études peu approfondies, etc.? Les *fraudes*, de même que les Révolutions, sont le produit de *Vengeances accumulées !*

§ 3. — Sommes données à des sociétés.

En admettant même que la Cour de cassation eût nettement décidé que le montant d'un don fait à la *personne morale société* est un produit soumis à la taxe, s'il est distribué, nous prétendons qu'elle est dans l'erreur.

Posons la question suivante :

Les sommes et valeurs données à la *société elle-même* telles que « quêtes, collectes, aumônes, dons » sont-ils des produits passibles de la taxe? Non, parce qu'ils ne sont ni un *intérêt*, ni un *dividende*, ni un *revenu*, ni un *bénéfice*, ainsi que nous l'avons démontré plus haut, au sujet de la somme donnée par le Directeur de la Pantographie Voltaïque à des actionnaires.

Elles ne sont pas un gain, un profit commercial, un produit acquis au moyen du travail personnel des membres de la société ou de l'association, ni au moyen de l'association de capitaux. Les quatre sortes de produit, ou mieux d'appellations ci-dessus, sont le résultat d'un travail appliqué au capital social. La taxe de 3 pour 100 protège le travail social, et le législateur de 1872, dont nous avons fait connaître l'esprit large et généreux, n'a pas pu imposer *l'aumône* faite à une société pour la répartir entre ses membres.

Toutefois il y a une distinction à faire.

Si une somme est donnée à une société, et que cette somme *ne soit pas due au bienfaiteur par la société*, comme dans le cas de la Pantographie Voltaïque, la question à résoudre change de face. Dans ce cas, la somme entre bien « *dans la caisse sociale* » pour s'y confondre avec les autres valeurs. Si la délibération, qui fixe le dividende à distribuer, n'indique pas que, dans ce dividende, est comprise la somme donnée, il n'est pas douteux que la taxe sera due, parce que le dividende apparaîtra comme un produit *social*, comme une *jouissance du capital*. Alors, satisfaction sera donnée au *principe* de l'impôt. Mais si la délibération ou compte rendu, où figurent le bilan et le compte des profits et pertes, comprend *nominativement* la somme donnée ou l'aumône parmi les valeurs à distribuer sous *forme de dividende*, la taxe ne sera pas due, parce que *l'énonciation* du montant de l'aumône ou de la somme donnée *suffira* pour expliquer que, si elle est *entrée dans la caisse sociale*, elle en sort, selon les intentions du donateur, avec *sa qualité de libéralité*, et non avec la qualité de *bénéfices sociaux* ou *produit du capital*. Dans ce cas, en effet, le principe ci-dessus ne s'imposera pas. Quand on fait un don ou une aumône à une société, il y a la *condition de ne pas la conserver*, soit de ne pas lui faire courir les *risques de l'entreprise*. La conserver, ce serait aller *contre le but même de la libéralité*. Si la condition n'est pas expresse, elle est nécessairement sous-entendue. Eh bien ! c'est cette *condition qui domine dans le compte rendu ou dans la délibération*. On doit en conclure que la société *n'a pu distribuer*, dans le sens donné à ce mot par la loi, quand elle a dû *forcément se dessaisir du don*, et que si, en principe, l'administration n'a point à considérer *l'origine* des sommes qui sortent de la caisse sociale pour entrer dans le patrimoine des associés, elle a, dans notre cas spécial, le *devoir de tenir compte* de *l'origine*, puisqu'on *la lui fait régulièrement connaître*. Si, par exemple, comme nous venons de le dire quelques lignes plus haut, la délibération a compris le *don dans le dividende*, sans énoncer que le montant du don figure dans *le chiffre à distribuer*, et que la taxe ait été perçue régulièrement sur ce chiffre, l'Administration pourra, si la société réclame le remboursement de la taxe perçue sur le don, opposer son argument et dire avec une juste raison : « Je n'ai pas à considérer *l'origine* du produit distribué », voulant dire par là qu'elle n'a pas mission, puisque la *société n'a pas elle-même fait connaître l'origine*, d'aller au siège social s'assurer de l'état de choses. La délibération, c'est son titre de recouvrement : tant pis si ce titre reste muet sur *l'origine*.

§ 4. — Produits autres que des biens donnés.

Faut-il ranger dans les produits :

1° Les fruits naturels ou civils des biens appartenant à l'association ?

2° Le résultat du travail et de l'industrie des membres, en quoi qu'ils consistent et de quelque manière que ce travail ou cette industrie s'exerce ?

3° Le revenu des biens personnels des membres des congrégations autorisées, mis au commun de la maison, lorsque les statuts le prescrivent ?

4° Doit-on également considérer comme des produits, toutes les valeurs mobilières et immobilières qui ont été acquises à la communauté ou association au moyen des produits de l'année ?

Et nous, faut-il que nous contemplions en silence cet arsenal d'un arbitraire et d'un despotisme dont l'histoire, depuis les temps atroces de l'*Inquisition*, ne nous a jamais fourni un exemple aussi frappant ?

1° FRUITS NATURELS ET CIVILS

1° Les *fruits naturels ou civils* des biens appartenant à l'association sont-ils un produit? L'Administration répond : oui.

Ouvrons d'abord le Code civil.

Les fruits naturels sont ceux qui sont le produit spontané de la terre. Les fruits industriels d'un fonds sont ceux qu'on obtient par la culture. (C. c., 547, 583.)

Les fruits civils sont les prix des baux à fermes, de loyers de maisons, les intérêts de créances, des rentes, etc. (C. c., 586, 1905, 1909, 1980.)

Ces fruits sont-ils un *produit* au point de vue de l'impôt ? Telle est la question.

Si nous répondions affirmativement, nous tomberions dans la définition qu'a donnée l'Administration, et nous reconnaîtrions, comme elle, qu'il est « intérêt, dividende, revenu ou bénéfice annuel. »

Mais nous répondrons négativement par la raison que la pomme qui tombe de l'arbre, que l'épi moissonné, que le loyer d'une maison et que l'intérêt d'une créance ne peuvent prendre, au regard de l'impôt, l'appellation de revenu, d'intérêt, de dividende, pas plus que la somme donnée ou l'aumône reçue.

Le prix de la pomme, le prix du gain, le montant du loyer et de l'intérêt tombent dans l'*actif social*. Ils deviennent *bénéfices*. Mais, puisqu'ils ne *doivent pas être distribués* ni comme revenu, ni comme dividende, ainsi que cela est prévu par la première disposition de l'article 3 de la loi du 28 décembre 1880, la taxe ne portera que sur le 5 pour 100 du *capital social* ainsi que nous l'avons déjà démontré bien des fois. A quoi bon alors la longue énumération des prétendus produits du n° 17?

A quoi bon? Voyez l'œuvre souterraine et vous trouverez le filon que l'on poursuit. L'Administration connaît le capital social immobilier. Le fisc n'a pas encore franchi le seuil du siège social, ni passé en revue les meubles, les papiers administratifs, les papiers domestiques et les titres. Il lui faut le capital *mobilier*, tout l'actif social. Il lui faut *annuellement* l'inventaire *social*, le *bilan*, le compte des *profits et pertes*, afin que l'*Initiative parlementaire* forge de nouvelles chaînes et fasse doubler aux associations le *cap des tempêtes!* (V. n°s 19 à 21, « Moyens de contrôle, expertise de meubles, la porte des associations. »)

2° RÉSULTAT DU TRAVAIL PERSONNEL.

Les résultats du travail et de l'industrie de ses membres, en quoi qu'ils consistent, et de quelque manière que ce travail ou cette industrie s'exercent, sont-ils des produits?

L'Administration répond : oui.

Il faut, pour répondre à cette question, bien préciser les situations.

S'il s'agit d'un travail que l'association, par les bras ou par l'intelligence de ses membres, s'est imposée pour atteindre l'*objet* qui était en vue lors de sa formation, il est certain que les résultats de cette collaboration commune seront un *produit* dans le sens de la loi civile et de la loi fiscale. Mais il y a deux résultats possibles dans les associations religieuses : le résultat matériel ou le résultat moral. L'Administration ne court pas après ce dernier, cela n'est pas douteux. Il est insaisissable par l'impôt. Elle court vers le premier : celui-là seul sera donc pour elle un produit. Nous reconnaissons qu'il sera soumis à la taxe s'il est distribuable, et nous avons démontré que, s'il n'est pas distribuable, en vertu d'une prohibition formelle des statuts, ce sera sur le 5 pour 100 du capital social que la taxe devra porter.

S'il s'agit d'un travail ou de l'industrie *particulière*, d'un membre de l'association, la solution ne sera pas la même. Le résultat obtenu, s'il est versé dans la caisse sociale, devra être considéré comme un don fait par un tiers, soit à l'association, personne morale, soit aux autres membres de l'association pour les motifs que nous avons donnés plus haut en parlant de la « Pantographie Voltaïque ». Il ne sera pas un produit. Si l'association *peut* distribuer ces produits, et les distribue, il faudra percevoir la taxe toutes les fois que la délibération ne fera pas connaître l'*origine* du produit. Mais, si elle la fait connaître, la taxe ne sera pas due. Si elle ne *peut pas* distribuer, plus de difficulté : y aurait-il dans la caisse sociale des millions acquis d'une manière ou d'une autre, le 5 pour 100 sera la base de la perception. (V. au sujet des résultats de travail particulier, le troisième alinéa du numéro suivant. — V. n° 16, « Évaluation à 5 0/0, » § 3, n° 2, « Meubles ».)

3° REVENU DES BIENS PERSONNELS

Le revenu des biens personnels des membres des congrégations autorisées mis au commun de la maison, lorsque les statuts le prescrivent, est-il un produit?

L'Administration répond : oui.

Ici, il s'agit, comme on le voit, d'une association religieuse *autorisée.* Il est difficile d'entrevoir au premier coup d'œil, dans ce laconisme, pourquoi l'on vise les congrégations *autorisées. L'autorisation* ne pouvant exercer d'influence sur le mode de conformation de ces associations, sur l'*objet* qu'elles veulent poursuivre, nous ne voyons pas de différence entre les conventions que peuvent librement stipuler leurs membres et celles que les associations non reconnues peuvent stipuler aussi dans la sphère de leur liberté. A part l'autorisation, toutes ces associations se forment dans un but déterminé, soit pour produire des résultats matériels et servir Dieu en même temps, soit pour produire exclusivement des résultats moraux à employer au service de Dieu. Du reste, peu doit nous importer le cas de l'autorisation, puisque, nous trouvant en présence d'une loi fiscale qui atteint aussi bien la congrégation autorisée que celle non autorisée, nous n'avons qu'à examiner la question de savoir si, autorisée ou non, l'association, pourvue d'un contrat de société, est imposable sur ses revenus et sur le revenu de l'un de ses membres.

Avant de répondre à la question posée, nous croyons devoir revenir sur la question précédente, relative aux *résultats du travail personnel.*

Puisque, d'après l'instruction, le *revenu des biens personnels* des membres d'une congrégation autorisée doivent être considérés comme des *produits*, quand les statuts en prescrivent le versement au commun de la maison, on doit, par contre, pouvoir dire que : lorsque le versement de tels revenus ne sont pas obligatoires, ils ne sont pas des produits.

Nous prétendons que l'on doit dire de même des *résultats du travail* ou d'une *industrie* PARTICULIÈRE, autre que le travail ou l'industrie considérés comme *apport* ou *mise sociale*, par le motif que nous avons donné au deuxième alinéa du n° 2 précédent, motif sur lequel nous revenons.

Dans le premier alinéa, le *travail personnel* est considéré comme un *apport.* Si cet apport donne des *produits,* la taxe est due. C'est entendu.

Mais si, à côté du *travail apporté*, le membre de la congrégation se livre, avec ou sans autorisation des statuts, avec ou sans autorisation du directeur ou de l'administrateur de la société, à un travail tout particulier, à une industrie toute particulière, telle que collection de livres, de plantes, de monnaies, de menues fabrications, etc., nous prétendons que ces *résultats* ne seront pas un *produit* pour la société.

Il ne faut pas croire que tous les membres d'une association religieuse, que tous les membres d'une association laïque vouée aux œuvres de charité ne conservent pas devers eux un petit patrimoine. Ils ont de l'argent, un mobilier, une bibliothèque, quelques objets précieux dont ils peuvent disposer à leur gré. En général, ils apportent toute la partie de leur fortune susceptible de produire des revenus. Mais, en général aussi, ils se réservent certaines choses qui, si elles ne font pas toujours l'embellissement de leur demeure, y font le plus souvent la joie. On n'est pas seul quand on a des livres, des collections, des tableaux, quelques meubles et des outils. Ce qui est *domestique* ne s'*apporte* pas. Si l'on se retire de la société, si l'on en est exclu ou expulsé, on fait suivre avec soi sa petite maison, son foyer. Tout n'est pas perdu.

N'allez donc pas dire, hommes à qui les passions politiques ôtent toute réflexion, que la collection de plantes que j'ai faite avec ou sans autorisation, est un résultat bénéficiaire, un produit de l'association. De ce que je me trouve engagé par des liens religieux ou autres, ma liberté n'est pas complètement aliénée. Je ne dois à l'association que le travail que j'ai apporté, *travail déterminé*. Si je fais un volume dans mes veilles ou mes loisirs de jour, ce volume est à moi, sa valeur est à moi, vous n'avez rien à voir ni à avoir dans un travail personnel, ni dans mes biens personnels.

Nous voilà naturellement amené à répondre à la question posée :

Les revenus des biens personnels... sont-ils un produit ?

Prenons un exemple.

Un membre d'une congrégation autorisée, qui a fait apport de son travail et de son industrie, possède une créance de 10.000 francs et un immeuble de 100.000 francs dont l'intérêt et le revenu doivent être versés au commun de la maison, en vertu d'une disposition des statuts. Ce versement a lieu annuellement. L'Administration prétend que c'est là un produit passible de la taxe.

Cette prétention ne saurait être admise d'une manière absolue.

Au premier abord, on remarque que si la somme versée est un revenu pour ce membre, elle ne peut être en même temps un revenu pour la société qui la reçoit. Que l'on se figure une congrégation autorisée le 1er janvier 1882, et que, le 10 janvier, un membre adhérent s'oblige, conformément aux prévisions des statuts, à verser à la Caisse ou au commun de la maison l'intérêt et le revenu en question. On viendra lui dire que c'est là un produit. Déjà, au bout de dix jours ? Ce sera fort comique.

Si la somme versée était, avec l'apport industriel, un apport réel, le membre serait un associé véritable, puisque l'on peut mettre en société la jouissance d'un bien. Dans cette situation il n'y aurait pas de différence entre ce membre et celui d'une congrégation non autorisée qui se trouverait, statutairement, dans les mêmes conditions d'apport. Il n'en existerait même pas pour la perception des produits réalisés par les apports. Le premier n'en percevrait pas, parce que les congrégations autorisés ne peuvent jamais en distribuer, le second n'en percevrait pas non plus, puisqu'il serait membre d'une congrégation non reconnue qui, statutairement, ne doit pas en distribuer. Or, comme dans les deux cas, la taxe serait due sur le 5 pour 100 du montant des apports, on ne voit pas clairement le motif pour lequel le membre d'une congrégation autorisée est seul visé dans la question ci-dessus, puisque, de même que ce dernier, le membre d'une congrégation non reconnue peut être soumis à la même obligation de versements.

Quoi qu'il en soit, et telle que cette question est posée, il est évident que la somme à verser ne peut pas être considérée à la fois comme un apport ordinaire et comme un produit d'apport.

Elle est un apport ou un produit. Si elle est un apport, la taxe sera due sur le 5 pour 100 de la valeur ainsi que nous venons de le dire. Si elle est un produit, comme le pense l'Administration, elle ne pourra pas être le produit d'un apport, puisque le membre qui la verse annuellement n'aura réellement apporté que son travail industriel.

Alors toute la difficulté réside en ceci: Que peut-elle être, puisqu'elle n'est pas un produit? on voit que nous effleurons la question traitée sous le n° 3 ci-dessus : *Sommes données à des sociétés.*

Puisque, quant à cette somme, le membre n'est pas un *associé*, il faudra bien qu'il se soit engagé à un titre quelconque. S'il ne fait pas le versement, il faudra bien qu'en exerçant contre lui des poursuites, on lui reconnaisse le titre que lui confère la nature de son engagement.

Comment baptiser la disposition des statuts qui l'oblige, lui membre d'une société, à aliéner indéfiniment certains de ses revenus personnels? C'est là une question de droit civil et d'enregistrement que l'on ne saurait résoudre qu'en ayant les statuts sous les yeux.

Il est de fait qu'il s'est opéré une transmission qui accroît annuellement l'actif social considéré dans son élément bénéficiaire. Si la transmission s'opère à titre gratuit et sans charges, il faudra décider comme pour les sommes données à des sociétés (V. § 3 ci-dessus). Si la transmission s'opère à titre gratuit avec charges, à titre onéreux sans expression de prix mais avec charges, la somme versée deviendra un produit en remplacement de la valeur des charges. Ce sera là une opération *sociale*, et la somme sera un produit. Mais si la taxe porte sur ce produit, elle ne devra pas porter en même temps sur la valeur de la charge. (V. n° 18, « Déductions »). Il importe donc beaucoup, comme on le voit, d'examiner quel est, au point de vue de l'actif social, le résultat économique de la stipulation.

Pour trancher la question ci-dessus, il n'est qu'un seul moyen, c'est de soutenir, comme nous l'avons fait dans tout le cours de cet ouvrage, que la taxe ne porte que sur le 5 pour 100 du capital social, dit originaire ou de formation. Les textes législatifs sont là. L'instruction du Ministère des finances, sorte de labyrinthe sans fil conducteur pour les sociétés, ne saurait prévaloir contre eux. (V. le n° 4 suivant).

4° VALEURS ACQUISES AVEC DES PRODUITS DE L'ANNÉE

On doit considérer également comme des produits, dit l'Administration, sous le n° 17, page 13, toutes les valeurs mobilières et immobilières qui ont été acquises à la communauté ou association au moyen des produits de l'année.

Avant d'examiner cette question, faisons la courte observation suivante :

Ce qui est acquis à une association, c'est tout ce qui entre dans l'actif social comme bénéfices. La personne morale en dispose pour faire face aux frais généraux, aux dettes contractées envers des tiers, et pour faire face, à titre de réserve, aux éventualités de l'avenir, et enfin, pour transmettre aux associés ou actionnaires le prix de leurs efforts, soit la part réellement bénéficiaire. Cette personne peut, pour étendre son crédit ou son entreprise, convertir ses espèces en titres négociables, en créances, en valeurs immobilières.

Une association a réalisé, pendant les six premiers mois de son exercice, un produit de 100.000 francs en espèces. Supposons qu'elle achète une rente moyennant 10,000 francs, ou qu'elle emploie le produit entier en achats de valeurs immobilières. Le titre de rente tiendra dans le portefeuille la place que les 10.000 francs occupaient dans la caisse sociale. L'immeuble, étant en état de réserve forcée, ne pourra pas être distribué.

Si nous nous plaçons au point de vue de la loi du 29 juin 1872, et si l'association est constituée par actions, la rente acquise sera passible de la taxe, si elle est distribuée, et l'immeuble en sera exempt, vu sa nature de réserve. Si l'association n'a ni actions, ni conseil d'administration, la taxe sera due, non sur la rente, non sur l'excédent de produit, non sur l'immeuble, mais sur le 5 pour 100 du capital social, représentant un revenu présumé distribué d'après l'importance de ce capital seul.

Mais, comme la loi nouvelle n'a été édictée que pour les sociétés ou associations qui ne peuvent ou ne doivent pas distribuer des revenus, il est certain que ni cette rente, ni l'excédent, ni l'immeuble, ne seront point passibles de la taxe, par le motif que cette loi, en édictant aussi la taxe sur le 5 pour 100 du capital social, ne saurait aller plus loin que celle de 1872. En effet, puisque les sociétés civiles ordinaires et les commandites simples ne payent que sur le 5 pour 100 du capital social, quels que soient ses bénéfices réalisés, on ne voit pas pourquoi il n'en serait pas de même pour les associations religeuses formées en vue de réaliser des bénéfices. Le principe de l'égalité s'impose.

On a vu sous le n° 16, « Évaluation à 5 pour 100, paragraphe 3, n°s 1 et 2, Meubles et immeubles, » que l'Administration entend faire porter la taxe sur le *patrimoine social* ou sur les *valeurs elles-mêmes* qui sont venues accroître le capital originaire indiqué dans le contrat. Nous avons démontré que sa prétention était inadmissible. Nous ajouterons que, si elle était admise, elle consacrerait une véritable inégalité entre les associations religieuses et les sociétés civiles ordinaires. Nous ne reviendrons pas sur ce sujet.

Quoiqu'il en soit, comment fera l'Administration pour percevoir la taxe sur l'immeuble acquis qui, par lui-même, n'est pas distribuable? Nous avons aussi démontré qu'il n'était point possible d'obliger légalement l'association à déclarer quel eût été le revenu distribué, sans l'interdiction de distribution. Nous maintenons notre opinion, et, à ce sujet, nous renvoyons le lecteur au titre « Détermination du revenu, n° 10, délibération, comptes rendus, » où il est question de cette singulière exigence.

DÉDUCTIONS

(I., n° 18, p. 10.)

§ 1er. — Produits réels qui peuvent être établis par une délibération, un compte rendu ou par une déclaration détaillée.

§ 2. — Produits réels ne pouvant être reconnus.

---

§ 1er. — Produits réels qui peuvent être établis par une délibération, un compte rendu ou par une déclaration détaillée.

Les produits passibles de la taxe étabie par la loi du 28 décembre 1880, dit l'Administration, page 10, n° 18, ne comprennent pas toutes les sommes qui ont été reçues à ce titre par la société.....

Lorsque les produits réels peuvent être établis par l'un des moyens indiqués dans la loi du 28 décembre 1880, à savoir, par une délibération, un compte rendu ou document analogue ou par l'évaluation détaillée qui le remplace, il est nécessaire de déduire du montant des produits réels les charges correspondantes qui ont été acquittées par elle pendant la même période. C'est le procédé suivi dans les sociétés ordinaires.....

Les sociétés font souvent emploi de leurs produits en subventions volontaires. Ces emplois, bien que n'augmentant pas le patrimoine de la société, doivent être assimilés aux placements réalisés en son nom. Ils ne peuvent être compris parmi les charges susceptibles de déduction. L'appréciation du caractère de ces emplois dépend des circonstances et doit être faite avec attention. En cas de difficulté, il en sera référé à l'Administration.

Les règles sont différentes, lorsque les produits réels ne pouvant être reconnus, il y a lieu de recourir au forfait de 5 pour 100 édicté par la loi. Ce forfait, en effet, a le même caractère que celui de la loi du 29 juin 1862. C'est un revenu présumé déterminé d'après les bases apparentes. L'article 3 de la loi du 28 décembre 1880 l'établit en termes formels sur « la valeur des biens meubles et immeubles » possédés par la société. Or, cette valeur est juridiquement représentée par le prix que l'aliénation des biens pourrait procurer; elle est indépendante de l'existence du passif social. Il faut donc l'apprécier, comme la valeur de tout bien meuble ou immeuble, sans égard aux dettes dont elle est le gage. Par conséquent, l'estimation détaillée qui sert de base à la fixation des revenus s'applique à la valeur brute des meubles et des immeubles qui en font l'objet.

Avant de commenter ces passages de l'Instruction, il convient de faire les observations suivantes:

1° La loi du 28 décembre 1880 ne parle pas de *forfait*, pas plus que celle du 29 juin 1872. L'Administration a tort de dire: « Il y a lieu de recourir au forfait de 5 pour 100 *édicté* par la loi. » (V. n° 16, « Evaluation à 5 0/0, » § 2, n° 4, « Prétendu forfait ».)

2° La loi du 28 décembre 1880 ne dit pas en termes formels que le revenu est établi « sur la valeur des biens meubles et immeubles » *possédés* par la société. Elle dit que le revenu est établi sur le 5 pour 100 du *capital social déclaré* et *non de l'actif social.* Elle dit, qu'à défaut de déclaration, la taxe portera sur le 5 pour 100 de l'*évaluation détaillée* des biens meubles et immeubles composant le *capital social.* Cette observation relative au mot *possédés* est d'une très grande importance, car, par l'emploi de ce mot, l'Administration entend parler du *patrimoine social* dont il vient d'être question aux précédentes pages (4° « Valeurs acquises avec des produits de l'année »), et il faut bien se garder, selon nous, de détailler et d'évaluer les biens de ce patrimoine qui ne sont autres que *tout l'actif social.* (V. la référence faite sous ce n° 4.)

Ces observations faites, arrivons au Commentaire du n° 18.

« Les produits passibles de la taxe... ne comprennent pas toutes les sommes qui ont été reçues à ce *titre* par la société, » soit à titre de produit. Cela veut dire qu'il faut déduire des produits réalisés les frais généraux, ainsi que le font les sociétés ordinaires qui ne payent que sur le produit net distribué. Les associations religieuses savent cela. Elles ne manqueront donc pas de faire la déduction de ces frais.

L'Administration n'entend pas que l'on déduise les subventions volontaires dans lesquelles passerait une partie des produits de l'association. Ceci est scabreux. Aussi prévient-elle ses agents d'apprécier avec attention le caractère de tels emplois.

Voyons si nous la comprenons bien. Prenons un exemple.

Une congrégation religieuse accorde une subvention à Pierre. Il y aura « placement ». Mais, est-ce un placement intéressé ou désintéressé? Examinons ces deux cas.

Il y aura placement intéressé, si le montant de la subvention est productif d'intérêt pour l'association. Ce ne sera plus une subvention qui a le caractère d'une libéralité, mais un simple prêt. Voilà donc deux mots qui se heurtent: Subvention et placement.

Si Pierre place l'argent pour le compte de la société, le véritable capitaliste sera déguisé. Il cachera sa richesse. C'est probablement cette dissimulation qui préoccupe l'Administration. Si elle vient à découvrir la supercherie au moyen des comptes des sociétés, comptes qui sont son principal objectif, elle dira: Vous avez dissimulé une partie de vos produits, donc taxe simple, double, etc. Ces emplois dits *subventions volontaires* « ne doivent pas être compris parmi les charges susceptibles de déduction. »

Il est certain que si les théories de l'Administration sont l'expression de la volonté du législateur, et si notamment l'Administration a le droit de demander des comptes, les associations religieuses qui se rendraient coupables de telles dissimulations mériteraient les châtiments réservés à la fraude.

Mais il y aura placement désintéressé et, partant, subvention volontaire, si Pierre, le subventionné, ne tient compte d'aucun intérêt à l'association. Les choses se passeront comme lorsque l'État subventionne une compagnie industrielle qui entreprend un canal, bien qu'il fasse quelquefois un placement avantageux. Il ne reçoit pas de l'argent en retour. Les profits considérables qu'il en retire sont répartis par lui sur la masse du pays. Il se trouve faire deux libéralités.

L'association agit à peu près comme l'État. Elle ne fera pas un placement proprement dit. En subventionnant Pierre, elle lui permet de faire une chose utile à d'autres intérêts. Il y a libéralité. Le montant de la subvention sort de l'actif social pour figurer au passif social. Les deux comptes se balançant, le produit « employé » s'évanouira. L'agent du Trésor arrive : Qu'avez-vous fait de ce produit ? Il est passé en libéralité, don, aumône, dit la société, donc déduction et point de taxe. A cela que voulez-vous que réponde un honnête agent ? Rien. S'il répond, l'association lui dira, en se servant du langage de l'Administration : « C'est le procédé (déduction des charges) qui est suivi par les conseils « d'administration des Sociétés *ordinaires* pour déterminer le dividende « à répartir et pour arrêter le chiffre des réserves et des distributions. » En effet, la Banque Parisienne et autres sociétés emploient ce procédé. Elle donne à ses pauvres. L'aumône sort de l'actif et entre dans le passif. Le moment de distribuer étant arrivé, elle déduit de l'actif le montant du don passé en frais généraux, et elle paye sur le restant. Serait-ce donc parce que la société religieuse n'est pas une société *ordinaire* qu'elle n'aurait point la même faculté ?

En vérité, nous ne voyons pas trop ce que l'Administration entend par subventions volontaires assimilables à des placements réalisés en son nom. Un peu plus de clarté aurait fait notre affaire. Mais trop parler nuit. Comme elle ne s'adresse qu'aux agents, elle leur dit : Si ce n'est pas clair, si vous ne comprenez pas, dites-le moi.

Toutefois, à force de creuser dans notre esprit, et, en la circonstance actuelle, il faut tout peser, tout creuser, tout sonder, esprit et lettre de la loi, lettre et esprit de l'Instruction, nous croyons avoir découvert que le fin mot de tout cela, c'est la *Surveillance des Placements indirects.*

Si l'Administration a le droit de surveillance, oh ! l'intention est bonne. Il ne faut pas frauder. Seulement, comme on ne parviendra pas à convertir en un jour, ni en un siècle peut-être, certaines congrégations qui ont goûté de faveurs, d'immunités et de privilèges, voici ce qui arrivera : pour se venger d'un Gouvernement et d'un législateur qui leur a ravi la liberté, qui leur prend sournoisement leur argent, leurs inventaires, livres etc., et qui leur réserve d'autres foudres, elles continueront à éviter l'impôt, comme par le passé, et, au lieu de prendre des délibérations, au lieu de faire des déclarations, elles laisseront percevoir la taxe sur le 5 pour 100 du capital social *originaire* (sauf les augmentations par apports). et, alors, adieu la subvention, adieu la surveillance. Elles feront bien. Si, pour les convertir, on eût agi autrement, on eût vu un phénomène pareil à celui de 1789 : Le clergé et la noblesse renoncer à leurs privilèges et se soumettre au principe de l'Égalité devant les lois ! (Voir « Option, choix, modifications, détermination, modes de détermination du revenu », n° 11, § 2, « Autres valeurs ».)

§ 2. — Produits réels ne pouvant être reconnus.

Les règles de déduction, dit l'Administration, sont différentes; lorsque les produits réels ne peuvent être reconnus, il y a lieu de revenir au forfait de 5 pour 100 édicté par la loi. (V. nos observations au sujet du forfait, n° 16, « Évaluation à 5 pour 100 », n° 4.)

« Lorsque les produits réels ne *peuvent être reconnus* ». — Qu'est-ce que cela veut dire? ne *peuvent*. Mais il nous semble que l'Administration aurait dû dire : Lorsqu'on *se refuse* à faire connaître les produits réels, puisqu'elle laisse le choix de la détermination du revenu. (I. n° 11, page 8.) *Ne peuvent?* Mais voilà une expression qui prouve que, dans sa pensée, la déclaration de *revenu* n'est pas *obligatoire*. C'est bien là ce que nous avons démontré. (V. n° 13, « Déclarations », § 2, « Détermination du revenu. ») Non, elle n'est pas obligatoire, pas plus qu'il n'est obligatoire de faire connaître le revenu dans une délibération. (V. n° 12, « Délibérations des Conseils d'administration ».) Cette expression nous convient d'autant mieux qu'elle nous permet de corroborer notre démonstration sur le sens à donner aux mots : *Le revenu est déterminé.*

Revenons aux déductions.

« La valeur... est indépendante de l'existence d'un passif social. »

Ceci veut dire que, s'il existe des dettes qui ne peuvent pas être couvertes par des bénéfices sociaux, la différence ne sera pas déduite de la valeur du capital social. A plus forte raison, si les bénéfices couvrent entièrement le passif social, il n'y aura pas lieu de déduire ce passif de la valeur du capital social. Ce sera toujours la valeur brute qui servira de base à la *fixation du revenu*, ce qui prouve encore une fois que la détermination du revenu *par la société* n'est pas *obligatoire*. (V. « Détermination du revenu », n° 10, « Délibération, comptes rendus, » et les n°s 12 et 13 ci-dessus rappelés.)

Tel paraît être le raisonnement de l'Administration.

Il n'est qu'à moitié juste.

En effet, et tout en faisant observer de nouveau qu'il ne s'agit pas de la valeur des biens *possédés* par la société au *moment du payement*, mais de la valeur des biens composant le *capital social*, s'il y a des bénéfices et des dettes en même temps, ou les bénéfices seront suffisants pour absorber les dettes ou ils seront insuffisants :

S'ils suffisent, le capital social n'est point grevé. Il ne faudra donc par déduire les dettes de ce capital, puisque c'est aux bénéfices qu'appartient le service de la dette. Dans ce cas, le raisonnement est juste. Si, en effet, l'on déduisait, d'abord, les dettes du montant des bénéfices, et, ensuite, de la valeur du capital social, ce serait faire deux déductions au lieu d'une. Le Trésor serait frustré, puisqu'il fait reposer la taxe « sur le revenu présumé d'après les bases apparentes ». Or, il y a apparence de revenu, puisqu'il existe réellement des bénéfices.

Si les bénéfices ne suffisent pas, le surplus du passif sera nécessairement desservi par la valeur du capital. A plus forte raison, s'il n'existe pas de bénéfices, la valeur du capital sera tenue du passif entier. Ici, plus d'apparence de revenu, donc point de taxe, car nous avons démontré, sous le n° 16, « Évaluation à 5 pour 100 », paragraphe 2, n° 4, 3e et 4e hypothèse, que lorsque le capital est improductif ou ébréché, il n'y a point place pour l'impôt. Donc, dans ce cas, le raisonnement n'est pas juste. Si, en effet, l'on déduisait la partie du passif ou le passif entier, et si l'on acquittait la taxe sur la différence, ce ne serait plus une taxe sur le revenu, mais une taxe sur le *capital*. Or, le législateur de 1872, pas plus que celui de 1880, ne veut de cette taxe. (V. sous le n° 16 précité, § 2, « Principes de la loi du 29 juin 1872 », et « Discours de M. Magne. ») Il va sans dire que si le capital ébréché revient à flot, il devra être intégralement déclaré.

Dans ces cas de fluctuations, l'Administration ne perdra pas son droit de contrôle, pas plus que la société ne perdra son droit de justifications. V. n° 16, « Évaluation à 5 pour 100 », § 2, n° 5, « Forfait », 1re et 4e hypothèse, « Présomption légale de distribution de revenu », et « Rapport de 1871. ») Telle est la balance de la justice. Les intérêts respectifs seront de cette manière d'autant mieux sauvegardés que la société, qui ne fera pas de *déclaration*, sera annuellement tenue de faire une *évaluation détaillée* critiquable par l'expertise.

Mais, entendons-nous bien là-dessus. « L'estimation pourra varier annuellement », suivant que le capital social augmentera par de nouveaux apports ou diminuera par suite de pertes, et non, comme le prétend l'Administration, page 12, n° 3, 4e alinéa de son Instruction, « suivant que le *patrimoine social* augmentera ou diminuera. » (V. ce qu'elle entend par « Patrimoine social », sous le n° 16 précité, § 3, « Évaluation des meubles et des immeubles. »)

SECTION III

MOYENS DE CONTROLE. PROCÉDURE

§ 1er. — Inexactitude, Moyens généraux de contrôle, Expertise, Preuves de droit commun.

L'article 3 de la loi du 28 décembre 1880 porte :

L'inexactitude des déclarations, délibérations, comptes rendus ou documents analogues peut être établie conformément aux articles 17, 18 et 19 de la loi du 22 frimaire an VII, 13 et 15 de celle du 23 août 1871.

Ces articles sont ainsi conçus :

1° *Loi du 22 frimaire an* VII.—ART. 17.— Si les prix énoncés dans un acte translatif de propriété ou d'usufruit de biens immeubles, à titre onéreux, paraît inférieur à leur valeur vénale à l'époque de l'aliénation, par comparaison avec les fonds voisins de même nature, la Régie pourra requérir une expertise, pourvu qu'elle en fasse la demande dans l'année, à compter du jour de l'enregistrement du contrat.

ART. 18. — La demande en expertise sera faite au tribunal civil du département (tribunal de première instance, l. 27 ventôse an VIII) dans l'étendue duquel les biens sont situés, par une pétition portant nomination de l'expert de la nation. — En cas de refus par la partie de nommer son expert, sur la sommation qui lui aura été faite d'y satisfaire dans les trois jours, il lui en sera nommé un d'office par le tribunal. — Les experts, en cas de partage, appelleront un tiers expert; s'ils ne peuvent en convenir, le juge de paix du canton de la situation des biens y pourvoira. — Le procès-verbal d'expertise sera rapporté, au plus tard dans le mois qui suivra la remise qui aura été faite aux experts de l'ordonnance du tribunal, ou dans le mois après l'appel d'un tiers expert. — Les frais de l'expertise seront à la charge de l'acquéreur, mais seulement lorsque l'estimation excédera d'un huitième au moins le prix énoncé au contrat. — L'acquéreur sera tenu, dans tous les cas, d'acquitter le droit sur le supplément d'estimation, s'il y a une plus-value constatée par le rapport des experts.

ART. 19. — Il y aura également lieu à requérir l'expertise des revenus des immeubles transmis en propriété ou usufruit, à tout autre titre qu'à titre onéreux, lorsque l'insuffisance dans l'évaluation ne pourra être établie par acte qui puisse faire connaître le véritable revenu des biens.

2° *Loi du 23 août 1871*. — Art. 13. — La dissimulation peut être établie par tous les genres de preuves établis par le droit commun. Toutefois, l'Administration ne peut déférer le serment décisoire, et elle ne peut user de la preuve testimoniale que pendant dix ans à partir de l'enregistrement de l'acte. — L'exploit d'ajournement est donné, soit devant le juge du domicile des défendeurs, soit devant celui de la situation des biens, au choix de l'Administration. La cause est portée, suivant l'importance de la réclamation, devant la justice de paix ou devant le tribunal civil. — Elle est instruite et jugée comme en matière sommaire; elle est sujette à appel, s'il y a lieu. — Le ministère des avoués n'est pas obligatoire; mais les parties qui n'auraient pas constitué avoué, ou qui ne seraient pas domiciliées dans le lieu où siège la justice de paix ou le tribunal, seront tenues d'y faire élection de domicile, à défaut de quoi toutes significations seront valablement faites au greffe.

Art. 15. — Lorsque, dans les cas prévus par la loi du 22 frimaire an vii, et par l'article 11 de la présente loi (cet article 11 concerne les locations verbales), il y a lieu à expertise, et que le prix estimé ou la valeur déclarée n'excède pas 2.000 francs, cette expertise est faite par un seul expert nommé par toutes les parties, ou, en cas de désaccord, par le président du tribunal et sur simple requête.

La loi, dit l'Administration, parle d'une manière générale des *inexactitudes*. Elles ne distingue pas entre les erreurs pures et simples et les dissimulations. Ces inexactitudes comprennent tous les faits desquels il résulte une altération dans le chiffre du revenu passible de l'inpôt. Elle embrassent notamment les omissions de valeurs dans les documents qui doivent en renfermer l'énonciation, les insuffisances dans l'évaluation de ces biens ou dans les sommes déclarées, les exagérations commises dans la consistance ou dans l'importance du passif admis en déduction.

Cette interprétation de la loi nous paraît être exacte.

Par le mot *inexactitudes*, le législateur vise toutes les insuffisances d'évaluation, et toutes les omissions, soit tous les faits volontaires ou involontaires qui peuvent entraîner une perte pour le Trésor.

Par ses références aux lois de frimaire, de 1857, de 1871 et de 1872, véritable réseau d'obligations et de pénalités, le législateur de 1880 a dépassé en hardiesse et en témérité le législateur de 1872, qui s'est contenté d'une seule référence à la loi de l'an vii pour le recouvrement de la taxe. (Voir ci-après, § 2, « Procédure, recouvrement de la taxe ».)

En agissant ainsi, a-t-il fait une bonne loi de finances, une bonne loi politique? nous ne le pensons pas. Nous aurions aimé qu'il se montrât plus grand encore que l'a été celui de 1872.

Il est de fait que la loi du 29 juin 1872 répond par son application aux mœurs du pays, qui sont incompatibles à toute sujétion exagérée, à tout contrôle qui frise la vexation, l'arbitraire ou l'inquisition. C'est précisement à cette condition d'être que l'on doit attribuer ses magnifiques résultats budgétaires allant toujours en croissant. Quant aux meubles, elle n'en parle point.

La loi de 1880, avec ses faisceaux de preuves, véritables verges de despotes, affecte ces mœurs, surexcite et entraîne les esprits dans des sens contraires.

Celle-là est une loi patriotique. Celle-ci est une loi impolitique.

La République française n'avait pas besoin, pour marcher dans la voie des progrès moraux et matériels, d'une loi qui, en ravivant de vieilles passions politiques, et en retardant certaines conversions qui étaient à la porte du régime nouveau, a divisé en deux camps le parti républicain.

On fera aujourd'hui l'expertise des meubles ! Même nos enfants des écoles en seront étonnés. Elle sera le cauchemar de nos rêves.

Voyez la foule qui se presse aux abords du siège d'une association religieuse. Des gens de tout corps d'état. L'homme qui dit : Tant mieux ! La femme qui dit : Tant pis ! Le jeune républicain qui s'écrie : Bravo ! Le vieux républicain qui déploie le drapeau qui a fait le tour du monde ! Le vieillard qui regrette ses premières années passées dans la fraternité ! Un fainéant qui crie, pour avoir la curée ! et, au milieu de tout ce monde, représentant deux pôles : la *Liberté* et le *Despotisme*, qui verra-t-on encore ? Un receveur d'enregistrement, un homme comme il faut, qui n'aura pas le courage, pour sortir de sa pauvre obscurité, de rester dans son bureau !

Au dedans, le spectacle est navrant. Un monde d'experts, de témoins sans foi ni loi, de témoins dénonciateurs, riches d'un serment prêté, dans un monde de meubles et d'archives conservés pour l'amour de l'art, pour l'amour des pauvres et pour les louanges de Dieu ! C'est l'invasion de l'*ordre séculier* dans l'*ordre régulier* ! C'est un appétit de boire et de manger dans un milieu qui a soif d'aimer et d'adorer.

La conquête est assurée. Les lieux sont vidés, et, tandis que le vieux républicain presse son drapeau sur son cœur et couve des vengeances, on voit, en de hauts horizons, le spectre réjoui de l'*Initiative parlementaire*.

Preuves de droit commun :

Preuve testimoniale, Code civil, 1341 ;
Présomptions, Code civil, 1353 ;
Serment d'office, Code civil, 1357 ;
Descentes sur les lieux, Code de procédure, 195 ;
Rapports d'experts, Code de procédure, 302 ;
Interrogations sur faits et articles, Code pénal, 363 ;
Actes opposables aux parties, etc., loi de frimaire an VII.

Tel est l'arsenal des armes redoutables mises aux mains d'une Administration qui s'enorgueillissait autrefois d'être appelée l'*Administration paternelle*, aux mains d'agents appartenant à d'honnêtes familles dont un projet de loi, sous l'Empire, voulait faire des magistrats !

Telles sont enfin les armes procédurières que l'éminent rédacteur en chef du Répertoire périodique de l'enregistrement trouvait, il y a peu d'années, incompatibles avec notre législation fiscale, fille de 1789 !

(Voir n° 8, « Sociétés de fait, § 1er, Législation, Jurisprudence, Doctrine. »)

§ 2. — Procédure (Recouvrement de la taxe).

(I., nº 23, p. 12.)

Sociétés et associations de droit. — 2º Sociétés et associations de fait.

1º SOCIÉTÉS OU ASSOCIATIONS DE DROIT

Loi. — Le payement de la taxe applicable, à l'année expirée sera fait par la société ou l'association.... sur la remise de... et de la déclaration souscrite conformément à l'article 16 de la loi du 22 frimaire an VII.

Le dernier alinéa de l'article 3 de la loi du 28 décembre 1880 est ainsi conçu :

Sont maintenues toutes les dispositions de cette dernière loi (29 juin 1872) et du règlement d'administration publique du 6 décembre 1872 qui n'ont rien de contraire aux présentes dispositions.

Cette disposition se réfère évidemment à l'article 5 de la loi du 29 juin 1872 ainsi conçu :

Le *recouvrement* de la taxe sur le revenu sera *suivi*, et les instances seront introduites et jugées comme en *matière d'enregistrement*.

En principe, dit l'Administration (page 12, nº 23), le recouvrement de la taxe régie par l'article 3 doit être *poursuivi* selon le mode établi pour le *recouvrement* des droits d'enregistrement. Telle est la règle formulée par le deuxième alinéa (ci-dessus) de l'article 5 de la loi du 29 juin 1872.

On croirait qu'elle ne parle seulement que de la *procédure relative au recouvrement*; point du tout, elle entend parler aussi, comme on va le voir, du reste, ci-après, des moyens à prendre pour régler la perception. Arbitraire nouveau.

Ainsi, par exemple, voilà une société universelle de biens présents, formée entre membres d'une congrégation religieuse dont le contrat ne mentionne pas l'évaluation du capital social. L'Administration pense que cette société, bien qu'elle ne soit pas *formée en vue de bénéfices*, doit la taxe sur le revenu. (C'est ce qu'elle a soutenu dans l'affaire des Dames de la rue de Douai (V. à la table alphabétique, « Bénéfices réalisés », 4573). Elle réclame cette taxe sur la valeur du capital social à déclarer conformément à l'article 16 de la loi du 22 frimaire an VII. Refus de cette société. Un jugement intervient pour l'obliger à faire la déclaration de l'article 16, afin de donner une base légale à l'assiette de la taxe.

Nous allons démontrer que le tribunal a fait une fausse application de l'article 5 de la loi du 29 juin 1872 et que cette loi, en disant que le *recouvrement* sera fait « comme en *matière d'enregistrement* », n'a nullement renvoyé à l'article 16 comme moyen de perception ou d'établissement de la taxe.

Loi du 22 frimaire an VII. — Art. 63. — La solution des dfficultés qui pourront s'élever relativement à la *perception* des droits d'enregistrement *avant l'introduction des instances*, appartient à la Régie.

Art. 64. — Le premier acte de poursuite pour le *recouvrement* (de cette perception) sera une contrainte. Elle sera décernée par le receveur ou préposé de la régie. Elle sera visée et déclarée *exécutoire* par le juge de paix.

Art. 65. — L'introduction (« Opposition à la contrainte, Mémoires respectivement signifiés, Dépôt des dossiers au greffe, » etc.), et l'instruction des instances (Rapport du juge en audience publique, audition du ministère public, non immixtion obligatoire d'avoués, non immixtion d'avocats, non immixtion des parties par des plaidoieries, non immixtion de toutes autres autorités constituées ou administratives, etc.), auront lieu devant le tribunal civil d'arrondissement. La connaissance et la décision en sont interdites à toutes autres autorités constituées ou administratives. L'instruction se fera par simples mémoires. Il n'y aura d'autres frais à supporter pour la partie qui succombera, que ceux du papier timbré, des significations, et du droit d'enregistrement des jugements. Les tribunaux accorderont soit aux parties, soit aux préposés de la Régie qui suivent les instances, le délai qu'ils leur demanderont pour produire leurs défenses. Il ne pourra néanmoins être de plus de trois mois, au plus tard à compter de l'introduction des instances, sur le rapport du juge fait en audience publique, et sur les conclusions du Commissaire du Directoire exécutif. Ils seront sans appel, et ne pourront être attaqués que par voie de cassation. »

Loi du 22 frimaire an VII. — Art. 60. — Tout droit d'enregistrement perçu régulièrement en conformité de la présente ne pourra être restitué, quels que soient les événements ultérieurs, sauf les cas prévus par la présente.

(Cas de prescription. Ce qui implique que les droits irrégulièrement perçus sont restituables et que les droits réclamés peuvent être contestés.)

Art. 61. — Il y a prescription pour la demande des droits, savoir : après deux années, à compter du jour de l'enregistrement, s'il s'agit d'un droit non perçu sur une disposition particulière dans un acte, ou d'un supplément de perception insuffisamment faite, ou d'une fausse évaluation dans une déclaration, et pour la constater par voie d'expertise.

(Ce qui implique que « les parties sont également non recevables, après ce même délai, pour toute demande en restitution des droits perçus ». Ce qui implique encore que les droits contestés par les parties soit avant, soit après l'enregistrement des actes ou de fausses évaluations dans les déclarations, sont perdus pour le Trésor, s'il n'en fait pas le *recouvrement* en temps voulu.)

Il résulte de là encore que si vous êtes libre de ne point payer un droit réclamé, votre refus ne sera pas un fait de contravention répressible, car s'il y avait contravention, votre droit de réclamer serait complètement illusoire ; aussi nous faisons observer que le paragraphe 5 de l'article 3 de la loi du 28 décembre 1850, ainsi conçu : « Chaque contravention aux dispositions qui précèdent et à celles du règlement d'administration publique qui sera fait, s'il y a lieu, pour leur exécution, sera punie conformément à l'article 5 de la loi du 29 juin 1872 », ne sera pas applicable au cas de refus de payement ou de *déclaration à faire de la valeur imposable*, parce que le refus ne constitue pas une contravention, et que l'obligation de la déclaration touche essentiellement à une question de *perception* à résoudre et non à une question de *recouvrement* d'un droit dont les tribunaux ont reconnu l'exigibilité.

On remarquera bien que le mot *recouvrement* ne se trouve, dans l'article 5 de la loi du 29 juin 1872, dans l'article 64 de la loi du 22 frimaire an VII, et dans le n° 23 de l'Instruction, que comme mot : *l'exécution* de la loi, c'est-à-dire comme moyen de procédure pour faire encaisser un droit sur l'*exigibilité* duquel l'Administration et les tribunaux se sont définitivement prononcés.

Il n'est question nulle part de moyens à prendre pour créer la base de la liquidation de la taxe, quand cette base fait défaut dans l'acte de société.

La pensée du législateur de 1880 n'a pu se porter que sur le *recouvrement* d'une taxe sur l'exigibilité de laquelle les autorités compétentes se sont prononcées, conformément aux articles 63, 64 et 65 de la loi du 23 frimaire an VII.

Le législateur de 1880, en se référant à l'article 5 de la loi du 29 juin 1872, n'a pu vouloir changer la situation en face de laquelle s'était mis le législateur de 1872, à savoir : celle des sociétés civiles et commerciales qui, toutes, mentionnent inévitablement dans leurs contrats la valeur des apports ou du capital social engagé dans les risques de l'entreprise. Il est certain qu'en 1872 le législateur n'a visé que les sociétés à capitaux déterminés.

On voit que nous avons déjà fait un premier pas dans notre démonstration.

Voici le second :

Liquider et percevoir un droit, c'est faire *acte de juge*. C'est exercer une sorte de magistrature, puisqu'il s'agit d'appliquer les principes et les textes de la loi.

Le premier juge, c'est le receveur de l'enregistrement, et c'est lui, le premier, qui engage une responsabilité.

Liquider et percevoir un droit sur un acte présenté à la formalité, ou sur une disposition qui a échappé au receveur, ce n'est point *recouvrer*.

Recouvrer un droit, ce n'est pas faire acte de juge. Le magistrat ne fait pas de procédure. Il la suit, il la surveille dans l'intérêt de la loi.

Le receveur, autre magistrat, ne fait pas cette action ; il l'ordonne.

La procédure est l'auxiliaire de la loi représentée par la justice.

Pour l'établissement de la perception, les appréciations du receveur n'ont pas de limites. De même qu'il est le maître de son intelligence et le défenseur de sa responsabilité, il est le maître de sa liquidation. Il a, pour apprécier les lois, les tarifs, ses lumières et sa conscience.

La procédure a des limites tracées, parce qu'elle est un agent de la loi. Dire que l'Administration, que son receveur *recouvre* un droit, c'est faire descendre le juge au niveau de l'huissier ou du porteur de contraintes.

Quand le liquidateur d'un droit a besoin d'un auxiliaire pour pouvoir l'encaisser, la *perception* est la conséquence de la *liquidation*, et non de l'action en recouvrement. Le recouvrement fait l'encaissement.

Mais, nous dira-t-on, quel moyen prendra-t-on pour percevoir la taxe que l'on pensera être due sur un capital social non évalué? Avant de répondre à cette question, il faut expliquer le sens du mot *suivi* que l'on trouve à l'article 5 de la loi du 29 juin 1872.

« Le *recouvrement* de la taxe sera *suivi* comme en *matière d'enregistrement* ». Voyons d'abord comment sont *suivies* les difficultés concernant l'établissement de la perception.

Elles sont suivies par la *Régie*, « à qui appartient la solution des difficultés » qui peuvent s'élever relativement à la *perception* du droit d'enregistrement AVANT *l'introduction* des instances. Tel est le texte de l'article 63 de la loi du 22 frimaire an VII. Donc le mot *suivi* s'applique seulement à l'établissement de la *perception*.

Tant qu'elles seront suivies de cette manière, il ne sera pas question de *recouvrement* proprement dit, et si le droit réclamé par le receveur est jugé non exigible par la régie, l'Administration prescrira de *suivre* les règlements relatifs au service administratif, soit d'abandonner la réclamation.

Si le droit réclamé est jugé exigible, et si, sur l'invitation du receveur, le contribuable refuse de payer, on *suivra* alors une voie autre que la voie administrative. On prendra celle des tribunaux (art. 64 de la même loi). Si les tribunaux donnent tort au premier juge, le receveur pourra *suivre* alors une dernière voie, celle qui mène à la Cour de cassation.

Est-ce que toutes ces pérégrinations n'expliquent pas des faits de liquidation de droits, de perception?

Voilà le véritable sens du mot *suivi*.

Quand l'article 63 emploie des termes qui impliquent l'étude d'une question, quand l'article 64 n'implique qu'une étude faite au deuxième degré de juridiction, quel rapport peut-il y avoir alors entre cette *suite d'études*, ou le mot *suivi*, et le mot *recouvrement?* aucun, et cela est si vrai que, lorsqu'il y a instance, ce n'est qu'après le jugement qu'apparaît *l'action en recouvrement*. Le mot *suivi* n'a donc pas, ainsi que le prétendent l'Administration et le rédacteur du Répertoire périodique de l'enregistrement, le sens du mot *recouvrement*. Il résulte de là que, pour le législateur de 1872, l'article 5 de la loi et l'article 16 de la loi du 22 frimaire an VII ne sont pas applicables en matière de *perception*, et qu'en matière de recouvrement, il n'y a d'applicables que les articles 64 et 65 précités relatifs à la *procédure en matière d'enregistrement* (1).

Voici maintenant la réponse à la question ci-dessus.

Si le capital social n'est pas déclaré, il n'y a pas, pour le législateur de 1872 et pour celui de 1880, de société réelle, c'est-à-dire une *personne morale*. Or, comme la société Pereire n'a pas donné naissance à une personne morale, ainsi que nous l'avons démontré plus haut (Voir n° 15 forme de la déclaration), il s'en suivra que toutes les sociétés religieuses *similaires* ne devront pas la taxe sur le revenu, attendu que les lois de 1872 et de 1880, ainsi que tout le monde le reconnaît, ne visent que les

(1) L'article 5 de la loi du 29 juin 1872, dit le tribunal de Grasse dont le jugement a été exécuté, ne sert « qu'à *régler une question de procédure.* » (V. Tab. alph. au mot « Prescription », art. 5050).

« Considérée en elle-même, dit l'Administration, la taxe de 3 0/0 n'a rien de commun avec les droits d'enregistrement et de timbre, etc. » (Voir aux mots « contributions directes et indirectes », art. 4929. — Voir aussi au mot « impôt direct », art. 3568, 3896, 4844.)

sociétés à personne morale. Ces dernières sociétés sont obligées par l'essence même de leur constitution de faire connaître la *valeur* de leurs *capitaux sociaux* : société par action, société en nom collectif, sociétés en commandite simple, sociétés civiles ordinaires. Sans l'expression de la *valeur* du *capital-action*, de la *valeur des apports* ou mises sociales, il ne serait point possible de faire une répartition proportionnelle des bénéfices et des pertes entre les bailleurs de fonds, les apporteurs ou les commanditaires. C'est précisément sur ce mode de formation et d'existence que le législateur de 1872 a compté pour l'établissement de l'impôt de 3 pour 100. Dès l'instant qu'une société se présente à lui dans toute autre condition, et notamment sans évaluation de capital, il l'écarte du régime nouveau.

Le législateur de 1880 ne part pas d'un pareil point de vue. Se trouvant en présence d'associations religieuses qui ne *doivent pas* distribuer des revenus, d'après une prohibition formelle de leurs statuts, dont le capital n'est pas évalué, dont les conditions d'existence enfin sont toutes différentes de celles dans lesquelles se trouvent les sociétés ordinaires, en présence d'associations qui échappaient juridiquement à la taxe, il n'a pas craint de donner des entorses à notre droit civil et fiscal.

Vous ne distribuez pas de revenu, leur dit-il ? Déclarez celui que vous pourriez distribuer sans la clause d'interdiction. Votre capital social n'est pas évalué ? Je vous oblige à l'évaluer par une déclaration. Le législateur de 1872 a pris les sociétés *ordinaires* et les a moulées dans sa loi. Moi, qui n'ai pu vous placer dans le même moule, je vous en crée un et vous y passerez. Si j'impose la déclaration de l'article 16, pour la *perception* de la taxe, c'est précisément parce que le législateur de 1872 n'a pu se référer à cet article et ne s'est référé, comme je m'y réfère aussi, qu'aux articles 64 et 65. Lui, n'a visé que l'action en recouvrement, moi, je vise l'action en liquidation, perception et recouvrement.

Tel est le sens de la référence à l'article 5 de la loi du 29 juin 1872.

Tout ce que nous venons de dire s'applique aux sociétés de droit, celles formées par des contrats ou statuts. « On aura soin, dit l'Administration, de consulter les *statuts* pour diriger les *poursuites* contre les véritables représentants des sociétés ou associations. » Les poursuites !... Voilà encore un mot qui confirme notre démonstration.

2° SOCIÉTÉS DE FAIT

Les associations non reconnues ou sociétés de fait, continue l'Administration, page 18, n° 23, sont, comme les sociétés régulièrement formées, constituées débitrices directes de la taxe par l'article 3. En cas de poursuites à exercer contre elles, il conviendrait, à défaut de représentant de fait, notoirement chargé de la gestion de leurs intérêts, de mettre en cause tous les membres connus, tant en leur nom personnel que comme représentant la société ou l'association.

Il y a bien des choses à dire sur ce passage de l'Instruction : « Les associations non reconnues ou sociétés de fait. »

L'Administration semble dire que, parce qu'une association n'est pas *reconnue*, elle est une association de *fait*. Cela n'est pas exact. Peu nous importe qu'une association soit reconnue ou non reconnue. Au regard de l'impôt, si l'association, non reconnue par le Gouvernement, est formée par un *contrat*, elle sera une association de droit, et non une association de fait. Elle sera la *société* dont parle la première disposition du premier alinéa de l'article 3. (Lire à ce sujet le discours de M. Gaslonde et celui de M. de Gavardie.)

Si nous rapprochons ce passage de l'Instruction du n° 2, page 3, et du n° 5, page 4 de la même Instruction, où il est dit qu'il ne s'agit que des associations religieuses reconnues ou non reconnues qui ont le « caractère prédominant de société », nous remarquons qu'il est en contradiction manifeste avec les termes de ces deux numéros. L'Administration sait bien, en effet, que les associations non reconnues sont *généralement* des associations de droit formées par des contrats. Pourquoi donc paraît-elle affirmer ici que *toutes* sont des sociétés de fait.

Les sociétés ou associations de fait, dont il est question dans le passage ci-dessus, ne peuvent être que celles dont il s'agit dans la deuxième disposition du premier alinéa de l'article 3, celles vivant à côté des associations de *droit* visées dans la première disposition. Par cette seconde disposition, le législateur a reconnu à ces dernières le caractère prédominant de *société*, car s'il ne l'eût pas reconnu nécessairement, il se fût trouvé viser dans le premier alinéa de l'article 3 deux *sociétés de fait*, ce qui était bien loin de son esprit, puisque, sans l'intervention de l'amendement *Ribot* (1), il n'aurait même point pensé à taxer les *Sociétés de fait*, tant il lui paraissait monstrueux de bouleverser à ce point la loi civile, la loi fiscale, et la jurisprudence qui ne reconnaissent pas ces sortes de sociétés.

En ce qui concerne la charge de la taxe, toutes les sociétés sont tenues de faire l'avance de la taxe, aux termes de l'article 3 de la loi du 29 juin 1872, sauf leur recours contre les associés. C'est celui qui touche les revenus qui est le débiteur de l'impôt.

Dans une société de fait, qui n'est qu'une Communauté simple, qu'une simple indivision, tous les intéressés ne sont pas solidaires pour le payement des dettes. (C. c. 870, 1202, 1204, 1862, 1863, 1864.) Ils n'en sont personnellement tenus que sur leur part. Si l'Administration poursuit le représentant de fait notoirement connu, celui-ci ne devra que sa part de la taxe. On ne voit pas dans la loi comment l'Administration devra s'y prendre pour poursuivre le recouvrement de la taxe entière. Pour venir à bout de la difficulté, il conviendrait, dit-elle, « de mettre en cause tous les membres connus, tant en leur nom personnel, que comme représentant la société ou l'association. » Et après ? En admettant que tous les membres *connus* payent leur part, pense-t-on qu'ils payeront celle des membres *inconnus* qu'ils ne feront pas connaître ? La difficulté reste donc. On voit, par ces termes de l'Instruction, combien peu est rassurée l'Administration sur le sort de ses réclamations. Le Trésor n'a pas à faire ici à une personne morale. Il risquera de perdre une partie de la taxe.

(1) Voir à la Tab. alph. *Amendement Ribot*. M. Ribot explique que le mot « associations », inscrit dans la seconde disposition, est l'équivalent du mot « société », inscrit dans la première. Donc, par les mots « sociétés et associations », le législateur vise les congrégations reconnues ou non reconnues établies par *contrats*. Par conséquent, l'Instruction, au lieu de dire : « les associations non reconnues *ou* sociétés de fait », aurait dû simplement dire : « la société de fait », et alors on se serait parfaitement rendu compte qu'elle visait, dans la seconde disposition, les sociétés de fait qui n'ont pas de contrats de société, ou qui ayant des contrats, vivent dans un état d'indivision ou de communauté.

Si les membres de ces sociétés de fait avaient été déclarés solidaires, comme le sont les cohéritiers (art. 32, l. 22 frimaire an VII), encore pourrait-elle se tirer des embarras visibles dans lesquels elle paraît se trouver Mais la loi de 1880 reste muette sur ce point. La solidarité doit être basée sur un titre commun, et dans ces sociétés, s'il existe un titre, il n'y en a point pour elle..

Comme il n'est pas possible de prévoir ce qui se passera pour l'exécution de la loi contre les sociétés de fait, parce que l'article 3 de la loi donne trop de marge à l'imprévu, nous nous arrêtons là, et nous finissons en disant que la disposition sur ces sociétés est bien la plus obscure de toutes.

SECTION IV

PÉNALITÉS

(I., n° 24, p. 13.)

Loi de 1880. — Chaque contravention aux dispositions qui précèdent et à celles du règlement d'administration publique qui sera fait, s'il y a lieu, pour leur exécution, sera punie conformément à l'article 5 de la loi du 29 juin 1872.

Loi du 29 juin 1872. — Art. 5. — Chaque contravention aux dispositions qui précèdent et à celles du règlement d'administration publique qui sera fait pour leur exécution sera punie conformément à l'article 10 de la loi du 23 juin 1857.

Loi du 23 juin 1857. — Art. 10. — Toute contravention aux présentes dispositions et à celles des règlements qui seront faits pour leur exécution est punie d'une amende de 100 francs à 5.000 francs, sans préjudice des peines portées par l'article 39 de la loi du 22 frimaire an vii, pour omission ou insuffisance de déclaration.

Cet article 37 est ainsi conçu :

Loi du 22 frimaire an vii. — Les héritiers... qui n'auraient pas fait, dans les délais prescrits, les déclarations des biens à eux transmis par décès payeront, à titre d'amende, un demi-droit en sus du droit qui sera dû pour la mutation. La peine pour les omissions qui seront reconnues avoir été faites dans les déclarations sera d'un droit en sus de celui qui se trouvera dû pour les objets omis. Il en sera de même pour les insuffisances constatées dans les estimations des biens déclarés. Si l'insuffisance est établie par un rapport d'experts, les contrevenants payeront, en outre, les frais d'expertise.

Instruction de l'Administration. — Les contraventions aux dispositions de l'article 3 seront, d'après cet article, punies conformément, etc. S'il s'agit d'une amende de 100 francs à 5.000 francs encourue pour retard dans le payement de la taxe, les receveurs sont autorisés à encaisser le montant de cette taxe sans exiger le versement immédiat de l'amende, pour laquelle il doit en être référé à l'Administration.

Telle est la kyrielle des dispositions pénales applicables aux congrégations religieuses. Ces congrégations ne se doutaient guère d'avoir à compulser tant de lois, et d'avoir sur leurs têtes tant d'épées de Damoclès. Elles crieront avec raison contre l'ignorance de la science de la Légifération. Il est de fait que, depuis que les hommes font entrer leurs passions personnelles dans les débats législatifs, on n'a jamais pu avoir une loi bien faite. Aujourd'hui, quand tout n'est pas labyrinthe, tout est traquenard. Les hommes compétents ont bien de la peine à se sauver. Alors, que vont devenir les congrégations que l'on dit pourtant si habiles? L'avenir nous l'apprendra.

On comprendra que nous ne pouvons point passer ici en revue tous les cas de contraventions qui pourront surgir de la plus ou moins régulière application de la loi. Nous allons en signaler quelques-uns :

1° Le retard dans le payement de la taxe. Dans ce cas, les receveurs pourront encaisser la taxe, et ne pas exiger le versement de l'amende. Les congrégations pétitionneront pour en avoir la remise. Le Ministère des Finances décidera, par la voie du directeur général de l'Administration, *délégué à l'effet de répondre aux demandes;*

2° Les insuffisances d'évaluation des meubles et immeubles soumis à la *taxe* sur le taux du 5 pour 100 de la valeur vénale. La pénalité sur l'insuffisance reconnue ou établie par expertise sera d'un droit en sus (art. 18 et 39, loi du 22 frimaire an VII) ;

3° Les omissions mobilières et immobilières faites dans des déclarations seront punies d'un droit en sus (art. 39), et d'une amende de 100 francs à 5.000 francs (art. 10, loi du 23 juin 1857);

4° Si l'asssociation est par actions et qu'elle omette sur ses relevés trimestriels un titre nominatif transféré dans le trimestre, ou un titre au porteur, elle sera punie de l'amende de 100 francs à 5.000 francs, et d'un droit en sus (art. 10, loi du 23 juin 1857, et art. 39, loi du 22 frimaire an VII);

5° Si l'association par actions omet le dépôt d'un document trimestriel, amende de 100 francs à 5.000 francs (art. 10, 23 juin 1857).

Nous n'avons pas besoin d'en citer davantage. L'expérience les apprendra tous assez tôt.

SECTION V

ÉPOQUES DE PAYEMENT

Payement annuel, Production (I., n° 25, p. 13). — Durée de l'exercice (I., n° 26, p. 13). Point de départ de l'exécution de la loi (I., n° 27, p. 14) (1).

Article 3 de la loi. — Le payement de la taxe applicable à l'année expirée (1881) sera fait par la Société ou l'association, dans les trois premiers mois de l'annee suivante, sur la remise des extraits de délibération, comptes rendus ou documents analogues, et de la déclaration souscrite conformément à l'article 16 de la loi du 22 frimaire an VII.

Instruction. — Le payement est accompagné de la remise des extraits de délibérations, comptes rendus, etc. ou des déclarations déterminant le revenu imposable.

Ces documents, dûment certifiés par les représentants des sociétés ou associations, peuvent être établis sur papier non timbré. Il en est de même des inventaires estimatifs ou autres pièces qui seront jointes aux déclarations pour établir l'évaluation détaillée des meubles compris dans le capital social.

Nous relevons une erreur d'interprétation et une contradiction.

1° Qu'entend l'Administration par ces mots : « ou des déclarations déterminant le revenu imposable »? Elle veut dire que les représentants doivent déclarer en chiffres le revenu imposable, soit, par exemple, le revenu qui eût pu être distribué, sans l'interdiction de distribution.

Nous avons démontré déjà que, à défaut de revenu distribué, la loi déterminait elle-même le revenu au 5 pour 100 du capital social, et ce que nous avons dit à l'égard de la *déclaration*, nous l'avons dit aussi à l'égard de la délibération. Nous ne reviendrons donc pas sur ce sujet. Nous soutenons énergiquement *qu'il n'y a pas obligation, pour la société, de déterminer le revenu. Il n'y a d'obligation que pour la détermination du capital social quand la société doit réaliser des bénéfices.* (V. n° 12, « Délibérations du conseil d'administration ; » v. n° 13, « Déclarations, § 2, Détermination du revenu. »)

2° Les derniers mots du passage précité sont : « *Capital social.* »

Pages 7, 8, 11, 19, 21 et 26 de l'Instruction, on lit ces mêmes mots qui se trouvent inscrits dans la loi.

Eh ! bien, sous le n° 16, Évaluation à 5 pour 100, 4e alinéa, nous lisons ceci :

L'évaluation doit comprendre, suivant les termes mêmes de l'article 3, les

(1) Ces trois numéros sont confondus dans un même commentaire.

meubles et les immeubles composant le *Capital Social*. Ce sont effectivement ces *valeurs elles-mêmes*, et non pas seulement les biens apportés *originairement en Société et indiqués dans le contrat, qui constituent le* CAPITAL SOCIAL. L'estimation pourra donc varier annuellement, suivant que le *Patrimoine social* augmentera ou diminuera.

La loi et l'Instruction disent, comme on vient de lire, que la taxe sera perçue sur le 5 pour 100 du CAPITAL SOCIAL, et voilà que, dans ce passage, l'Instruction dit que la taxe sera perçue sur le 5 pour 100 du *Patrimoine social* ou *tout l'actif social!* C'est là une contradiction... volontaire.

Dans tous le cours de l'ouvrage, nous nous élevons contre ce tour de force qu'il était nécessaire de faire pour atteindre la *mainmorte entière*, quand il résulte des termes de la loi qu'il n'y a d'atteinte que la *mainmorte originaire!* nous renvoyons le lecteur au nº 16, Évaluation à 5 pour 100, nº 3, Evaluation des meubles et des immeubles, nºs 1 et 2, afin qu'il s'édifie sur ce sujet.

Durée de l'exercice. — Il peut arriver qu'une association ne fasse pas coïncider la durée de ses exercices avec l'année ordinaire, c'est-à-dire, qu'elle ne fasse pas partir l'exercice du 1er janvier pour finir le 31 décembre.

Lorsqu'une association se trouvera dans ce cas, et que, par exemple, son exercice commence le 1er juillet pour finir au 30 juin suivant, « il y aura lieu, dit l'Instruction, d'appliquer à ce cas particulier les dispositions générales de la loi du 29 juin 1872 et du décret du 6 décembre suivant, en vertu de la référence résultant du dernier alinéa de l'article 3 qui est ainsi conçu : « Sont maintenues toutes les dispositions de cette dernière loi et du règlement d'administration publique du 6 décembre 1872, qui n'ont rien de contraire aux présentes dispositions. »

Hormis ce cas particulier, la durée de l'exercice coïncidant avec la durée ordinaire de l'année, il sera facile à ces associations d'arriver au 1er avril de l'année suivante, terme du délai de trois mois, munies de tous les documents voulus par la loi. C'est ordinairement, en effet, dans les trois premiers mois qui suivent un exercice, que ces documents sont rédigés.

Comme il s'agit ici d'une sorte de procédure administrative réglée par le décret du 6 décembre 1872, nous ne croyons pas devoir aller au devant des difficultés d'application qui peuvent se présenter.

Nous nous permettons de conseiller aux associations, qui sont sous le coup de la loi nouvelle, de concourir avec l'Administration à l'exécution facile de cette procédure, indiquée par l'Instruction. Chacun trouvera son compte dans une collaboration inspirée sur un sentiment de conciliation. Ce n'est que sur les questions de principes que les intérêts devront être énergiquement défendus, afin de mettre à même les tribunaux de rendre des solutions acceptables, et de provoquer soit des modifications dans la législation, soit même la suppression de cette législation qui déborde de contradictions, de vexations, d'hérésies de droit, de dissimulation et de despotisme.

SECTION VI

BUREAUX CHARGÉS DU RECOUVREMENT

Siège social (I., nº 28, p. 14). — Succursales (I., nº 29, p. 14).
Compétence des receveurs (I., nº 30, p. 14) (1).

SECTION VII

ORGANISATION DU SERVICE

Recherche des biens des Sociétés (I., nº 31, p. 15).
Dossiers, Eléments divers (I., nº 32, p. 15).
Consignation au sommier (I., nº, 33, p. 16).
Dépôts des délibérations et déclarations (I., nº 34, p. 17).
Recette (I., nº 35, p. 17).
Renvois (I., nº 36, p. 17).
Surveillance des employés supérieurs (I., nº 37, p. 17).
Documents de Contrôle spéciaux aux Congrégations (I., nº 38, p. 17) (2).

Droit de communication.

(I., nº 39, p. 18.)

L'article 54 de la loi du 22 frimaire an VII autorise les agents de l'Administration à faire des recherches dans tous les dépôts et établissements publics, pour la perception et le recouvrement des droits dus au Trésor public. En cas de refus de communication, cet article et l'article 52 les autorisent à dresser procès-verbal en présence d'un officier municipal dûment requis.

Aux termes du décret du 13 août 1819, les agents peuvent vérifier les registres tenus par les entrepreneurs de messageries ou de roulage.

Aux termes d'une ordonnance du 15 novembre 1846, ils peuvent vérifier les registres des chemins de fer relatifs aux transports.

Les lois des 5 juin 1850 et 23 juin 1857, sur le timbre et les droits de

(1 et 2). Du moment qu'il ne s'agit pas ici de questions de droit, nous renvoyons le lecteur à l'*Instruction*.

transfert des actions et des obligations, accordent aux agents un droit de communication des registres à souche d'où sont tirés les titres et certificats d'actions et d'obligations et le registre de transfert. L'article 9 du décret du 17 juillet 1857 contient les mêmes dispositions.

La loi du 23 août 1871 a créé un timbre de 10 centimes pour les quittances, etc. Des sociétés par actions ont prétendu qu'il ne s'agissait dans cette loi que de l'exécution concernant le timbre. Leur résistance n'a pas eu de succès.

L'article 22 de cette loi est ainsi conçu :

Les sociétés, compagnies, assureurs, entrepreneurs de transport et tous autres assujettis aux vérifications des agents de l'enregistrement par les lois en vigueur, sont tenus de représenter auxdits agents leurs livres, registres, titres, pièces de recette, de dépense et de comptabilité, afin qu'ils s'assurent de l'exécution des lois sur le timbre. Tout refus de communication sera constaté par procès-verbal et puni d'une amende de 100 à 1.000 francs.

En 1875, le législateur est allé plus loin. Il a accordé le droit de communication en ce qui concerne l'*enregistrement*. L'Administration a recommandé d'exercer ce droit avec mesure.

L'article 7 de la la loi du 21 juin 1875 est ainsi conçu :

Les sociétés, compagnies d'assurances, assureurs contre l'incendie et tous autres assujettis aux vérifications de l'Administration, sont tenus de communiquer aux agents de l'enregistrement, tant au siège social que dans les succursales et agences, les polices et autres documents énumérés dans l'article 22 de la loi du 23 août 1871, afin que les agents s'assurent de l'exécution des lois sur l'enregistrement et le timbre. Tout refus de communication sera constaté par procès-verbal et puni de l'amende spécifiée en l'article 22 de la loi du 23 août 1871.

La loi du 28 décembre 1880 est arrivée. De même que la loi du 29 juin 1872, elle est restée d'un mutisme absolu sur le droit de communication.

Mais, l'Administration, qui a la mission d'étendre cette dernière loi aux extrêmes limites, prétend que le droit existe.

Voici, en effet, ce qu'elle dit, page 39, n° 28, de son Instruction :

Les agents sont autorisés à exercer dans certaines sociétés et dans tous les établissements publics, communes, etc., des vérifications dont l'objet et l'étendue sont précisés par les lois ou décrets des 22 frimaire an VII (art. 54), 4 messidor an XIII (art. 1er), 5 juin 1850 (art. 16 et 28), 17 juillet 1857 (art. 9), 23 août 1871 (art. 22) et 21 juin 1875 (art. 7). Ce droit de contrôle leur permet d'exiger la présentation de tous livres, registres, titres, pièces de recettes, de dépense et de comptabilité. *En appliquant le contrôle dans les limites tracées par les lois ou décrets précités, les agents pourront trouver des indications utiles à la constatation régulière du* REVENU IMPOSABLE.

Jusqu'à l'avant-dernière phrase il n'y a pas trop à redire ; mais la dernière !... C'est là une de ces voluptés de l'esprit actuel de fiscalité que le *Fiscum* des Césars n'a jamais goûté.

« En appliquant ce contrôle ... Pour la constatation régulière du REVENU IMPOSABLE !

L'Administration ne dit pas à ces agents : Vous avez *légalement* le droit de contrôle par *voie de communication* sur les registres, livres, etc., des associations religieuses.

Elle ne peut pas tenir ce langage, parce qu'il s'agit ici de l'exécution d'une loi *d'impôt direct* qui n'a rien de commun avec les *impôts indirects* de *timbre et d'enregistrement* (1) pour l'application desquels ce contrôle spécial a été exclusivement accordé. Elle ne peut pas le tenir parce que, nous le répétons, le législateur de 1872 n'a voulu, par des motifs d'intérêt général, ni du contrôle, ni de la déclaration personnelle. (V. n° 16, « Évaluation à 5 %, § 2, principes de la loi du 29 juin 1872 ».) La loi de 1880, qui se réfère à celle de 1872, n'a pas innové sur ce point. Ces deux lois se contentent, pour la perception, du DÉPOT aux bureaux des comptes rendus et des extraits de délibérations *fixant* le dividende à distribuer, et de la *déclaration* fixant la valeur réelle des meubles et des immeubles composant le *capital social*, et *non un revenu quelconque*. Voyez, en effet, page 26, n° 34 de l'Instruction où il est dit : « *Dépôts de délibérations et de déclarations* ».

Qu'entend-elle donc dire par ces mots : *en appliquant ce contrôle?* « Vous n'avez pas le droit de communication, prenez-le... si vous trouvez au siège social des « indications utiles à la constatation régulière du *revenu* imposable, » vous me direz ce qui se passe, et je verrai ensuite. »

On a lu plus haut, sous le n° 12, Délibération des conseils d'administration, paragraphe 2, contrôle (Instr., page 8, 1er alinéa, n° 10, page 9, dernier alinéa, n° 12), ce que nous disons du droit de contrôle *extraordinaire* que veut s'arroger l'Administration, et du droit de contrôle *ordinaire* qu'elle tient des dispositions générales des lois, par exemple, de celles dont le texte est ci-dessus. Ici, point de contrôle *extraordinaire*, point de *droit de communication*. Respect sur ce point au silence gardé par les lois de 1872 et de 1880 édictant un impôt direct de 3 pour 100. (V. Contrôle et déclaration, au n° 16, « Évaluation » à 5 %, § 2.)

Objection. — Mais, si l'association religieuse est constituée par actions, les lois de 1850, 1857, 1871 et 1875 accordent le droit de communication. Les agents de l'Administration peuvent donc exercer ce droit aux sièges de ces associations. D'accord, puisqu'elles ont des actions et des quittances, mais uniquement pour s'assurer de l'exécution des lois sur le timbre et l'enregistrement, Or, il s'agit ici d'une loi d'impôt direct. L'objection tombe. Les associations devront donc faire défense expresse de toucher aux registres, livres etc., et surtout d'en laisser prendre des relevés pour constater des revenus ou dividendes imposables à la taxe de 3 pour 100.

(1) Voir à la Tab. alph. les mots « impôt direct » et « Contributions directes et indirectes ».

INNOVATIONS A LA LOI DU 29 JUIN 1872

ASSOCIATIONS RECONNUES. — La loi de 1872 ne les atteint pas, parce qu'elles ne sont pas des sociétés proprement dites. (V. Clément, sénateur.) Celle de 1880 les atteint, et l'Instruction prétend qu'elles ont le caractère prédominant de société, page 6, n° 5 et page 49. Cette prétention n'est pas bien ferme, puisqu'elle dit, sous le n° 42, page 19 : « Bien que ces congrégations participent de la nature des sociétés, etc. »

CONTRATS. — La loi de 1872 n'atteint que les sociétés formées par un contrat. D'après l'Instruction, la loi de 1880 atteindrait les congrégations qui ne sont pas formées par contrats, pages 37, 38, 45.

CONTROLE. — La loi de 1872, de même que toutes les lois fiscales, admet le contrôle ordinaire. D'après l'Instruction, la loi de 1880 autoriserait le contrôle extraordinaire comme étant une conséquence du droit de communication, pages 73, 148.

DÉCLARATION DE CAPITAL. — La loi de 1872 repousse cette déclaration. Celle de 1880 l'impose, pages 81, 88, 141.

DÉCLARATION DE REVENU. — La loi de 1872 n'impose pas cette déclaration. Celle de 1880 l'impose, pages 67, 69, 71, 73, 74, 76, 80, 81, 132, 146.

DISTRIBUTION. — La loi de 1872 vise les distributions de revenus fixés par les délibérations et le revenu présumé distribué qu'elle fixe elle-même au 5 pour 100 du capital social. La loi de 1880 vise le revenu qui eût pu être distribué, sans l'interdiction de distribution, pages 61, 64, 73, 76.

ÉVALUATION DÉTAILLÉE. — La loi de 1872 n'en parle pas. Elle prend le capital mobilier et immobilier évalué dans les contrats. Celle de 1880 exige l'évaluation, à défaut de déclaration du capital. La loi de 1872 n'exige la taxe que sur le capital social (5 0/0) ; celle de 1880 l'exige, d'après l'Instruction, sur le patrimoine social ou sur l'actif social, pages 67, 107, 111, 130.

FORFAIT. — La loi de 1872 n'en parle pas. La Cour de cassation n'a jamais admis l'existence d'un forfait. D'après l'Instruction, la loi de 1880 aurait considéré le 5 pour 100 comme un forfait, pages 75, 88.

JUSTIFICATIONS. — La loi de 1882 n'impose aucune justification. Elle ordonne le dépôt des délibérations et précise les renseignements nécessaires dans les contrats de sociétés qui sont soumises à l'enregistrement ou déposés aux greffes des tribunaux de commerce. La loi de 1880 impose des monceaux de justifications. Elle entre dans le domaine privé.

PREUVES DE DROIT COMMUN. — La loi de 1872 a en horreur ces preuves. Celle de 1880 fait de ces preuves et des justifications son piédestal, page 136.

RÉSERVES. — La loi de 1872 ne touche pas aux réserves. Elle n'atteint que les revenus distribués. Le débiteur de la taxe, c'est l'actionnaire, c'est l'associé. La loi de 1880 touche aux réserves, aux immeubles acquis. Elle atteint le capital lui-même, et les associés ne devant jamais recevoir des revenus, c'est la société ou la personne morale qui est débitrice de la taxe, pages 34, 46 et 66.

SOCIÉTÉS CIVILES. — La loi de 1872 n'atteint que le 5 pour 100 du capital social des sociétés civiles ordinaires, quels que soient leurs revenus réalisés. Celle de 1880 atteint le 5 pour 100 du capital originaire et du capital bénéficiaire, pages 34, 67, 107, 111, 130.

SOCIÉTÉS DE FAIT. — La loi de 1872 n'en parle pas. Celle de 1880 les introduit dans le régime fiscal malgré la loi civile et la jurisprudence, pages 35, 52 et 141.

SOCIÉTÉS ANONYMES. — La loi de 1872 n'atteint que les revenus produits par le capital mobilier et immobilier. D'après la loi de 1880, les sociétés religieuses par actions, si elles ne prennent pas de délibérations, payeront sur le capital mobilier et immobilier improductif, page 34, 37, 46.

TRAVAIL PERSONNEL. — Les lois de 1872 et de 1875 n'atteignent pas les produits dus au travail personnel. Celle de 1880 atteint les produits et mêmes les revenus des biens personnels, pages 104, 124, 125, etc.

TABLE ALPHABÉTIQUE

DES

MOTS PRINCIPAUX

Pris dans le corps de l'ouvrage, dans les décisions judiciaires et dans les discours prononcés en 1880, cités ou analysés à la Table.

OBSERVATIONS

Les titres des nos 1 à 27 et du no 39 de l'Instruction sont rapportés à la Table.

Dans les Commentaires, les numéros de l'Instruction sont indiqués sous le titre en petits caractères. Les pages citées sont celles de l'Instruction adressée aux agents de l'Administration.

TABLE ALPHABÉTIQUE

DES MOTS PRINCIPAUX

ACTIF SOCIAL. — Voir pages 107, 108, 110.

ACTIONS. — 4201. Rép. pér. Arrêts des 23 août 1875. Sociétés en nom collectif. — Rapport de M. P. Pont, analysant le mémoire de l'Administration. « Tout ce qu'on peut dire, c'est que l'*action* s'entend plus spécialement de la part d'un associé dans une société anonyme ou en commandite par actions, tandis que l'*intérêt* ou la *part d'intérêt* représente le droit d'un associé dans une société en nom collectif, et que la *commandite* se rapporte à la part de l'associé qui fournit les capitaux, sans être responsable au delà de sa mise. » (V. Code civil, 4559.)

4179. Blanc, 2 mars 1875. Communauté religieuse de Fontgombault. — Jugement « considérant que, dans la loi de 1872, le mot Part (ce mot n'y est pas, il y a part d'intérêt) a la même signification que Action, Commandite, avec lesquels il est associé dans l'article 1er; que les parts doivent appartenir à des participants, et produire les mêmes résultats que les actions pour les actionnaires, et que les commandites pour les commanditaires ; qu'il n'a pas été fait d'apports de parts ; qu'il est de la nature des Sociétés universelles et de tous gains et jouissances de biens à venir, que les parts ne sont jamais fixées et déterminées; que, dans ces sociétés, le capital reste indéterminé ; considérant que la société de Fontgombault ne fait aucune spéculation ; qu'elle n'a pas d'autres sources de produits et de revenus annuels que le *travail personnel* des sociétaires appliqué à la culture des terres qui composent le capital social, qu'ainsi les produits du travail personnel, ni le revenu des terres grevées de l'impôt foncier ne sont atteints par la loi de 1872. »

Garnier : « Mais, ainsi que nous avons eu le soin de le faire observer, l'impôt n'est dû qu'à la condition que la société fera des bénéfices et des répartitions entre les associés. » (V. Bénéfices réalisés. — V. Travail personnel, p. 104, 124, 125.)

Détermination du revenu, pages 61, 64. — Valeurs autres que des actions, p. 66. (V. Détermination du revenu.)

BÉNÉFICES RÉALISÉS. — 5560. Rép. pér. Alger, 14 février 1880. Trappe de Staouéli. — Jugement : « Attendu que la Société des trappistes ne serait fondée à réclamer l'éxonération de l'impôt que s'il était *justifié* qu'elle n'a produit aucuns revenus, mais qu'elle n'allègue pas cette *improductivité*, qu'à défaut de *détermination* de ce capital, il y est suppléé par une *détermination* estimative des parties. » (Art. 16, L. 22 frimaire an VII.)

Garnier : « La seconde difficulté touche à un principe plus contestable, celui de savoir si la taxe est due lorsque la société est absolument *improductive* et qu'elle en fait la preuve. Notre opinion est que, dans ce cas, la loi du 29 juin 1872 devrait demeurer sans application, parce qu'elle a pour but d'atteindre les *produits réalisés*, et que dès lors toute cause manque à la perception lorsqu'il n'existe aucun de ces produits. » (V. Actions, 4179, et Improductivité, 4753.)

Garnier : « La troisième question, la plus grave de toutes, consistait à régler le mode de l'application de la taxe aux congrégations religieuses qui, sans être improductives, ne distribuent aucun revenu à leurs membres. La difficulté, on le comprend, ne peut s'élever que quand cette absence de distribution est absolue et qu'elle fait partie du pacte social lui-même. Lorsqu'il n'existe aucune interdiction de l'espèce, c'est un point de fait à examiner que celui de savoir si, dans les circonstance spéciales de chaque affaire, il y a eu ou non des distributions. La Cour de cassation a décidé, avec raison, par exemple, au sujet d'une société universelle entre deux associés, que malgré le silence des statuts sur le mode et sur l'époque de la distribution des profits, cette répartition devait être tenue pour constante, et que, par conséquent, la taxe était exigible. (Affaire de la société Pereire, V. n° 15, Forme des déclarations, p. 81.) De même, dans l'affaire qui a donné lieu au jugement du tribunal d'Amiens (V. Improductivité, 5157), les juges ont pu faire résulter la répartition de ce fait que les associés avaient eu la jouissance personnelle et indivise de certaines valeurs importantes du fonds social. Mais en dehors de ces systèmes, lorsque le *défaut ou l'impossibilité de répartition est juridiquement établi*, y a-t-il lieu de réclamer la taxe de 3 pour 100 ? »

L'Administration métropolitaine a tenté de le soutenir. Il lui paraissait, et non sans raison, que quand les revenus sont accumulés pour augmenter le fonds social, et par voie de conséquence la part revenant à chaque adhérent dans la masse, la situation est la même que si la répartition avait été opérée. L'esprit de la loi semblait conduire à une assimilation complète des deux cas. Cependant son interprétation n'a pas été accueillie par la jurisprudence. Trois jugements rendus par les tribunaux du Blanc en mars 1875 (ci-dessus), de Dreux, le 31 août suivant, et de la Seine, le 5 juillet 1877 (V. Improductivité, 4753), ont repoussé la demande du droit, par le motif que la loi de 1872 atteint exclusivement les *revenus distribués* aux actionnaires, et non pas ceux qui sont conservés par la société pour devenir l'objet d'une répartition ultérieure, sous forme d'une augmentation du fonds social ou autrement. Cette jurisprudence a été acceptée.

Le tribunal d'Alger consacre la doctrine opposée. « S'il est vrai, dit-il, que l'impôt serait dû par les sociétaires personnellement et perçu sur leurs parts de bénéfices, on ne saurait admettre que l'accumulation ou la *mise en réserve* de ces bénéfices soient un obstacle à la perception. Autrement, on arriverait à favoriser des combinaisons qui permettraient d'échapper à l'impôt. » Ce résultat est certainement regrettable. Il est contraire aux règles d'une équitable répartition de l'impôt, mais toute la question est de savoir s'il est autorisé par la loi. Or, l'affirmative paraît contraire. M. le conseiller Voisin rappelait récemment devant la Chambre des requêtes le principe qui règle l'exigibilité de la taxe. Il disait : « Tant que les sommes prélevées sur les bénéfices sont dans le fonds de *réserve*, quoique bénéfices, quoique produits, elles ne sont pas soumises à la taxe, parce qu'elles ne sont pas *distribuées*. » (Rép. pér. 5532, affaire de la Belle Jardinière.) — C'est, en effet, la circonstance seule de la *distribution* aux actionnaires qui est la *cause génératrice de l'impôt*. (V. Fait générateur.)

Il ne suffit pas que des revenus aient été réalisés par la société. Il faut que ces revenus cessent d'appartenir à l'*être moral* qui personnifie l'entreprise et a une existence distincte de celle des associés. (V. Être moral, 3887.) Quand, sous une forme ou sous une autre, les produits communs n'ont pas cessé d'être la propriété de l'être juridique *société* pour devenir celle de chaque associé ou individu, il n'y a pas de distribution, et, par conséquent, pas de motifs pour asseoir la taxe du revenu. Nous ne pouvons donc pas, au point de vue des principes, adhérer à la théorie du tribunal, et nous persistons à penser que la jurisprudence admise par les juges métropolitains est seule conforme à la loi. (V. aussi ce que dit Garnier, au mot *actions*, 4179. — V. Capital en perte, 4959. — V. Improductivité, Garnier, 5122.)

Observations. — On a vu au mot Actions, 4179, l'opinion de Garnier : « Mais, ainsi que nous avons eu le soin de le faire observer, l'impôt n'est dû qu'à la condition que la société fera des bénéfices et des répartitions entre les associés. »

Garnier s'exprime dans les mêmes termes au sujet de l'affaire des Zélatrices de l'Eucharistie. (V. improductivité, 4753.)

Au sujet de cette même affaire, voici ce que disait l'Administration :

« La société des Dames de la rue de Douai (Zélatrices de l'Eucharistie), ne prenant pas de délibérations sur l'importance de ses produits, tombe, de toute évidence, sous l'application des décisions qui précèdent. Elle est tenue d'acquitter l'impôt sur le revenu à 5 pour 100 de son capital, indépendamment de la bonne ou de la mauvaise fortune de l'association. L'exemption dont la société prétend trouver la cause dans le but de son institution n'est pas mieux justifiée. Les termes de la loi n'autorisant aucune distinction entre les sociétés industrielles, par exemple, et les sociétés civiles ou autres (ou autres ?), QUI N'ONT PAS POUR PRINCIPAL OBJET LA RÉALISATION DE BÉNÉFICES. Ils soumettent uniformément *les uns et les autres au payement de l'impôt sur le revenu.* »

Voilà donc l'Administration en contradiction avec Garnier.

Elle prétend que *toutes les sociétés civiles sans distinction*, *qui n'ont pas pour objet la réalisation de bénéfices*, *d'un revenu*, sont assujetties à l'impôt sur le *revenu.*

Dans son Instruction, n° 5, page 6, *Établissements n'ayant pas le caractère de sociétés*, elle dit tout le contraire :

« De même que sous l'empire de la loi du 29 juin 1872, on ne considérait pas comme soumises à la taxe les compagnies d'assurances mutuelles et les sociétés de secours mutuels, parce que ce ne sont pas des sociétés proprement dites *réalisant des bénéfices*, de même il est impossible de les comprendre parmi les *sociétés* prévues dans l'article 3 *de la loi du 28 décembre 1880.* »

Si la loi de 1880, si la loi de 1872 n'atteignent que les *sociétés proprement dites* constituées en *vue de réaliser des bénéfices*, l'Administration se trouve donc en contradiction avec elle-même en soutenant dans l'affaire de la Trappe de Staouéli, comme dans celle des Dames de la rue de Douai, que même les *sociétés civiles* qui n'auraient point pour *objet* de *réaliser des bénéfices étaient passibles de la taxe !!...*

Garnier dit blanc, et l'Administration dit noir et blanc.

On verra sous le mot Improductivité, 4753, comment cette singulière thèse est battue en brèche par Garnier et par le tribunal de la Seine.

BRISSON, député. — **Production des biens de mainmorte.** — (*Journal officiel*, 10 décembre 1880, p. 12150, 2e et 3e col.) M. Brisson rapporte le passage suivant d'un discours de M. Grévy : « Ces biens, dont la masse va sans cesse augmentant, sont retirés du commerce au grand préjudice de la richesse nationale, du Trésor public, de la masse des contribuables; car, d'une part, ces biens ne fournissent aucun aliment au mouvement fécondant des transactions, et d'autre part, ils restent, sous le rapport de la *production dans un sérieux état d'infériorité.* De là, préjudice pour la masse des contribuables, car les biens *de mainmorte ne produisent pas le tiers de ce que produisent les autres biens*, ne contribuent à l'impôt direct que dans cette proportion affaiblie, ce qui surcharge d'autant les biens des particuliers.

« Messieurs, remarquez-le bien, la plupart de ces propriétés sont des propriétés bâties qui servent au logement des Congrégations, qui ne suffisent même pas toujours à leur logement, car elles ont des locations ; par conséquent, elles *ne leur rapportent rien.* »

Observation. — C'est exact, mais voilà qui va être bien gênant pour l'Administration, quand elle viendra prétendre que le revenu déclaré est insuffisant.

Nullité des Congrégations non reconnues établies par contrats. — (*Journal officiel*, 10 décembre 1880, p. 12155, 2e col). « D'ailleurs, une troisième raison pour ne pas faire profiter les sociétés religieuses de la faveur accordée aux sociétés civiles ordinaires, c'est que ces sociétés qui dissimulent des congrégations sont nulles. Elles sont nulles parce qu'elles ont un objet illicite, à savoir de créer une personnalité civile, de créer frauduleusement une personne morale, dont la loi ne veut pas, que la loi ni un décret n'a constituée. Aussi, Messieurs, toutes les raisons militaient pour refuser le bénéfice de cette faveur aux sociétés de l'espèce. Néanmoins, le Gouvernement m'a opposé que le fisc ne pouvait pas critiquer, au moment où ils lui étaient soumis, les *actes* qui constituent ces sociétés; qu'il était obligé de prendre ces actes qui fondent les sociétés civiles, tels qu'ils se présentaient devant lui... Aussi, comme peut-être il y aurait lieu à cet égard de modifier plus profondément notre droit, la Commission du budget n'a pas adopté sur ce point les formules qui se trouvaient contenues dans mon amendement.» (Suite, p. 12157, *in fine.*)

Sommes données aux sociétés. — (*Journal officiel*, 10 décembre 1880, p. 12156, 2e col.) — « Ces autres sources de revenus et de produits, dit-on, sont des dons, des collectes, des quêtes. Mais, Messieurs, il est de jurisprudence que ces sortes de sources de revenus rentrent dans les bénéfices frappés d'une taxe de par la loi. Ces ressources sont, d'ailleurs, très variées et ne sont pas à dédaigner. »

Observation. — La jurisprudence? Voir un *seul* et *unique* méchant arrêt rendu contre la société la « Pantographie Voltaïque ». (V. n° 17, Produits passibles de la taxe, p. 1, Sommes données à des actionnaires, nos 1 à 6, p. 113.) Cette jurisprudence ne tient pas debout, puisque la somme donnée n'a jamais appartenu à la société, ni n'est entrée dans la caisse sociale. Cette somme était une *dette de la société* que les créanciers ont cédée aux actionnaires. (V. Delsol.)

Magistrature. Haute administration. — (*Journal officiel*, 10 décembre 1880, p. 12156, 3e col.) — Il s'agit des titres d'obligations de l'École Fénelon, qui n'ont payé ni droit de timbre, ni droit de transmission, ni taxe sur le revenu. « Il s'est trouvé des raisonneurs habiles pour prouver qu'elles devaient y échapper, et ces raisonneurs ont réussi à faire accepter leur argumentation par l'Administration de l'enregistrement. (*Exclamations à gauche.*) Je ne veux pas dire que c'est parce qu'il s'agissait d'une entreprise religieuse, d'une école congréganiste, ni parce que les trois emprunteurs sont trois ecclésiastiques, mais, enfin, si je voulais le dire, je crois que vous seriez tous, au moins dans la majorité, assez disposés à le croire, à vous imaginer que telle a été véritablement la cause de la facilité avec laquelle les prétentions des obligataires ont été accueillies. »

Observations. — M. Brisson accuse la magistrature, accuse la haute Administration. En ce qui concerne la magistrature, qu'il lise donc tout ce qui a été dit sur le 5 pour 100 et sur ce fameux forfait, adopté par les tribunaux, au moyen duquel l'État dépouille les sociétés improductives que MM. Magne et Casimir Perier, en 1872, entendaient protéger en cas de justification d'un revenu inférieur à 5 pour 100, ou d'un capital en perte. Il s'indigne avec raison contre toutes sociétés qui fraudent. Mais, comment veut-on que le peuple contribuable ne fraude pas, quand on voit un pareil arbitraire, quand on voit des tribunaux, des rapporteurs à la Chambre des requêtes qui n'ont jamais lu un mot des discussions de cette époque. Qu'on lise les jugements et arrêts relatifs à la « Pantographie Voltaïque» et à la société Pereire, on verra s'il n'y a pas lieu de s'insurger quand la magistrature n'a des yeux que pour le trésor public. M. Brisson dit que les sociétés religieuses sont bonnes pour recevoir et pour tout garder. Nous en dirons de même du Trésor : Il reçoit très souvent un argent non dû, qu'il ne rend pas. Pourquoi? Parce qu'une partie de la magistrature, celle que M. Brisson n'accable pas, a contre les congrégations et les prêtres des haines et des passions politiques diamétralement opposées à celles que M. Brisson trouve mauvaises ou dangereuses dans l'autre partie qu'il accable.

Il approuve la magistrature qui prend l'argent des contribuables, et il désapprouve celle qui refuse d'en donner au Trésor. Qu'y a-t-il de plus affreux que les nombreux payements que l'on voit au mot forfait? N'est-ce pas honteux de voir un tribunal faire payer la taxe à cette malheureuse société Libert, qui voulait justifier de son improductivité? (V. Documents analogues, 2553 et p. 98.)

M. Brisson a été trop loin dans sa double accusation : il autorise nos emportements. (V. l'opinion de Garnier dans l'affaire de la trappe de Staouëli et des Zélatrices de l'Eucharistie. Là, il n'y a ni haine ni passion, il y a la science du droit. Voir bénéfices réalisés, 5560.)

En ce qui concerne la haute Administration, il n'y a, dans l'administration de l'enregistrement des domaines et du timbre, aucun agent inférieur ou supérieur qui soit capable de s'être rendu coupable de la faiblesse signalée par M. Brisson. Le seul coupable, s'il y en avait, ne saurait être qu'un directeur général. Pourquoi ? Parce que l'on ne met à la tête des directions générales que des hommes politiques, les uns faibles, les autres ambitieux, les autres sans consistance, tous étrangers à l'Administration, tous ignorant les matières fiscales, et toujours disposés à plaire ou à sévir dans leur intérêt personnel et dans l'intérêt personnel de celui qui les a fait nommer. Ce sont de véritables plastrons politiques..., qui font tout de même leur chemin, tant ils pensent à eux, à eux seuls, rien qu'à eux.. Il faut de ces gens-là aux monarques absolus, aux gouvernements personnels, et aux gouvernements républicains qui mettent le pied sur le terrain du despotisme.

Corrupteurs et Corrompus. — (*Journal Officiel*, 10 décembre 1880,

p. 12155). — Après voir parlé de la haute Administration et de la magistrature qui se sont montrées complaisantes pour les congrégations religieuses, M. Brisson dit : « Ce que je viens de vous dire suffit pour vous montrer que, depuis les célèbres remontrances du clergé de France en 1749, contre l'application de la levée du vingtième des biens ecclésiastiques, l'ardeur des séculiers ou des réguliers à se dérober à l'impôt n'a pas diminué, et que, même sous des gouvernements qui n'auraient pas voulu qu'on les qualifiât de cléricaux, cette ardeur a été couronnée de succès bien souvent. »

Observations. — Nous disons dans l'ouvrage que les gouvernants ont commencé d'abord par corrompre le clergé quand ils ont eu besoin de lui, et qu'il n'est pas étonnant que les corrompus soient devenus des solliciteurs et des fraudeurs.

C'est aux gouvernements à donner de bons exemples. Les passions d'aujourd'hui ne sont pas faites pour moraliser les contribuables.

Présomption de revenu. Meubles et immeubles. — (*Journal officiel*, 10 décembre 1880, p. 12156). — La loi dit d'ailleurs plus loin : « Le revenu est déterminé, pour les parts d'intérêts et commandites, à défaut de délibération, à raison de 5 pour 100 du montant du capital social ou de la commandite. » Ici l'honorable M. Boyer doit bien voir que ni la Commission du Budget, ni le Gouvernement, ni moi, n'avons innové en établissant cette proportion de 5 pour 100. Les derniers mots que je viens de citer sont même particulièrement instructifs, car en fixant les revenus à tant pour cent du capital social, la loi établit une véritable présomption de revenu qui ne devrait céder en aucun cas, lorsqu'on a affaire à des citoyens qui se sont mis en société. Malgré tout, les communautés se sont refusées à payer la taxe, et voici les subtilités qu'elles ont fait triompher. Elles ont plaidé d'abord que leur capital ne se composait que de valeurs immobilières. Qu'importe, Messieurs ? Est-ce que la loi distingue entre les valeurs immobilières et les valeurs mobilières ? Est-ce que, d'ailleurs, il n'y a pas des immeubles dans les sociétés ordinaires que la loi de 1872 soumet à la présomption d'un revenu de 5 pour 100 ?

Observation. — Tout cela est fort exact, mais voyez la contradiction : ici, c'est sur le 5 pour 100 du capital social, là (V. plus haut, Sommes données), c'est sur tous les bénéfices, mêmes les quêtes, dons, etc.

« Elles ont plaidé ensuite que les parts, dans leurs sociétés, étaient indéterminées, comme le capital lui-même. Eh bien ? la loi, encore ici, n'a pas fait d'exception. »

Observation. — Dans ce cas, la loi de 1872 était inapplicable. Il s'agissait de sociétés ne devant jamais distribuer de revenus. (V. Bénéfices réalisés, p. 5560, Trappe de Staouëli, opinion de Garnier. — V. n° 15, Forme des déclarations, Société Pereire, p. 81. V. M. Roger-Marvaise.)

« Elles ont plaidé enfin que les bénéfices n'étaient pas distribués. » M. Brisson cite le jugement du tribunal d'Alger.)

Observation. — Si la société a été formée en vue de réaliser des bénéfices, la taxe était due sur le 5 pour 100. Dans le cas contraire, point de taxe. (V. Bénéfices réalisés.)

Droit de mutation. Magistrature. Loi. Jurisprudence. Gauche et extrême gauche. —(*Journal officiel*, 10 déc. 1880, p. 12156, 3e col.)— « Nous passerons, si vous le voulez bien, à ce qui concerne l'application de la loi fiscale, lorsque se réalisent les mutations en vertu de la clause de réversion, de la stipulation d'accroissement.

« L'administration de l'enregistrement, Messieurs, a d'abord soutenu pendant longtemps que le droit qu'il fallait percevoir était le droit de mutation par suite de décès s'élevant à 11.25 pour 100 avec les décimes. Les congrégations ont plaidé et fait reconnaître, *toujours par la jurisprudence* (et par qui donc?), que la clause de réversion, que la stipulation d'accroissement constitue une clause aléatoire, et que, comme elle est commune à tous les congréganistes, cela devient un contrat commutatif; si bien que le droit à percevoir, ce n'est pas le droit de donation, comme le prétendait l'administration de l'enregistrement, c'est le droit de mutation à titre onéreux.

« L'administration a fini par accepter cette donnée, et elle s'est résignée à cette thèse. Alors, elle a cru pouvoir percevoir le droit de mutation suivant la nature des biens, au moment où se réalise la clause d'accroissement; et, Messieurs, toute cette histoire de jurisprudence que je vous fais est constatée dans le dictionnaire général des droits d'enregistrement que j'ai à mon banc; tous les textes s'y trouvent. — L'administration a cru, dis-je, pouvoir percevoir le droit de mutation suivant la nature des biens, c'est-à-dire un droit de 5.50 pour 100 lorsqu'il s'agit d'un immeuble.

« Eh bien, l'Administration n'a pas encore pu tenir sur ce terrain. Elle a été débusquée de cette situation nouvelle. Vous avez vu tout à l'heure les congrégations, pour échapper à la taxe sur le revenu, soutenir que leurs valeurs étaient toujours immobilières, et vous avez vu la jurisprudence accueillir cette thèse. Mais ici, pour que l'on ne perçut pas le droit de 5 fr. 50 pour 100, en d'autres termes, pour diminuer le droit de mutation dans le cas de réalisation des clauses d'accroissement, les congrégations ont plaidé l'inverse, à savoir que leurs valeurs immobilières elles-mêmes, puisqu'elles étaient en sociétés, étaient devenues meubles par la détermination de la loi, en vertu de l'article 529 du Code civil (V. Code civil, 4559, art. 529, l'opinion de MM. Aubry et Rau), et la justice, de même qu'elle avait sanctionné, en matière de taxe sur le revenu, cette thèse que les congrégations ne possédaient que des valeurs immobilières, lorsqu'il s'est agi de faire descendre le droit de mutation, a consacré cette autre thèse inverse que ces valeurs immobilières étaient devenues meubles en vertu de l'article 529 du Code civil.

« Il a donc été décidé que les congrégations, lorsque se réalisait la clause d'accroissement, ne devenaient propriétaires que d'une part sociale, ou d'une valeur mobilière, et que, en conséquence, il convenait de percevoir seulement le droit de 2 pour 100 établi par l'article 69, paragraphe 1, n° 1 de la loi du 2 frimaire an VII.

« Ce n'était pas assez. La jurisprudence a fait des progrès. Elle a établi qu'il ne fallait percevoir que le droit de 50 cent. pour 100 établi par le paragraphe 2 du même article sur les cessions d'actions, de coupons d'actions et autres effets négociables des particuliers ou des compagnies. — L'Administration de l'enregistrement a vainement soutenu qu'il n'y avait de négociation d'aucune espèce dans les sociétés religieuses, qu'il n'y avait que réalisation de la clause d'accroissement. Elle a été battue, et le dernier état de l'affaire, c'est qu'on ne perçoit plus que le droit de 50 cent. pour 100.

« Ainsi, vous voyez les congrégations et les sociétés religieuses, lorsqu'il s'agit d'échapper à l'impôt du timbre, à l'impôt de transmission, à la taxe sur le revenu, soutenir, et soutenir triomphalement, qu'elles ne sont pas de véritables sociétés, qu'elles ne possèdent pas de véritables actions, et lorsqu'il s'agit, soit de payer un droit fixe en matière d'apports, soit de ne payer le droit de 50 c. pour 100 sur la clause d'accroissement ou sur les mutations, elles plaident, toujours triomphalement, qu'elles sont de véritables sociétés, qu'elles possèdent de véritables actions. (Exclamations à gauche.)

« Telles nous les avons vues, lorsqu'il s'agissait de droit civil, plaider tour à tour qu'elles étaient des individus pour acquérir et qu'elles étaient des sociétés pour garder, telles nous les voyons, quand il s'agit de droit fiscal, plaider tantôt qu'elles ne sont pas des sociétés, qu'elles ne sont pas constituées par actions, telles nous les entendons plaider, au contraire, lorsque leur intérêt l'exige, qu'elles sont de véritables sociétés, et qu'elles sont constituées par actions. (Applaudissements sur les bancs de la gauche.) »

Observations. — Voilà un tissu savamment combiné. Voyez-vous le serpent congréganiste sur un char triomphal, traîné par la Magistrature et par la haute Administration ? A bientôt la pièce de théâtre. En attendant, disons que M. Brisson a été injuste envers les congrégations, la magistrature, et la haute Administration, sauf ce que nous disons de certains directeurs généraux. En ce qui concerne le droit de mutation par décès, on a perçu d'abord le droit que payent les personnes non parentes avec le défunt (9 0/0), puis le droit de vente (5.50 0/0), puis le droit de 2 pour 100, et, enfin, le droit de 0.50 pour 100. Mais à qui la faute ? Est-ce aux congrégations, aux Sociétés civiles ordinaires? Non. En 1864, 1868 et 1870, la Cour de cassation, malgré les savantes discussions de l'Administration, a décidé que, pendant la durée de la société civile et même pendant la liquidation, les parts des associés ne consistaient qu'en *parts mobilières*, *droits incorporels*, *valeurs mobilières*, *actions mobilières*, soit en *actions* de la nature de celles prévues en l'article 529 du code civil. Ces décisions ont pour point de départ précisément une société civile formée entre des héritiers pour l'exploitation d'immeubles connus. Il ne s'agissait point alors de congrégations religieuses. Elles n'ont donc fait que profiter d'une jurisprudence inaugurée au sujet d'une société civile ordinaire et dont des milliers d'autres sociétés civiles ont profité. Elles ont dit : puisque la société civile constituée entre les héritiers .... ne paye que le droit de 50 c. pour 100, pourquoi, nous, qui sommes formées en vertu d'un contrat régulier, comme cette société, ne jouirions-nous pas de la même immunité, si immunité il y a. Il faut accuser la Cour de cassation. Mais l'accusation tiendra-t-elle? Non. La Cour a reconnu la personnalité morale à toutes les sociétés civiles formées par contrat, et même elle est allée si loin dans cette voie que, pour l'application de la taxe sur le revenu, elle a reconnu l'existence d'une telle personnalité dans la société Pereire, qui est une société universelle constituée en vue d'une simple administration de biens, exclusive de tous gains et bénéfices. Partant de ce principe de la personnalité morale, elle se montre logique en décidant que les parts dans les sociétés civiles sont de la même nature que les parts ou actions dans les sociétés commerciales, et qu'elles ne sont passibles que du droit de 50 c. 0/0, en vertu de l'article 69, paragraphe 1, n° 1 de la loi du 22 frimaire an VII. Pourquoi donc alors M. Brisson, qui, ainsi que l'a fait justement observer M. Gaslonde, a fait le choix d'espèces favorables à sa thèse, a-t-il jeté la première pierre au congrégations religieuses comme s'ingéniant à prendre toutes les métamorphoses propres à tourner la loi? Il a voulu des exclamations et des applaudissements de la gauche, il les a eus. Mais il n'en est guère plus avancé. La gauche a applaudi, la gauche a voté. M. Wilson passe au Sénat ; de retour à la Chambre, la gauche ne s'exclame plus, n'applaudit plus : Elle se soumet ! Elle se déjuge. Et quand M. Gaslonde lui parle de Droit, d'Égalité ou de Liberté, elle sourit dédaigneusement!... et quand M. Brisson, avec son franc parler ordinaire, vient lui dire que la loi votée par le Sénat est « obscure », elle fait la sourde oreille, lâche l'orateur applaudi la veille et vote cette loi! Voilà le revers de la médaille.

Si l'on disait à cette gauche intolérante, qui ne sait rien en matière fiscale : Puisque vous accusez la magistrature d'accueillir favorablement les prétentions des congrégations religieuses, n'accusez pas les sociétés, n'accusez pas l'administration, mais accusez la jurisprudence ou la loi, et alors, si vous trouvez que la jurisprudence est mauvaise parce qu'elle se conforme à la loi, réformez la loi sans faire tant de bruit et tant de volte-faces.

Mais c'est ici que la gauche se trouve au pied du mur. Muette, et pour cause, lors de la discussion de la loi de 1880, muette elle sera lorsqu'il faudra discuter, comme l'a fait M. L. Pont, que les sociétés civiles n'ont pas de personnalité morale, et lorsqu'il faudra porter la main sur la loi fondamentale du 22 frimaire an VII qui a édicté le droit de 50 c. pour 100 contre l'application duquel elle s'est tant exclamée. Tout le monde sait qu'elle n'est pas de taille pour faire une aussi grande besogne, et tout le monde pense que, le jour où il faudra refondre les lois sur l'enregistrement, elle sera la première à tendre la main à la magistrature et à la haute administration.

Obscurité de la loi votée. Critiques. Lâcheté de la Gauche.— (*Journal officiel*, 28 déc. 1880 p. 12981, 2e col.) — Rapport sur la loi votée par le Sénat. — « La raison principale qui nous fait persévérer dans la rédaction que vous avez adoptée, c'est, Messieurs, que dans cette rédaction tout était clair, tout était net, et que, dans la rédaction qui nous revient, il nous semble que tout devient obscur.

« Votre rédaction, Messieurs, elle parlait nettement et haut, elle parlait à la France laïque; elle lui disait quelle était votre volonté. Votre volonté, c'était de faire reculer la mainmorte!

« ... Néanmoins, et quoi qu'il en soit, le Sénat a rejeté d'emblée cinq de vos articles sur sept; il a mutilé les deux autres; il les a mutilés, dénaturés, défigurés, au point qu'en vérité il ne sera pas très difficile, je crois, de vous démontrer que *mieux vaudrait n'avoir rien dit dans la loi que d'avoir les articles 3 et 4, tels qu'ils vous sont proposés aujourd'hui par le Gouvernement au nom du Sénat.* » (Il a raison... Mais cela n'empêche pas que l'on dise : La loi Brisson.)

« ... Je viens de prononcer le mot de « congrégations religieuses »; je devrais presque en demander pardon au Sénat et au Gouvernement, car, si vous accueillez la rédaction du Sénat, il se trouvera que des législateurs français auront voulu faire une loi sur les congrégations et que, dans leur texte, ils n'auront pas osé les *nommer.* »

Observation. — La gauche n'a pas osé! Elle s'est donc mise entre deux feux. Si elle avait reçu le mandat de convertir en loi le projet de M. Brisson, elle a manqué à son devoir en acceptant la loi votée par le Sénat; si elle n'a pas reçu ce mandat, elle a fait un bien triste usage de l'initiative parlementaire, puisque, après avoir voté pour ce projet, elle a voté contre. Dans les deux cas, elle est coupable, et, aux yeux de la France républicaine, elle n'apparaît depuis que sous la hideuse face d'un *despotisme* naissant revêtu du manteau de la *lâcheté* et de la *servilité*. Ils n'ont pas osé!! M. Ribot les a fait reculer!!!

(V. la suite de ce discours où l'orateur fait ressortir justement toutes les difficultés que soulèveront les déclarations, les expertises, les preuves de droit commun, etc.)

BUT DE LA LOI. — N° 1, page 1.

CAPITAL. — Capital social, pages 107, 108, 109, 110, 111, 146. — Évaluation, page 83. — Détermination du capital, voir Forme des déclarations, pages 81, 82, 141. — Taxe sur le capital, page 146, voir de Gavardie, voir Actions, 4179. — Capital primitif, voir Improductivité, 5122. — Capital improductif, page 101. — Capital indéterminé, voir Bénéfices réalisés, 5560, et Sociétés universelles.

CAPITAL SOCIAL *en perte.* — 4959. Rép. pér. Seine, 4 janvier 1878. — Pont et gare de Grenelle. Jugement : Que l'impôt logique, lorsqu'il consiste en un prélèvement sur l'accroissement de la fortune privée obtenue par l'association des capitaux, serait inique si, dans son application, il avait pour résultat de diminuer les capitaux eux-mêmes mis en commun; qu'il échet donc chaque fois qu'il y a distribution de deniers provenant de gains et constituant pour celui qui le reçoit une augmentation de son avoir personnel, ou bien s'ils sont une fraction du fonds social, que la taxe est due dans le premier cas, et ne devra pas être perçue dans le second ;... qu'elle n'a pas réalisé des bénéfices; que ses actionnaires, loin de s'être enrichis par des gains faits et communs, ont éprouvé une diminution sensible de leur apport dans la Société. (V. Improductivité.)

5701. Marseille, 11 février 1881. — Jugement : Que Daniel oppose vainement à cette réclamation que, depuis la formation de la Société, non seulement elle n'a pas réalisé de bénéfices, mais qu'encore elle a dû se dissoudre à cause des pertes éprouvées; qu'en effet, la loi de 1872 ne contient aucune exception ni exemption pour le cas d'*improductivité* des Sociétés, et que, voulant imposer leurs revenus, sans déclaration ni investigations, elle a, à défaut de documents sur l'authenticité et l'exactitude desquels aucun doute ne pouvait s'élever, fixé, à forfait, ledit revenu au 5 pour 100 de la commandite. (V. Improductivité, 4753, Seine, 6 juillet 1877, 5122, 5559.)

CHARGE DE L'IMPOT.—3887. Rép. pér. Seine, 27 juillet 1874.— L'Administration : la taxe sur le revenu frappe les sociétaires personnellement.

4201. Arrêt, 23 août 1875. — Le rapporteur : c'est dans un but facile de perception que la loi a voulu l'avance par la société.

CHESNELONG, Sénateur. —(*Journal Officiel*, 24 décembre 1880, p. 12772, 1re, 2e, et 3e col., et p. 12773, 1re et 2e col.) — Nous regrettons de ne pas pouvoir reproduire *in extenso* ces pages éloquentes. Nous en faisons une analyse succincte.

Sociétés produisant des revenus. — M. Chesnelong dit : 1° « Que les congrégations religieuses constituées en sociétés civiles tombent sous l'application de la loi de 1872, pourvu qu'elles soient *productives de revenus* ». Il a raison. Toute la loi est là.

Les sociétés autorisées ont-elles des contrats? — 2° « Que la nouvelle loi va atteindre toutes les congrégations religieuses, qu'elles soient ou non constituées en société, telles que les congrégations autorisées. »

Observation. — Nous avons soutenu que les congrégations autorisées devaient avoir un contrat. L'Administration suppose dans un passage de l'Instruction (V. n° 2, Non distribution des produits, p. 37), qu'elles n'ont pas de contrat, et, dans un autre passage, (V. n° 5, Etablissements n'ayant pas le caractère de sociétés, p. 49), elle reconnaît qu'elles ont des contrats. Il doit, selon nous, exister un contrat au moins entre les fondateurs, puisque les futurs membres sont tenus, pour être admis, à adhérer à certaines *stipulations* et conditions. Quoiqu'il en soit, admettons que ces congrégations ne soient pas constituées par un contrat de société créant une personnalité civile, et qu'elles n'aient que la personnalité morale que l'État leur donne ou leur reconnaît. Voici, dès lors, ce qui doit arriver, selon nous. (V. Clément.)

La loi de 1872 ne vise que les sociétés formées par contrat, en vue de réaliser des revenus et de distribuer les revenus à leurs membres. L'Instruction de l'Administration dit, sous le n° 5 précité, que la loi de 1880 ne vise que les sociétés ou associations qui ont le *caractère prédominant de société*. Donc, il s'agit bien dans l'Instruction de sociétés pareilles à celles visées par la loi de 1872; or, s'il est vrai que les congrégations autorisées ne sont point formées par contrats, elles ne seront pas alors *sociétés*, puisqu'elles n'auront pas le *caractère prédominant de la société*, et elles ne seront, au regard de l'impôt, de la loi civile et de la jurisprudence, que des sociétés de fait, n'importe la prétendue personnalité morale que l'État leur accorde ou leur reconnaît. *Sociétés de fait*, elles ne seront pas assujetties à la taxe. (V. ce que nous disons à ce sujet dans l'analyse d'un passage du discours de M. Clément.)

Indivisions. — 3° « Il y a des congrégations religieuses non autorisées formées entre plusieurs personnes propriétaires par indivis. ».

Observation. — Ni la loi de 1872, ni celle de 1880 n'atteignent les *indivisions*, les *copropriétés*, les *communautés de biens*. (V. n° 8, Sociétés de fait, p. 52.)

Travail personnel — 4° « La loi de 1872, ni celle de 1875 n'ont pas voulu atteindre le revenu obtenu par le travail personnel des associés. »

Observation. — C'est très exact. Elle n'atteint que le produit des capitaux engagés dans une entreprise, que la *jouissance* des capitaux appartenant à des gens qui ne *travaillent pas personnellement à la réalisation du produit*. (V. M. Delsol, *Travail personnel*. — V. Travail personnel.)

Loi politique. — 4° « En 1872, on a fait une loi d'impôt, aujourd'hui on fait une loi politique. »

Observation. — .... Et impolitique, c'est pour cela que nous avons pris la plume pour la battre en brèche.

Réserves. — 5° « La loi de 1872 impose les revenus distribués profitant aux associés. Les réserves ne sont pas atteintes, pas même les dons faits par des sociétés au profit d'œuvres de bienfaisance. La loi nouvelle va atteindre toutes les sociétés, tous les revenus, sans distinguer entre le revenu qui profite à l'associé et celui qui profite à la charité, à l'éducation, à la moralisation. La loi de 1872 est une loi généreuse dans sa justice. Celle de 1880 sera implacable dans sa fiscalité. »

Observation. — Le législateur de 1880 reconnaît, dans son for intérieur, tout ce qu'il y a de vrai dans le langage indigné de l'orateur. Mais, pour lui, qui veut accomplir une besogne souterraine, il s'est imposé le devoir de rester insensible aux sentiments de générosité, de grandeur et de justice.

Le législateur a le même lot que le peuple : Son niveau moral est démesurément abaissé. (V. Wilson, Réserves. V. Freppel, Réserves. V. Dons.)

Contrôle et Inquisition. — 6° « Si l'article 3 est adopté, le fisc pourra pénétrer partout, se mêler à tout, contrôler tout, sous prétexte de taxes à appliquer, ou de bases d'impôts à asseoir ou à vérifier. Ce sera l'inquisition universelle.

Observation. — Lisez l'Instruction, lisez l'ouvrage, l'orateur n'exagère pas.... Et c'est parce que nous ne voulons ni de contrôle extraordinaire, ni d'inquisition que nous avons pris la plume.

Déclaration. — 7° M. Chesnelong s'élève contre un certain luxe de *déclarations*, les *inexactitudes*, l'*expertise*, le *serment*, etc. (V. Wilson, But de la déclaration.)

Droit, Justice et Tyrannie. — 8° « Vous avez mis les Congrégations religieuses au ban de la loi, vous voulez les mettre, dans ce moment-ci, au ban de l'impôt. Telle est la vérité; et elle marque les dispositions fiscales que vous nous proposez d'un caractère qu'aucun sophisme ne peut effacer, qu'aucune habileté de rédaction ne peut dissimuler. Laissez-moi vous le dire : Vous créez par là un précédent bien dangereux, et je demande au Sénat d'y vouloir bien réfléchir. Car enfin le jour où l'impôt ne serait plus une charge commune équitablement répartie entre tous les citoyens pour les besoins de la protection commune, le jour où il deviendrait un instrument de ruine contre telle ou telle catégorie de citoyens, qui, à un moment donné, serait un objet d'ombrage et de défiance, vous auriez créé l'arme de tyrannie la plus terrible qui se puisse imaginer. »

Quelques lignes plus bas, M. Chesnelong dit : « C'est la théorie de la spoliation. » *Un* Député réplique : « c'est la théorie du Code civil. » « Et, ce qui m'étonne le plus, continue M. Chesnelong, c'est qu'on essaie de la proclamer au nom du droit. Au nom du droit, grand Dieu ! Le droit, cette chose grande et auguste, cette suprême garantie de la justice respectée, cette inexorable vengeance de la justice outragée, cette borne sacrée devant laquelle l'autorité s'arrête et que la tyrannie seule ose franchir, le droit invoqué au profit de la spoliation ! — Où en sommes-nous, Messieurs ? oui, sans doute, l'iniquité, quand elle est la force, peut avoir prise sur la loi, mais sur le droit, jamais ! Elle peut réduire la loi en servitude et la contraindre à des complicités qui la séparent du droit, mais le droit reste intact dans sa majesté inviolable et sereine, il flétrit l'œuvre de la loi, et il suscite contre elle les protestations de la conscience et les revendications de la justice. — Persécuteurs des congrégations religieuses, non, vous n'êtes pas le droit; vous étiez hier la violence, et demain, si vous alliez jusqu'au bout de vos desseins, vous seriez la confiscation. »

CINQ POUR CENT. — 3809. Rép. pér. Seine, 31 janvier 1874. — Jugement : « La taxe est due sur le 5 pour 100 de la commandite... que les termes du règlement d'Administration publique sainement entendus, ne sont pas sur ce point en opposition avec ceux de la loi, et qu'eussent-ils un sens différent et une portée plus étendue, ils seraient à cet égard sans force ni valeur. »

3867. Lille, 27 juillet 1874. — Jugement : « La taxe est due sur le 5 pour 100. »

3939. Lyon, 20 août 1874. — Jugement : « L'inventaire ne doit pas être produit. En le passant sous silence, le législateur a voulu empêcher des investigations vexatoires de nature à porter atteinte aux intérêts des associés; qu'à défaut de délibération, c'est l'évaluation à 5 pour 100 du montant de la commandite... Attendu que le *règlement d'administration publique* n'est nullement en opposition avec la loi, qu'il ne saurait d'ailleurs modifier dans aucune de ses parties, car, n'ayant à réglementer que la mise à exécution pratique de la loi, il n'avait nul besoin de reproduire des distinctions et des principes qui rentrent exclusivement dans le domaine du législateur; attendu qu'en matière d'impôt, soit qu'il s'agisse d'en apprécier le *quantum*, soit qu'il s'agisse *d'interpréter* les règles à suivre pour en opérer la perception, les textes sont rigoureux et ne doivent jamais être étendus au delà de leur termes. » (V. Distribution, 3938 et documents analogues. 5553.)

4091. Saint-Dié, 16 avril 1875. — Jugement : « A défaut de délibération, par l'évaluation à raison du 5 pour 100 du capital social ou de la commandite... Attendu que les lois fiscales étant exceptionnelles de leur nature, leurs dispositions doivent être restreintes au cas pour lequel elles sont établies. » — Garnier : « Le règlement d'Administration publique ne fait pas loi et ne saurait ajouter à ses dispositions. Il n'a pour but que de régler l'exécution des mesures votées par le législateur, et telles qu'elles l'ont été. » — « Le texte de la loi parle pour les commandites du forfait à déterminer d'après le capital social. » — (V. Forfait.) « La production des comptes rendus, inventaires ou autres documents analogues n'est imposée par la loi qu'aux sociétés par actions. On ne peut pas, dès lors, sans ajouter aux dispositions législatives, en étendre la nécessité aux simples commandites. Le législateur a été constamment dominé dans la préparation de la loi relative à l'impôt sur le revenu par la pensée de n'autoriser aucune investigation inquisitoriale de l'Administration dans les affaires des sociétés. Cette pensée s'est traduite à chaque instant dans les travaux préparatoires. »

5077. Seine, 14 décembre 1877. — Outrebon et Detouche. Jugement : « Attendu que peu importe pour l'exigibilité de la taxe que les revenus réels de la société soient supérieurs où inférieurs à cette évaluation (5 0/0), adoptée comme base à *forfait* par le législateur en vue de concilier les droits du Trésor avec les intérêts des redevables, auxquels il a voulu éviter des investigations gênantes dans le cas de sociétés dont les opérations sont sans publicité ; que, d'ailleurs, la veuve Outrebon et Detouche ne *justifient* point, en fait, que leurs apports n'ont pas été réalisés en entier, et que l'un ou l'autre soit encore redevable envers la société d'une portion non appelée du capital social. » (V. 5 0/0 ou prétendu forfait, p. 97.)

CLÉMENT. — Les congrégations reconnues ne sont pas des sociétés au point de vue du Code civil. — (*Journal officiel*, 24 décembre 1880, p. 12779, 3e col.) Il démontre que les congrégations reconnues ne sont pas des Sociétés dans le sens de l'article 1832 du Code civil. Dans un passage de son Instruction, l'Administration prévoit le cas où l'association reconnue n'est pas formée par un contrat. Si l'on veut bien se reporter à l'observation que nous avons faite à la suite de la deuxième citation du discours de M. Chesnelong, on verra que, s'il est bien vrai que ces associations ne sont pas établies par contrats et en vue de réaliser des bénéfices dans l'intérêt de leurs membres, elles seront nécessairement, par rapport à l'impôt, des *sociétés de fait* non assujetties à la taxe. Si la démonstration de M. Clément est juridique, on doit soutenir que ni la loi de 1872 ni celle de 1880 n'ont visé ni pu viser les congrégations autorisées, et que tout ce qu'en dit l'Instruction de l'Administration pour le cas d'existence ou de non existence d'un contrat est lettre morte ; car, pour qu'il y ait lieu à taxe sur le revenu, il faut qu'il existe une double condition : l'existence d'un contrat et un objet portant sur la *réalisation de bénéfices.* — En définitive, il faut le fonctionnement simultané des articles 1832 et 1834 du Code civil. Si, d'après le Code et la jurisprudence, l'association *reconnue*, dépourvue de contrat, est une société de fait; on ne devra pas l'assimiler aux Sociétés de fait visées par la seconde disposition du premier alinéa de l'article 3. Elle échappera complètement à la taxe, comme y échappent toutes les sociétés de fait en général. — La personnalité morale conférée par l'État n'a rien de commun avec la fiction de l'être moral créée par le Code civil, la seule juridique, la seule visée par la loi de 1872 et par la loi de 1880. Il est si vrai que la loi de 1880 (art. 3, 2e disposition), qui nomme les associations *reconnues*, ne tient aucun compte de la personnalité donnée par l'État, c'est que, pour la perception de la taxe sur les produits qui *ne peuvent être distribués*, elle assimile ces associations aux *sociétés* dont il est question premièrement dans la première disposition et dont la personnalité est créée par la loi; secondement, à celles dont il est parlé sous le n° 5 de l'Instruction, Établissements n'ayant pas le caractère de Sociétés (page 6 de l'ouvrage).

La congrégation religieuse, l'Immaculée-Conception, autorisée par le Gouvernement et légalement constituée, prétendait qu'elle était une Société et que son contrat devait être soumis au droit fixe de 5 francs, applicable aux contrats des Sociétés ordinaires. — Le 19 août 1853, le tribunal de Castres décida qu'elle n'était pas une Société, et le 7 novembre 1855, la Chambre civile confirma ce jugement : « Attendu qu'il est impossible de voir dans l'acte du 16 septembre un apport en société qui serait passible d'un droit fixe de 5 francs; qu'il résulte, en effet, des dispositions de la loi du 24 mai 1825, qu'une communauté religieuse légalement autorisée n'est pas une société civile; que c'est un corps de mainmorte, indépendant des personnes qui en font partie; que celles-ci ne peuvent demander ni la dissolution de la communauté, ni le partage des biens qui appartiennent à la congrégation, et, qu'en cas d'extinction de la congrégation, elles n'ont droit à aucune portion de ces biens, mais à une simple pension alimentaire. »

En présence de cet arrêt et des observations que nous venons de faire, on peut prévoir les difficultés que soulèvera l'application de la loi aux associations religieuses reconnues.

Forts de cette assimilation, nous soutenons que toute association *reconnue*, qui *n'a pas de contrat*, n'est pas visée par la loi. (A rapprocher de ce que nous dsions sous le n° 2, Non distribution des produits, § 2, pages 37 et 38, 39 *in fine*.)

CODE CIVIL. — 4559. Rép. pér. Communauté, article 529. Arrêt, 9 décembre 1876. Passage Vero-Dodat. — Le rapporteur : « En tous cas les auteurs mêmes qui contestent, en principe, la personnalité des sociétés civiles, admettent une exception quant aux sociétés civiles, qui revêtent la forme commerciale... » — « En droit, le signe qui distingue la *Communauté*, même conventionnelle, de la *Société*, c'est, disent les auteurs, que la communauté est un état passif, tandis que la société se sert de la communauté comme un moyen pour faire un bénéfice et le partager. » Cela étant, quel est, en théorie, le caractère du contrat par lequel les copropriétaires d'une chose indivise conviennent d'en différer le partage pendant un certain temps ? M. Duranton suppose que, par cela même, il faut une convention de société. Mais M. Demolombe répond que c'est tout simplement une convention suspensive de partage et dont l'unique objet est de prolonger l'indivision. « Il est vrai, dit-il, que Papinien reconnaît un contrat de société dans l'accord par lequel deux frères sont convenus de garder en commun des successions indivises, mais il a supposé que cet accord a été consenti dans la vue de faire des bénéfices et de les partager, c'est-à-dire avec intention et dans un but tout à fait caractéristique, en effet, du contrat de société. Mais une simple convention suspensive de partage ne suppose aucune idée de spéculation; lors même, comme il arrive presque toujours, qu'elles renferment certaines clauses sur le mode d'administration de la communauté, qui va rester indivise, elle ne revêtirait pas pour cela le caractère de société. La Cour de cassation a consacré ces principes dans un arrêt du 22 novembre 1852. » (Dalloz, 52, 1, 323; 5, 53, 73.)

« L'article 529 du Code civil, disent MM. Aubry et Rau (t. IV, 377, note 18), ne s'applique pas aux parts des associés dans les sociétés civiles ordinaires, c'est-à-dire dans les sociétés dont les opérations ne présentent pas le caractère d'actes de commerce, et qui, d'ailleurs, n'ont pas été organisées sous la forme commerciale. » — Il ressort du texte même de l'article 529, qui ne parle pas des sociétés en général, mais seulement des compagnies de commerce, de finances ou d'industrie, et de la discussion au Conseil d'État, que la règle exprimée dans cet article est étrangère aux sociétés civiles. » (V. Etre moral. V. Actions, 4201.)

COMMUNAUTÉ. — (V. Code civil, 4559. — V. Droit de mutation, 3887 et p. 53.)

COMPTES RENDUS. — (V. Délibérations.)

CONTRIBUTIONS directes et indirectes. — 4929, Rép. pér. Arrêt du 3 avril 1875. Mont-de-Piété. — L'Administration : « Les prélèvements opérés sur les fortunes privées pour l'acquittement des charges de l'État se divisent en deux grandes classes : les contributions directes et les contributions indirectes.

« Les contributions directes sont ainsi appelées parce qu'elles frappent *directement* la richesse acquise dans les mains de ses possesseurs actuels.

« Les contributions indirectes ont reçu cette dénomination parce qu'elles frappent certains faits de *production*, de *circulation* et de *consommation*, indépendamment des auteurs de ces faits.

« Il semble évident que l'*impôt sur le revenu des valeurs mobilières* doit être rangé dans la catégorie des contributions directes. Cet impôt, en effet, atteint chaque année et *directement* les intérêts produits par

DELSOL, Sénateur. — **Travail personnel.** — (*Journal officiel*, 25 décembre 1880, p. 12842, 2e col.) — « Mais vous allez atteindre encore, par cette présomption légale d'un revenu de 5 pour 100, une catégorie d'associations qui me paraissent devoir être totalement exemptées de l'impôt; je veux parler des congrégations qui ont des immeubles qu'elles exploitent, qu'elles fécondent par leur travail, et sur lesquels elles vivent.

« Le fisc a eu la prétention de percevoir l'impôt de 3 pour 100 sur un revenu présumé de 5 pour 100, à propos d'une exploitation établie par les Pères Trappistes à Staouéli, en Algérie, sur un terrain à eux concédé par l'État, qu'ils ont défriché et fécondé. Eh bien! est-il possible d'admettre cette prétention de l'Administration que le tribunal d'Alger avait accueillie, mais que la Cour de cassation a rejetée? Est-il possible de dire que les produits d'un immeuble constituent des bénéfices imposables, quand les produits ne sont en réalité que le salaire du travail de ceux qui l'exploitent? La situation de ces associations est, selon moi, tout à fait comparable à celle des sociétés en nom collectif qui sont exemptées de l'impôt. »

Page 12841, 1re col., M. Clément dit : « La loi de 1872 avait un sens et une portée bien définis. Elle voulait atteindre les produits et les bénéfices *apparents* des sociétés commerciales ou civiles, mais elle entendait exempter de l'impôt les sociétés en nom collectif, les gérants de sociétés en commandite et les sociétés coopératives. C'était là la pensée rigoureusement exacte à laquelle s'était attachée l'Assemblée nationale lorsque, au lendemain de nos désastres, elle demandait des impôts à toutes les sources de la richesse publique pour faire face aux charges écrasantes de l'invasion. Comment s'exprimait le législateur à cette époque? Il laisse en dehors de la taxe les revenus produits par les sociétés en nom collectif, coopératives ou autres, dans lesquelles le bénéfice réalisé n'est le plus souvent que le fruit du *travail* et de l'intelligence des associés qui, en outre, engagent dans ces entreprises leur fortune tout entière, leur crédit et même leur honneur » (1).

Quelle différence, je vous le demande, y a-t-il entre ces moines qui, de leurs propres mains, exploitent un immeuble, et une société en nom collectif qui travaille avec ses capitaux? Est-ce qu'en les imposant, on ne va pas directement contre cette généreuse pensée de la loi de 1872 qui voulait exempter le *travail personnel*, qui n'entendait frapper de l'impôt de 3 pour 100 que les *bénéfices produits par les capitaux eux-mêmes*, indépendamment de tout effort individuel?

M. Wilson répond à M. Clément qu'il ne doit pas avoir d'inquiétudes

(1) Ce sont ces mêmes motifs qui furent invoqués par M. Gouin, en 1875, pour faire exempter de la taxe les associés solidaires des sociétés en nom collectif et les gérants des sociétés en commandite simple.

à cet égard, et que l'article 3 ne vise que les sociétés dont « les produits ne doivent pas être distribués en totalité ou en partie », ce qui veut dire que toutes les sociétés qui ne sont pas formées *en vue de réaliser des produits* ne sont pas soumises à la taxe. En effet, la loi, en visant celles qui ne doivent pas en distribuer, déclare elle-même qu'elle ne s'adresse qu'aux sociétés *devant en réaliser,* car on ne peut pas s'interdire de distribuer si l'on ne doit pas réaliser. Nous verrons, dès lors, si l'Administration restituera les taxes payées par la Trappe de Staouëli.

Observation. — M. Delsol est du même avis que M. Chesnelong (Voir *travail personnel*). — M. Delsol dit avec raison que l'impôt n'atteint que les bénéfices produits par les *capitaux eux-mêmes.* Nous sommes, dès lors, certain qu'il n'est pas de cette nouvelle école qui prétend qu'un don fait aux associés ou à une société est un *produit* passible de la taxe. — Nous avons été très surpris de voir l'éminent rédacteur du Répertoire périodique de l'enregistrement faire partie de cette école, en s'appuyant sur la définition du mot *bénéfices* donnée par MM. Dalloz, Pardessus, Duvergier et P. Pont. Jamais, dans aucun ouvrage de droit ou de jurisprudence, on n'a écrit qu'un don, qu'une aumône, qu'une quête, qu'une libéralité quelconque fût un *bénéfice*, un *produit.* Si, dans l'affaire de la Pantographie Voltaïque dont nous rendons compte sous le n° 17, Produits passibles de la taxe, M. Dareste et la Cour ont décidé que la taxe était due sur la somme donnée par le directeur de la Société, Monseigneur Pillon, c'est parce que cette somme était dite *bénéfice* dans le *compte rendu.* Elle était si peu un bénéfice distribué par la société, elle était si peu entrée dans la caisse sociale comme produit du capital social, elle en était si peu sortie comme produit distribué, que c'était la société *elle-même* qui la DEVAIT au *directeur* en VERTU D'UN TRAITÉ PARTICULIER. Nous avons été également très surpris de voir M. Brisson se laisser entraîner aux écarts fantaisistes d'une telle jurisprudence. Ce qu'il ne soutiendrait certainement pas comme jurisconsulte, car il est inadmissible de dire qu'un don, qui n'est jamais un bénéfice pour celui qui le reçoit, est un bénéfice pour une société, il ne devait pas le soutenir devant un corps législatif. (Voir au n° 16, Evaluation à 5 pour 100, § 2, Principes de la loi du 29 juin 1872, Jouissance du capital, page 89.)

DÉTERMINATION du revenu. — Divers modes, pages 66 à 67. — Voir Déclaration, Détermination du revenu et pages 74, 146. — Détermination du capital, voir Forme de la déclaration, pages 81, 82. — Voir Capital.

DISTRIBUTION. — 3938. Rép. pér. Vannes, 31 août 1874. Société anonyme. — Jugement : « Preuves à fournir qu'il n'y a pas de bénéfices distribués. » Par cette preuve « la loi de 1872 s'est incontestablement rapportée à l'appréciation des magistrats qui peuvent éclairer leur religion au moyen de toutes les vérifications qu'ils jugent utiles ; qu'en effet, le législateur permet de consulter non seulement les délibérations d'assemblées générales d'actionnaires, mais aussi tous autres documents analogues; qu'au nombre des documents de cette dernière catégorie figurent incontestablement les livres de commerce et les inventaires; considérant que les pertes ont dépassé les bénéfices et que les associés n'ont rien reçu; que le but de la société a été manqué; qu'en pareille matière, une juste discrétion est commandée par la prudence qui ne permet, qu'entrant dans des détails trop circonstanciés, on nuise au crédit d'une société. » (V. Justifications, 3866. — V. Documents analogues, 5553. — V. Forfait, 3809. — V. 5 pour 100, 3809.)

DISTRIBUTION partielle. — N° 3, pages 42, 44. — Nécessité de l'existence d'un contrat, page 45. — Distribution, pages 47, 65, 69. — Voir Non Distribution des produits, page 36. — Distribution prohibée, voir Roger-Marvaise.

DISSIMULATION. — Voir Paris.

DOCUMENTS analogues. — Rép. pér. Boulogne, 9 janvier 1879. Libert. — Jugement : « Attendu que l'administration de l'enregistrement refuse d'admettre ce mode de justification que la loi elle-même, selon elle, n'admet pas; attendu que cette prétention est, en effet, conforme aux dispositions de la loi, et qu'elle se justifie aussi par les motifs qui ont déterminé le législateur à soumettre, quant à la preuve de l'importance des revenus, à des régimes différents, la société dont le capital est divisé et les sociétés dont le capital n'est pas divisé en actions; attendu que le législateur, voulant éviter des recherches et des investigations auxquelles l'Administration eût été amenée à avoir recours pour contrôler utilement les déclarations des intéressés, a imposé une sorte *d'abonnement* basé sur un revenu présumé d'après l'importance du capital, celles des sociétés qui veulent conserver le secret de leurs affaires ne justifieront pas de leurs revenus par des délibérations du Conseil d'administration; que si le législateur n'eût établi un forfait pour la détermination du revenu imposable des sociétés dont le capital n'est pas mis en actions, il serait arrivé qu'elles auraient gardé leurs livres et leur secret, quand le revenu aurait excédé 5 pour 100, et qu'elles ne les auraient livrés que lorsque ce revenu aurait été inférieur, ce qui eût été conférer à ces sociétés une sorte de privilège au détriment du Trésor et contre toute justice; attendu, d'ailleurs, que la volonté du législateur est exprimé avec précision et clarté, et que quand même elle serait moins bien justifiée qu'elle ne l'est par les motifs qui l'ont inspirée, il n'appartient pas aux tribunaux de la méconnaître; qu'il faut en dire autant des décrets portant règlement d'administration publique, parce que l'autorité dont ils émanent n'a pas compétence pour étendre ou pour restreindre les dispositions de la loi, et que s'il arrive qu'il y ait opposition entre le texte d'un décret et celui de la loi, c'est celui de la loi qui doit prévaloir. » (Voir cinq pour cent, 3809, 4901. — Voir Distribution, 3938. — *Documents analogues*, législation de 1782, p. 94. V. Forfait, 3809.)

DONS. — Voir pages 24, 113, 114 à 121. — Voir Brisson, Sommes données. Voir Chesnelong et Delsol.

DROIT DE MUTATION. — 3887. Rép. pér., Seine, 27 juillet 1874, Passage Vero-Dodat. — L'Administration : « Sous le rapport du régime fiscal qui leur est applicable, il y a des différences importantes entre les propriétaires d'immeubles même indivis et les intéressés dans une société civile dont le capital ne se compose que d'immeubles, mais est divisé en actions ou parts d'intérêts. C'est ainsi notamment que les cessions d'actions dans ces sociétés sont assujetties au droit de 50 centimes pour 100 seulement (Art. 69, § 2, n° 6, L. 22 frimaire an VII, et article 3 de la loi du 29 juin 1872), tandis que les cessions soit d'immeubles, soit de parts indivises d'immeubles sont passibles du droit de 5 fr. 50 pour 100. (Art. 52, L. 28 avril 1816.) Ainsi encore, la mutation par décès d'un immeuble est sujette au droit de transmission sur un capital formé de vingt fois le revenu brut, sans distraction des dettes et charges, tandis que la valeur d'une action ou part d'intérêt dans une société est déterminée, même pour la perception du droit de succession, par le prix moyen des cessions, et ce prix n'est jamais fixé entre les parties que sous la déduction des dettes et charges de toute nature qui grèvent l'actif de la société. C'est pour compenser ces avantages qu'il a paru que l'on pouvait demander, même à la propriété immobilière, lorsqu'elle est mobilisée et représentée par des actions dans une société, sous le nom de taxe sur le revenu, sa part dans les impôts nouveaux dont le trésor avait besoin. »

Jugement : « Que cette société, formée entre les copropriétaires de cet immeuble pour éviter les inconvénients d'un partage soit entr'eux, soit entre leurs héritiers respectifs, a pour objet unique l'*administration* de l'immeuble commun et pour unique revenu le revenu de cet immeuble ; que, pour avoir, dans les circonstances, pris le titre et la forme d'actions, les droits des copropriétaires susdits n'ont pas changé de nature et ont gardé, après la formation de la société comme auparavant, leur caractère immobilier ; que, dès lors, les revenus desdites actions ne sont pas soumis à la taxe de 3 pour 100. » (V. l'arrêt, Être moral, 3887.)

Observation. — Sous le n° 15, *Forme des déclarations*, société universelle (Pereire, p. 81), nous n'avons rapporté que la partie du jugement se référant à la *déclaration*, si, en ce qui concerne le droit de mutation par décès payé par les héritiers Pereire, on rapproche ce jugement de celui du 27 juillet 1874 ci-dessus, on verra dans quelle erreur de droit est tombé le tribunal de la Seine en soutenant que M. Emile Pereire n'avait laissé à ses héritiers que des *droits incorporels* au lieu de droits en *nature*. La communauté Pereire était dans une situation identique à celle du passage Vero-Dodat avant que celle-ci ne se fût transformée en société par actions. Le tribunal eût dû traiter la première comme la seconde puisqu'elles avaient toutes les deux pour objet une administration de choses communes. Point du tout. Tout en reconnaissant que la société Pereire est une *indivision*, il se laisse entraîner par cette considération que le droit de mutation avait été payé sur la part *nette*, et il considère cette société comme étant une société à *personne morale*, passible de la taxe de 3 pour 100. Mais ce droit de mutation avait été irrégulièrement perçu. L'Administration savait qu'il était dû sur la part *brute* du défunt. Elle se fit un marchepied de la perception sur le *net*, pour arriver à démontrer que la société Pereire était la *société* visée par la loi de 1872. La Cour de cassation et son rapporteur se sont bien gardés d'entrer dans cette voie. L'arrêt rapporté sous le n° 15, Forme des Déclarations, ne vise que le mot *bénéfice* et le partage par moitié, inséré dans les statuts de la société Pereire. Il ne vise pas cette partie du jugement où l'on rencontre des appréciations juridiques qui se choquent, telles que la *reconnaissance d'un Etat d'indivision*, qui implique une *communauté de biens*, et la reconnaissance de *droits incorporels* qui implique une *société à personne morale*.

D'après ses appréciations du caractère de la société du passage Vero-Dodat, le tribunal devait nécessairement pencher du côté de la *communauté*. Malheureusement, et c'est là vraiment en quoi sa décision peut être taxée de légèreté, il a penché du côté de la personne morale, en voyant que la société Pereire elle-même, pour ne payer le droit de mutation par décès que sur une *valeur nette*, s'était fait passer pour une société à personne morale, et en voyant surtout l'Administration abandonner son droit sur la valeur *brute*, pour arriver à une perception annuelle très productive : la taxe de 3 pour 100 sur le 5 pour 100 d'un capital d'une société et non d'une communauté. La décision du tribunal est légère, disons-nous, mais il faut avouer que la perception de la taxe est d'une odieuse iniquité.

EMPRUNTS. — 4929. Arrêt, 3 avril 1875. — Garnier : « La question véritablement nouvelle et très intéressante que la Chambre civile a résolue consiste dans la détermination du sens juridique des mots « Etablissements publics » employés par la loi du 29 juin 1872. — Nous avons exprimé à plusieurs reprises qu'il embrassent toutes les communautés formées dans un but d'utilité matérielle ou morale, personnifiées par la loi ou par l'autorité publique, et qu'ils convient, par conséquent, de les appliquer aux fabriques, bureaux de bienfaisance et de charité, hospices, sociétés de secours mutuels, séminaires, chapitres, congrégations reconnues, lycées, monts-de-piété, communautés, associations syndi-

FAIT GÉNÉRATEUR de la taxe. — 4870. Seine, 22 juin 1877. Messag. nat. — Jugement : « Attendu que de son texte même il résulte que la loi de 1872 a soumis au nouvel impôt non les bénéfices et produits réalisés par les Sociétés, mais les dividendes et produits encaissés par les actionnaires ou associés... Qu'ainsi le *fait générateur* de la taxe de 3 pour 100, c'est la distribution aux actionnaires d'un dividende. » (V. Bénéfices réalisés, 5560. — V. Improductivité, 4753. — V. p. 47, 94.)

FORFAIT ou 5 pour 100. — 3809. Rép. pér. Seine, 31 janvier 1874. — Garnier : « L'Administration divisait les commandites en deux catégories : celles auxquelles leurs statuts imposent l'obligation de prendre périodiquement des décisions sur la fixation des dividendes à distribuer, et celles qui ne sont pas soumises à cette condition... Elle restreignait aux autres (ces dernières) l'application du Forfait établi par le troisième paragraphe de l'article 2 de la loi du 29 juin 1872 ». Après avoir fait l'observation ci-dessus, Garnier rapporte les considérations développées par l'Administration, qui soutenait que l'inventaire social, faisant connaître que le dividende afférant à une commandite était un document analogue justifiant la perception de la taxe, non sur le 5 pour 100, mais sur le montant du dividende. Si le tribunal de la Seine et les tribunaux ci-après désignés eussent donné raison à l'Administration pour le cas *où les inventaires eussent été produits volontairement* ou *fussent tombés régulièrement dans les mains de celles-ci*, il est certain que le forfait n'aurait pas été imaginé et accepté, et qu'alors, chaque fois qu'un commanditaire aurait justifié que son bénéfice annuel était inférieur au 5 pour 100, la taxe n'eût été perçue que sur le bénéfice *réel*, et que chaque fois aussi qu'un commanditaire aurait justifié que son capital était *improductif* ou en *perte*, la taxe perçue sur le 5 pour 100 eût été remboursée, ou la taxe réclamée n'aurait pas été perçue. On comprend dès lors la juste indignation que nous faisons éclater, page 101 de notre ouvrage, contre cette invention désastreuse, et que nous soutenions, page 100, la théorie de l'Administration pour le cas que nous avons déterminé.

Notre opinion est que les tribunaux ont raison d'interdire à l'Administration la demande en production des inventaires et un droit d'investigation aux sièges sociaux, et qu'ils ont tort de ne pas accorder la taxe sur le revenu accusé par les inventaires lorsqu'il est supérieur au 5 pour 100, quand l'inventaire tombe régulièrement entre les mains de cette dernière, parce que dans ce cas, elle exerce son droit légitime de contrôle ordinaire, et que, pour elle, comme pour les contribuables,

les justifications sont de droit, en ce qu'elles tiennent d'un droit primordial, celui de légitime défense.

On va voir quel chemin a fait le forfait depuis l'anné 1874, et l'on pourra juger le nombre de perceptions désastreuses qu'il a occasionnées et qu'il occasionne tous les jours.

4091. Saint-Dié, 16 avril 1875. Garnier : forfait.

4704. Seine, 13 avril 1877. — Garnier : forfait.

4753. Seine, 27 mai 1876. — Le tribunal : forfait.

4913. Arrêt du 27 mars 1870. — Garnier : forfait.

5077. Seine, 14 décembre 1877. — Le tribunal : forfait.

5108. Valenciennes, 23 août 1878. — Le tribunal : forfait.

5122. Arrêt, 18 novembre 1878. — M. Dareste, rapporteur : sorte de forfait.

5533. Boulogne, 9 janvier 1879. — Le tribunal : sorte d'abonnement, forfait.

5559. Amiens, 3 juin 1880. — Le tribunal : sorte de forfait.

5701. Marseille, 11 février 1881. — Le tribunal : forfait.

4753. Seine, 6 juillet 1877. — L'Administration : forfait. — Le tribunal : sorte de présomption légale.

N'est-ce pas déplorable de faire tenir au législateur un tel langage, quand MM. Casimir Perier et Magne, dont tribunaux et conseillers n'ont jamais pris la peine de lire les rapports et discours, s'élèvent contre ces interprétations aussi étranges que variées? (V. Évaluation à 5 %, § 2, Principe de la loi de 1872 jusqu'aux mots PRÉSOMPTION LÉGALE DE DISTRIBUTION inclusivement, p. 89 à 96, 96 à 103 et 104 à 106. V. documents analogues, 5553. V. Distribution, 3938. V. Loi civile, p. 103.)

FORME DES DÉCLARATIONS. — N° 15, page 81. — Déclaration, Société universelle, page 82.

FRAUDE. — Pages 37, 78, 51, 63, 131. — Voir Brisson, Corrupteurs. —V. Brisson, Magistrature.

FREPPEL, député. — **Revenu des immeubles des congrégations.** — (*Journal officiel*, 12 décembre 1880, p. 12229, 1re col.) — « Que nous disait-il, en effet (M. Brisson), à la dernière séance? Il nous disait, calculant la fortune immobilière des congrégations religieuses : « La plupart de « leurs propriétés sont des propriétés bâties, qui servent au logement « des congrégations; qui ne suffisent même pas toujours à leur loge- « ment, car elles ont des locations; par conséquent, *elles ne leur rap-* « *portent rien.* » Voilà ce que disait M. Brisson (rapportant les paroles de M. Grévy). De son propre aveu, la plupart des propriétés possédées par les congrégations religieuses ne leur rapportent rien, et, parce qu'elles ne rapportent rien, vous iriez en évaluer invariablement le revenu à 5 pour 100 par an? Est-ce juste? Est-ce raisonnable? Est-ce logique? Des propriétés qui, selon vos propres paroles, ne rapportent rien et qui, néanmoins, sont censées rapporter à tout le moins 5 pour 100 par an! Pouvez-vous inscrire dans la loi une pareille anomalie? » (V. Brisson.)

« ..... Ce sont, en effet, de grands bâtiments tels qu'il en faut pour loger des centaines de personnes, mais qui ne rapportent absolument que des dépenses, des frais d'entretien très considérables et très onéreux, sans compter l'impôt foncier et l'impôt des portes et fenêtres. Un grand bâtiment n'est pas par là même une source de revenus, tout le monde le sait. » (V. à ce sujet le discours de M. Delsol, p. 12842, 1re et 2e col.)

« ..... Je prends pour exemple les Petites-Sœurs des pauvres, une de ces merveilleuses congrégations contre lesquelles vous montriez l'autre jour tant de prévention et d'animosité, parce que vous ne les connaissez pas..... Une de ces merveilleuses congrégations qui font l'admiration du monde entier, si elles n'excitent pas la vôtre. »

« Eh bien, les Petites-Sœurs des pauvres possèdent dans nos villes de France près de cent maisons où elles donnent asile à 20.000 vieillards pauvres qui, sans elles, seraient pour la plupart à la charge des communes ou de l'État.

« Est-ce que vous irez évaluer à 5 pour 100 le revenu de ces immeubles, gratuitement ouverts à la vieillesse et à la pauvreté? Est-ce que vous irez, en sus de l'impôt foncier et de l'impôt des portes et fenêtres, qu'elles payent bien volontiers, frapper d'une taxe de 3 pour 100 ce dévouement héroïque qui sait surmonter toute les répugnances et s'imposer toutes les privations pour servir Dieu et l'humanité, dans la portion la plus malheureuse et la plus délaissée de la grande famille française? Non, vous ne le ferez pas, car vous soulèveriez contre vous l'indignation générale! Une pareille taxe imposée à des pauvres nourrissant d'autres pauvres ne doit pas figurer dans le Budget des recettes de la France. Ce serait pour le pays une véritable humiliation!

« Jamais! non jamais, le législateur de 1872 n'a prétendu assimiler à des sociétés commerciales et industrielles ces associations exclusivement vouées à la charité, ces associations qui, au lieu de dividendes, ne distribuent que du pain aux pauvres..... Ces associations qui ne possèdent d'autres actionnaires que les personnes charitables auprès desquelles elles vont quêter le pain de chaque jour pour des vieillards et des infirmes. »

Preuves d'un revenu inférieur au 5 pour 100. — « ..... S'agit-il de sociétés commerciales, industrielles, dont les opérations sont essentiellement productives, vous les admettez à faire la preuve que leurs revenus sont inférieurs à 5 pour 100. S'agit-il, au contraire, d'associations purement charitables, comme les Petites-Sœurs des pauvres et les Filles de la Charité, vous évaluez invariablement à 5 pour 100 le revenu de ces immeubles qui, d'après votre propre aveu, ne *rapportent rien*. C'est là, permettez-moi de vous le dire, une injustice révoltante, que vous ne pouvez pas commettre, que vous ne commettrez pas, car vous êtes une assemblée française, et une assemblée française doit toujours avoir le souci de sa réputation devant le pays et devant le monde civilisé. »

Observations. — Toutes les sociétés formées par un contrat d'où il ne résulte pas que l'*objet* social est de *réaliser des bénéfices* pour *ses membres*, ne sont et ne peuvent être assujetties à la taxe sur le revenu.

En parlant de revenus inférieurs au 5 pour 100, M. Freppel touche à une question très importante. Jusqu'à présent, l'Administration et les tribunaux ont refusé toute justification d'un revenu inférieur au 5 pour 100, et même d'un capital en perte. Toutefois, plusieurs tribunaux ont donné à entendre qu'ils admettaient les justifications. Nous démontrons dans l'ouvrage, sous le numéro 16 (Évaluation à 5 0/0), qu'en cas d'improductivité, comme dans le cas prévu par ce député, la taxe n'est pas due invariablement sur le 5 pour 100, pourvu que l'on *justifie* cette situation. Mais nous faisons bien observer que les justifications ne suspendent pas la perception sur le 5 pour 100. *Elles n'arrivent qu'après la perception.* (Voir sous le n° 16 les 2e, 3e et 4e Hypothèses et *Présomption légale de distribution*, p. 99 à 101. — *Justifications.* V. Wilson, Improductivité, Justifications.)

Réserves. — (*Journal Officiel*, p. 12233, 3e col.) M. Freppel fait remarquer combien il serait injuste de frapper un immeuble absolument improductif de la taxe de 3 pour 100 sur le 5 pour 100 du capital. Il énumère d'ailleurs les divers autres impôts qui frappent cet immeuble.

« M. Rouvier, *rapporteur*, répond : Tout à l'heure, l'un des honorables orateurs qui attaquent le projet de loi disait avec raison que les congrégations ont plus d'un point d'analogie avec les sociétés anonymes. »

Avec raison ? Elles n'en ont aucun. Voyez-donc l'arrêt du 7 novembre 1855 qui décide que les congrégations autorisées ne sont pas des sociétés ! (V. Clément.)

« Eh bien, la situation fiscale que vient d'analyser à cette tribune M. l'Evêque d'Angers, et dont je ne conteste pas la vérité, est exactement celle des sociétés anonymes.

« M. Freppel. — Moins la mainmorte.

« M. Rouvier. — Je vous en demande bien pardon. Les sociétés anonymes payent la taxe de mainmorte, tout comme les congrégations religieuses, pour leurs propriétés immobilières. Elles payent encore l'impôt sur le revenu au moment où elles distribuent des dividendes à leurs actionnaires ; enfin elles payent des droits de mutation sous forme d'abonnement, et aussi sous forme de droit de succession ; donc, l'analogie qu'on apporte ici, nous l'acceptons. Elle est la justification même du projet de loi et du caractère que nous lui avons donné. (Applaudissements à gauche et au centre). »

Observation. — La gauche, qui ne dit jamais rien en matières fiscales, parce qu'elle n'y entend rien, se montre toujours généreuse d'applaudissements quand, précisément, les orateurs qu'elle applaudit vont à l'aventure. M. Rouvier a justement répliqué que les sociétés anonymes payent la taxe de mainmorte sur leurs immeubles. Mais il sait bien, qu'en général, les immeubles d'une société anonyme sont acquis avec des bénéfices mis en réserve. Il sait que la Banque parisienne a 15 millions en réserve, dont 2 millions au moins en immeubles. Or, s'il est vrai que ces immeubles payent la taxe de mainmorte, est-ce qu'il n'est pas vrai aussi que *immeubles* et *meubles réservés* ne payent point la taxe sur le revenu ? M. Rouvier ne peut contester cette exemption de taxe presque indéfinie. Où est alors l'égalité d'impôt qu'il prétend exister entre cette société et l'association religieuse qui met des revenus en réserve ou qui, avec une somme donnée, achète un immeuble. Elle n'existe pas. Donc, M. Freppel, en énumérant le nombre de taxes qui frappaient déjà l'immeuble d'une association religieuse, avait raison de dire que cet immeuble payait plus d'impôts que celui d'une société anonyme, puisque, sur l'immeuble réservé, la société anonyme ne paye que la taxe de mainmorte, tandis que la société religieuse paye *à la fois la taxe de mainmorte et celle du revenu*. De notre côté, nous avons eu raison de dire dans l'ouvrage : un à cette banque, deux à la congrégation ! On voit, dès lors, que si, au lieu de dire : « Moins la mainmorte », M. Freppel eût dit : « Moins la taxe de revenu sur les immeubles réservés », M. Rouvier eût été mis sans paroles, et la gauche sans applaudissements, puisque la vérité est que cette banque, pas plus que le Crédit lyonnais, ne paye point la taxe de 5 pour 100 sur les immeubles, et ne la payera jamais !

Bien plus, l'inégalité d'impôt est tellement flagrante que, dans sa réserve de 15 millions, la banque a 13 millions de valeurs mobilières qui, en fait, sont une mainmorte mobilière, ne payant ni taxe sur le revenu, ni taxe de mainmorte, tandisque la congrégation payera ces deux taxes sur toutes ces valeurs mobilières, sur tout son *Patrimoine social !* C'est l'instruction du Ministre des Finances qui le veut ainsi. (P. 34, 107, 109, 130. — V. Wilson, Réserves).

FRUITS naturels et civils. — Page 123.

GASLONDE, député. — **La liberté. Les congrégations non autorisées ont des contrats de société.** — (*Journal Officiel*, 10 décembre 1880, p. 12160, 3e col.) « Apprécions froidement, en hommes d'affaires, cette situation. Est-ce que ces sociétés (non reconnues) sont insaisissables ? Est-ce qu'il est difficile d'en constater les conditions et l'existence? Ces sociétés sont le plus souvent constituées par acte notarié, toujours par des écrits, des sous-seings, par des actes dont la plupart sont enregistrés. Voilà la situation. Est-ce qu'il y a là quelque chose de frauduleux ? Vous pouvez désapprouver, critiquer, blâmer jusqu'à l'injustice ces associations religieuses ; mais, Messieurs, c'est le jeu de la liberté... C'est le jeu régulier de la liberté que, dans un grand pays comme le nôtre, il y ait sur les matières religieuses, sur les matières philosophiques de profonds dissentiments. Est-ce que vous croyez que c'est une unité nationale souhaitable que celle qu'on n'obtiendrait qu'à la condition de violenter les âmes, de courber tous les citoyens sous le même niveau intellectuel et religieux ?

« On serait bien étonné, dans un pays dont on ne cite pas assez souvent ici les institutions, aux États-Unis, on serait bien étonné d'entendre le langage qui a été tenu à cette tribune. Dans le sein du Congrès américain, on ne comprendrait pas une discussion comme celle-ci. J'affirme,par tout ce que je sais de ce qui s'y passe, qu'on n'admettrait pas une discussion de cette nature. On dirait : Si la loi est insuffisante, demandez-en la modification.

« J'avoue que j'éprouve un véritable sentiment de tristesse en voyant que, dans mon pays, on s'habitue si peu à la liberté. Les majorités, quelles qu'elles soient, que les mouvements politiques amènent dans nos Chambres, se ressemblent toutes beaucoup. Celle-ci a peut-être, je lui demande la permission de le lui dire très courtoisement, plus encore que ses devancières, la prétention de n'admettre aucun autre point de vue, aucun autre sentiment, aucune autre règle dans les modifications législatives que ce qui peut flatter, vous diriez, Messieurs, vos convictions, permettez-moi de dire, vos passions. » (V. à la table : Extrême-Gauche et Gauche.)

« ..... J'étais d'ailleurs loin de penser que le débat prendrait un pareil développement. Je devais d'autant moins m'y attendre que je lis, page 37 du rapport de M. Rouvier : « Il ne s'agit point de créer un « régime fiscal spécial aux congrégations, mais bien de soumettre les « membres de ces congrégations au payement des impôts qui sont « acquittés par tous les citoyens. » — Je ne saurais trop applaudir aux paroles de M. Rouvier. Oui, Messieurs, ce sont de nobles paroles, et c'est sur le terrain de l'égalité devant la loi, sur le terrain de la vraie liberté que j'ai toujours entendu défendre, dans la mesure où je le crois nécessaire au point de vue social et politique de mon pays, les congrégations religieuses.

« Vous devez voir maintenant, Messieurs, d'après le discours que nous venons d'entendre, ce qu'est ce respect du droit commun, ce qu'est cette haine de toute législation exceptionnelle, puisque la conclusion de ce discours est que les sociétés civiles, bien que constituées par actes notariés et conformément aux prescriptions de la loi civile, peuvent être déclarées nulles, de nulle valeur, par cela seul qu'elles ont de faire vivre une association religieuse non autorisée.

« On n'a pas craint de prononcer à cette tribune des paroles qui auront un douloureux retentissement dans le pays... Oui, je dis que les paroles de l'honorable président de la Commission du Budget auront un fâcheux et cruel retentissement dans le pays. Il a dit que les sociétés civiles constituées légalement, mais ayant en réalité pour but de représenter une association religieuse non autorisée, étaient par cela même nulles et de nul effet ; qu'en conséquence, les biens dont les membres de ces sociétés civiles étaient propriétaires apparents, cesseraient de leur appartenir quand on le voudrait, quand on le demanderait à la justice, peut-être aussi quand interviendraient de nouvelles dispositions législatives. Et on n'a pas craint de nous dire, après des jurisconsultes autorisés, après M. Beudant, que ces sociétés civiles, n'étant plus propriétaires, les biens qu'elles auraient possédés pendant plus de trente ans, seraient des biens vacants et sans maîtres et retourneraient à l'État. »

Observation. — Voilà un vrai républicain, voilà un homme sincère. Nous regrettons beaucoup de ne pouvoir reproduire le second discours de cet honorable député, de ce modèle de député parlementaire qui, en parlant de liberté, sait dire avec modération la vérité aux passions qui cherchent à étouffer sa voix.

M. Gaslonde a cité plusieurs innovations importantes faites à la loi de 1872, en réponse à M. Wilson qui soutenait que l'article 3 n'innovait pas. Nous affirmons que tout dans la loi est innovations, et que dans l'Instruction du Ministère des Finances tout est innovation, équivoque, contradictions, exagérations, machiavélisme. (V. Innovations, p. 151.) De plus, nous prédisons que, dans deux ans, lorsque le Ministère sera, par le moyen des déclarations, des justifications, des évaluations détaillées et des preuves de droit commun, en possession du bilan des associations religieuses, il viendra dire à la Chambre: La loi est impraticable, abrogeons-la, fondons-la dans une loi générale sur les revenus, mais, comme je sais maintenant tout ce que je voulais savoir... En avant! (V. Wilson, But de la déclaration.)

DE GAVARDIE, Sénateur. — **Impôt sur le capital.** — Capital improductif. (*Journal officiel*, 25 décembre 1880, page 12844, 1re col.) « Comment voulez-vous qu'elles vivent? Quand elles ne voudront pas distribuer de bénéfices, — et très souvent elles n'en auront pas, — vous les empêcherez d'accroître leur capital; vous irez contre le but qui a, en définitive, inspiré le projet de loi. Ainsi donc, Messieurs, ne dites pas que vous voulez atteindre les congrégations religieuses. Ah! oui, je le vois bien...; mais vous faites ce qui n'aura jamais été fait: Vous violez les principes les plus élémentaires, car, à quelle époque a-t-on imposé le *capital?* Que l'on m'apporte ici un exemple quelconque, dans une législation quelconque, dans un siècle quelconque, que l'on m'apporte un exemple de capital atteint dans ses sources vives? Mais remarquez bien que, *si vous atteignez le capital, vous n'aurez plus de revenus!* »

Observation. — Oui, c'est le capital que l'on frappe, puisque c'est la mainmorte que l'on poursuit. — La taxe sur le revenu, nous l'avons déjà dit, n'est qu'un prétexte précédé d'un autre prétexte : l'égalité devant l'impôt. — *Si vous atteignez le capital, vous n'aurez plus de revenu.* — C'est précisément ce que le législateur entend faire, parce qu'il sait bien, ainsi que l'a déclaré M. Brisson, qu'en général, les immeubles des associations religieuses *ne rapportent rien.* Il veut tuer le capital que le législateur de 1872 entendait laisser intact. Cette observation de M. de Gavardie est d'une vérité palpable. Elle a une très grande portée en matière d'application de la taxe de 3 pour 100 sur le 5 pour 100 du capital social, quand les revenus touchés par les commanditaires ou par les membres des Sociétés civiles ordinaires sont inférieurs au 5 pour 100, ou quand le capital est absolument improductif. — On sait que l'Administration n'admet pas les justifications d'infériorité et d'improductivité. — D'après M. Wilson (page 12838, 3e col.), les justifications seraient admises. Il serait fort à désirer que l'Administration rentrât dans la légalité en admettant les *justifications*, qui sont de droit en toutes matières, devant toutes les juridictions, puisqu'elles tiennent du *droit de légitime* défense. (V. Justifications et Improductivité, sous le no 16, Evaluation à 5 pour 100, paragraphe 2, Principes de la loi de 1872, 2e, 3e et 4e hypothèses, et

Rapport de 1871, p. 97, 106. V. l'extrait du discours de M. Freppel. Preuves d'un revenu inférieur au 5 pour 100).

Société de fait. — (P. 12845, 3e col.) — « Je pose d'abord en principe qu'il n'y a pas de Société de fait... Vous n'avez que des individus qui sont propriétaires privatifs ou propriétaires par indivis, et ils sont soumis au droit commun. Toutes les lois d'enregistrement les atteignent. Comment voulez-vous faire faire une déclaration par une Société de fait ? Une Société de fait n'est pas un être moral, puisque c'est une Société de fait... Un individu vous fera une déclaration, mais alors ce n'est plus une Société de fait, c'est un individu. Il vous échappe précisément parce que ce n'est pas une Société, mais un individu. Ou bien c'est une collection d'individus, de personnes qui sont indivis, mais alors la loi ne s'applique pas non plus, ce n'est pas une Société de fait, c'est ce qu'on appelle une communauté de biens... Toujours est-il qu'il est moralement impossible qu'une Société de fait fasse une déclaration. »

Observation. — Ce sont là de très justes observations qui sont d'accord avec la doctrine et la jurisprudence. — (V. Sociétés de fait.) L'Administration prétend avoir le droit de faire la preuve de leur existence.

Ce droit est très contestable. (V. p. 41, 54, 57.)

IMPOT DIRECT DE 3 pour 100. — 3568. Rép. pér. — Dans son instruction du 11 décembre 1872, n° 2457, l'Administration dit : « C'est un véritable impôt direct. Cet impôt est complètement distinct des autres produits recouvrés par l'Administration. »

3896. Seine, 11 avril 1874. — Jugement : « La taxe créée par la loi de 1872 n'est pas un droit d'enregistrement, mais une taxe sur le revenu analogue aux impôts directs. » (V. Contributions directes et indirectes.)

4844. Arrêt, 12 décembre 1877. Crédit agricole. — L'Administration : « Bien que la taxe ainsi établie à titre d'impôt sur le revenu des valeurs mobilières doive être recouvrée par les agents de l'enregistrement, elle n'en constitue pas moins, par sa nature, un impôt direct ayant son caractère propre et ses principes particuliers. — A la différence des droits de timbre et de transmission dont l'exigibilité est subordonnée, par les lois des 5 juin 1850 et 23 juin 1857, à l'existence de titres négociables, la taxe de 3 pour 100 atteint diverses valeurs mobilières qui ne sont représentées par aucuns titres spéciaux, susceptibles de circulation et de négociation. C'est ce qui résulte notamment des dispositions qui désignent formellement, non seulement les actions dans les sociétés et les obligations des départements, communes, sociétés par actions, etc., mais encore les parts d'intérêt et commandites dans les sociétés ordinaires, et les simples emprunts contractés, soit par les sociétés d'actionnaires, soit par les départements, communes et établissements publics..... Mais, cette décision rendue en matière de droits de timbre et de transmission, c'est-à-dire d'*impôts indirects*, ne saurait être utilement invoquée dans l'espèce, parce que le débat a trait à l'exigibilité d'un impôt de nature différente. » (V. Contributions directes et indirectes, 4929. — V. Prescription.)

IMPRODUCTIVITÉ. — 4753. Rép. pér. Seine, 27 mai 1876. Thiébault. — Jugement : « Attendu que Thiébault oppose vainement que depuis la formation de la Société, non seulement il n'a réalisé aucun bénéfice, mais qu'il n'a pas même pu payer les intérêts des apports formant les revenus soumis à la taxe ; qu'en effet la loi de 1872 ne contient aucune exception, ni exemption (l'exemption est dans le *principe même* de la loi, puisqu'il n'a en vue que le revenu !) pour le cas d'improductivité des Sociétés et que, voulant imposer leur revenu sans déclaration ni investigation, elle a, à défaut de documents sur l'authenticité et l'exactitude desquels aucun doute ne pourrait s'élever, fixé à forfait le revenu à 5 pour 100 de la commandite. »

Seine, 6 juillet 1877. — *Zélatrices de l'Eucharistie.*

Observations. — (V. ci-après le jugement.) La Société objectait qu'elle ne devait pas l'impôt sur le revenu par le double motif qu'elle avait la forme d'une Société civile, et que ses membres ne devaient toucher aucun profit. L'Administration combat ce dernier motif en ces termes :

« La Société des Dames de la rue de Douai oppose qu'elle n'a pas été constituée en vue de réaliser des bénéfices et que, dès lors, l'élément imposable fait défaut, comme dans les Sociétés dont les opérations n'ont pas été heureuses. »

Cette argumentation, fondée en principe (fondée en principe !... retenons cet aveu) (V. la précédente affaire), est sans application possible dans l'affaire actuelle. S'il est exact, en effet, que, pour les Sociétés dont les produits sont fixés dans les assemblées générales d'actionnaires, l'improductivité *justifiée* constitue une cause d'exemption, il n'en est pas de même de celles dont les résultats financiers ne sont pas constatés dans cette forme et avec cette authenticité. Ces dernières rentrent dans le cas prévu par le paragraphe 3 de l'article 1er, qui établit une sorte de *forfait* entre le Trésor et les Sociétés assujetties (C'est faux : il n'y a ni forfait légal, ni conventionnel. Voir n° 16, Évaluation à 5 %, § 2, n° 4, forfait et A, B, C, p. 97 à 106), en fixant, au moyen d'une présomption légale (C'est inexact, les présomptions *légales* font l'objet de dispositions *légales,* et ici la loi n'a pas écrit de présomptions. V. art. 12 et 13 de la loi du 22 frimaire an VII, et art. 9 de la loi du 28 février 1872, qui édictent des présomptions légales. — V. sous le n° 16, après la 4e hypothèse, Présomption légale de distribution de revenu, p. 101), le revenu annuel à 5 pour 100 du capital social. L'absence des bénéfices n'est plus alors susceptible d'être opposée au Trésor. La taxe est due sur une base invariable, tant que dure la Société (Même si elle est ruinée ? — V. la 4e hypothèse), soit que ses affaires prospèrent, soit qu'elles périclitent. (V. sous le n° 16 précité le rapport de M. Casimir Perier et le discours de M. Magne, qui protestent contre cette théorie.)

Après avoir rappelé les termes du jugement du 31 janvier 1874 (V.

cinq *pour cent*. 3809 ci-dessus) et ceux du jugement du 27 mai 1876 ci-dessus rapporté (Aff[re] Thiébault), l'Administration continue :

« La Société des *Dames de la rue de Douai*, ne prenant pas de délibérations sur l'importance de ses produits, tombe, de toute évidence (mais où est l'évidence ?), sous l'application des décisions qui précèdent: Elle est tenue d'acquitter l'impôt sur le revenu à 5 pour 100 de son capital, indépendamment de la bonne ou de la mauvaise fortune de l'association.

« L'exemption, dont la Société prétend trouver la cause dans le but de son institution, n'est pas mieux *justifiée*. (Et le forfait, l'est-il? Et la Société Libert, qui voulait, v. Documents analogues, 5553 et n° 16, Évaluation à 5 %, § 2, v. Forfait, p. 98, comme la Société Thiébault, *justifier* que son capital était en perte... Avez-vous admis ses justifications? Non.) Les termes de la loi n'autorisent aucune distinction entre les Sociétés industrielles, par exemple, et les Sociétés civiles ou *autres* qui n'ont pas pour *principal objet la réalisation des bénéfices*. (Mais alors vous voulez, malgré MM. Thiers, Casimir Perier, Magne, etc., frapper le capital? (V. au sujet de la réalisation des bénéfices la contradiction de l'Administration signalée, aux mots : *Bénéfices réalisés*, 5560.) Ils soumettent uniformément les unes et les autres à l'impôt du *revenu*. (Du revenu? Mais puisque vous reconnaissez qu'elles n'ont pas pour objet la réalisation des bénéfices ou des revenus, comment pouvez-vous leur appliquer l'impôt sur le revenu?) Un grand nombre d'établissements scolaires, hospitaliers, de bienfaisance ou de charité, à la formation desquels *aucune pensée de spéculation n'a présidé*, supportent, d'ailleurs, *chaque jour*, la taxe de 3 pour 100, suivant l'importance de leur capital. » (Comment! vous osez l'avouer? Et parce que des gens ignorants et épeurés se sont rendus, il faut que ceux qui ne tremblent pas se rendent aussi! Ces établissements ont été spoliés, et la taxe leur sera restituée! On vous opposera les termes du n° 5 de l'Instruction visant les établissements n'ayant pas le caractère de Sociétés, p. 49).

« L'Administration n'est pas fondée à rechercher si, en fait, des bénéfices ont été obtenus et distribués, et quel en a été le montant (Oui, mais elle est obligée à prouver que l'association est formée en *vue d'en réaliser*. Telle est la question fondamentale) ; par une juste réciprocité, ces Sociétés ne sont pas recevables à invoquer une absence de produits qui ne peut être *légalement établie*. » Mais vous ne voulez pas que l'on vous justifie cette absence ! Thiébault, Libert et toutes les Sociétés que vous avez battues par le forfait, ont offert des justifications *légales*, et vous avez dit aux tribunaux : Refusez..., et les tribunaux ont refusé! Comment! vous reconnaissez qu'elles ont un *moyen* légal de se défendre, et quand elles vous l'opposent, vous leur dites : Je n'en veux pas! On voit bien que vous tenez à soigner mieux votre style que vos raisonnements.

Et qui faites-vous pâtir en colorant et en arrondissant vos phrases creuses?

L'instruction et la charité!

Voici le jugement très remarquable du 6 juillet 1877, et comparez :

« Attendu que la loi de 1872 a établi la taxe sur les intérêts, produits et bénéfices annuels des parts d'intérêts dans les sociétés quelconques commerciales ou civiles ; qu'en conséquence, et à raison de la généralité des termes de la loi, les membres d'aucune société ne peuvent se fonder, en principe, sur son objet ou sa nature, pour se soustraire à la perception de ladite taxe ; mais attendu que, si tous ceux qui sont intéressés dans une société quelconque sont assujettis à ladite taxe, ils ne la doivent qu'à la condition de toucher un intérêt ou *bénéfice de leurs parts d'intérêts*, au moment où ils le touchent et dans la proportion exacte dudit bénéfice ; que, dès lors, si à raison de la constitution même de la société et des engagements pris par chacun de ceux qui adhèrent à des statuts, *il ne doit jamais indirectement* ou *directement* être *fait de distribution d'intérêts ou de dividendes* et que le *titre d'associé ne donne droit*, *pendant toute la durée de la société*, *à aucun prélèvement sur l'actif social*, le *fait générateur de la taxe* ne *peut se produire*, *et*, *par suite*, *la taxe ne peut être perçue* ; que la régie objecte vainement que la loi, au point de vue de l'exigibilité de l'impôt sur le revenu, a divisé les sociétés en deux catégories, celles dont le capital est en actions et qui ont un conseil d'Administration, et celles qui ne présentent ni l'une ni l'autre de ces conditions ; qu'elle a assis la taxe, pour les premières, sur le revenu *réel et déclaré*, et, pour les secondes, sur le revenu *présumé* d'après l'importance du capital ; et que, pour ces dernières, aucune preuve n'est admise, soit de la part de la régie, soit de la part des redevables contre les présomptions de la loi ; mais attendu que *cette présomption ne saurait être étendue au delà de ses limites naturelles ;* qu'édictée pour déterminer, par une sorte de *forfait* et sans déclaration ni investigation, le revenu acquis et distribué par les sociétés qui n'ont pas de conseil d'administration, elle peut bien atteindre celles de ces sociétés qui, *créées pour donner des produits aux associés*, sont, en fait, improductives à tel ou tel moment de leur existence (Sur ce point seul nous ne sommes pas d'accord avec le tribunal. Voir dans l'ouvrage, n° 16, Evaluation à 5 pour 100, paragraphe 2, Principes de la loi de 1872, 3e et 4e hypothèses, et discours de M. Magne et rapport de M. Casimir Perier, p. 90 à 106) ; mais qu'elle est sans application à celles dont, par LA LOI MÊME DE LEURS INSTITUTIONS le **revenu** *tout entier accroît chaque année un capital* ; qu'on ne pourrait, *sans abuser des termes de la loi, et sans dénaturer son esprit*, admettre qu'elle ait, par une *présomption* juris et de jure, *supposé le fait de distribution régulière des revenus là où il ne peut y en avoir aucune* et qu'elle ait, dans ce cas, basé la perception de l'impôt sur une FICTION *contraire* à *la réalité la plus évidente et la plus certaine* ; qu'ainsi, se trouvent nécessairement placées en *dehors des deux catégories de sociétés indiquées par la régie*, celles à qui la distribution de leurs produits est *interdite* par leurs statuts ; telle est la condition de la société civile des sœurs Zélatrices de la Sainte-Eucharistie ; qu'à cet égard, les statuts de la société sont formels et portent que tous les profits réalisés par elle doivent être employés soit à l'entretien des maisons d'éducation qu'elle possède déjà, soit à la fondation de maisons nouvelles, sans qu'aucun des associés en puisse rien recevoir pendant la durée de la société; que, sans doute, la société loge, nourrit et entretien chacun de ses membres; mais que ce mode de consommation d'une faible partie des produits ne saurait être assimilé à une répartition des bénéfices sociaux; qu'il n'est, pour les associés, que la compensation et le salaire de leur travail, et, pour la société, qu'une part de ses frais généraux; qu'il n'est pas plus assujetti à la taxe de 3 pour 100 que ne l'est le traitement du gérant dans les sociétés anonymes, et qu'il serait aussi contraire au principe même de la loi qu'à l'équité d'autoriser, à raison de cette obligation accomplie par la société, la perception de ladite taxe sur le 5 pour 100 de son capital. »

Observations. — A part le maintien « d'une sorte de forfait » sur le 5 pour 100 du capital de sociétés qui, créées pour donner des produits aux associés, sont, *en fait*, *improductives* à tel ou tel moment de leur existence, qui est sujet à de justes critiques, nous trouvons dans ce jugement des considérations de droit civil et de droit fiscal que rien ne saurait ébranler, tant elles résument parfaitement la pensée du législateur de 1872.

La taxe n'est due que sous la condition que, de par les statuts, les associés toucheront *un intérêt* de leurs *parts d'intérêts ou apports.* Donc, la taxe n'atteint que les sociétés formées en vue de réaliser des bénéfices ou d'en faire la distribution. C'est bien là l'esprit et la lettre de la loi. Dans tout autre cas, le fait générateur de la taxe ne peut se produire. La base imposable fait défaut. (V. Fruit générateur, 4870.)

C'est « abuser des termes de la loi » et en « dénaturer son esprit » que « d'admettre » qu'elle ait présumé *légalement* une distribution de revenu pour le cas où les conventions sociales qui font la loi des parties, et que le législateur et l'Administration doivent respecter, prohibent toute distribution. C'est mettre l'arbitraire au-dessus de ces conventions.

Nous sommes heureux de pouvoir dire ici que Garnier, après avoir déclaré que là où « il n'y a pas de *produits*, *il n'y a pas d'impôt* » (V. Actions, 4179, Bénéfices réalisés, 5560, et ci-après 4753), après avoir désapprouvé la décision du tribunal d'Alger, a approuvé celle du tribunal de la Seine, et vaillamment défendu son opinion jusqu'au bout, ainsi qu'on va le voir au sujet de l'arrêt suivant,

5122. Arrêt, 18 novembre 1878. Outrebon et Detouche. — M. Dareste : « Il y a là une sorte de *forfait*; peu importe, dès lors, que la société prospère ou non. — Quand la loi de 1872 prend, pour base de l'impôt, le capital social, il est bien évident qu'elle s'attache uniquement au capital tel qu'il est fixé par l'acte de société. Son but a été précisément d'éviter toute difficulté et de faire un règlement à forfait. S'il en était autrement, les difficultés d'exécution seraient inextricables. La détermination de la somme à percevoir devrait être précédée d'un compte de gestion, et presque toujours de vérifications et d'expertises. Ce n'est pas dans cette voie que le législateur a voulu entrer. »

Observation. — Nous ne prétendons pas que la perception sur le 5 pour 100 soit réglée contradictoirement. Nous prétendons, seulement, qu'une fois cette perception faite, il y a lieu à restitution si l'on *justifie* que le revenu réel est inférieur au 5 pour 100 ou que le capital est en perte (p. 101).

Arrêt : « Attendu qu'en fixant le revenu des sociétés à 5 pour 100 du capital social, la disposition dont il s'agit a entendu s'attacher au capital tel qu'il est déterminé par l'acte de société, sans avoir aucun égard à la plus-value où à la dépréciation ultérieure de ce capital. »

Garnier : « Mais il est plus délicat à notre avis de décider si cette taxe est due dans les cas mêmes où les parties peuvent établir que la société a été *improductive.* »

Les observations ci-après faites par Garnier, sur le jugement du tribunal de la Seine, que nous venons de rapporter, s'appliquent parfaitement à l'arrêt précité.

« Ne pourrait-on pas soutenir que la présomption admise par la loi de 1872 n'a pas l'étendue qu'on lui prête ? Cette loi, en effet, a commencé par poser un *principe* qui constitue l'économie tout entière de la réforme, à savoir que l'impôt est dû sur les produits des actions et parts d'intérêts. D'où la conséquence que, *s'il n'y a pas de produits, il n'y a pas d'impôt.* Puis, se plaçant dans l'hypothèse où le montant des produits réalisés n'est *pas connu* et ne *peut l'être*, la loi a ajouté que, dans ce cas, ils seront représentés par le revenu à 5 pour 100 du capital social. Mais cette présomption n'est faite que pour *l'hypothèse où l'existence des produits n'est* PAS CONTESTÉE, et où il y a seulement incertitude sur leur *quantum.* Décider que, dans l'article 2, le législateur a entendu atteindre les sociétés *improductives* au moyen de la perception établie sur les *bénéfices*, n'est-ce pas reconnaître qu'il s'est mis en opposition avec le *principe même* de l'impôt qui est le *prélèvement* d'une taxe sur le revenu *touché* par les actionnaires ? » Parfait. (V. Documents analogues, 5553 et Bénéfices réalisés, 5560, où cet auteur arrive à ces mêmes conclusions.)

Voilà l'Administration, le Rapporteur et l'arrêt bien et dûment condamnés.

5559. Amiens, 3 juin 1880. Communauté de Saint-Acheul. Jugement : « Attendu que la loi du 29 juin 1872 est générale et absolue ; qu'elle s'applique à toutes les sociétés commerciales ou civiles quelles qu'elles soient, sans aucune exception, et sans distinguer entre celles dont les capitaux sont mobiliers ou immobiliers ; que la jurisprudence l'a ainsi interprétée; que la loi du 1er décembre 1875 a confirmé cette interprétation, en dispensant de l'impôt les sociétés en nom collectif et les sociétés de coopération ; qu'elle a ainsi très nettement établi que la loi de 1872 avait véritablement frappé toutes les sociétés sans exception, même celles qu'elle exemptait, malgré la faveur que leur avait témoignée l'exposé des motifs de la loi de 1872, puisqu'il avait fallu un acte formel du législateur pour les soustraire à l'impôt du revenu; ..... que les deux fermes et les bâtiments mis en commun donnent certainement des produits ; que si ces produits sont volontairement et gratuitement abandonnés par les sociétaires, il n'en résulte pas moins que ceux-ci doivent supporter toutes les charges des revenus qui leur appartiennent; attendu que les revenus de la société Saint-Acheul sont, du reste, soumis, en vertu du paragraphe 3 de l'article 2 de la loi de 1872, à un impôt fixe qui est un *forfait* déterminé par la loi pour les sociétés dépourvues de Conseils d'administration, et qui doit être payé *lors même qu'accidentellement une ou plusieurs années seraient improductives.* »

Ce jugement est fort mal motivé. Il ne tient pas debout devant les puissants motifs donnés par Garnier sur les articles 4753 et 5560 (Zélatrices de l'Eucharistie et Trappe de Staouëli).

(V. Bénéfices réalisés, 5560. V. Capital en perte, 4959 et 5701.)

Justifications, voir Wilson.

INTERPRÉTATION. — 3866. Rép. pér. Lille, 27 juin 1874. — Jugement : « Que les contraventions à la loi ne se présument pas, et que les peines édictées sont essentiellement de droit étroit. »

3896. Seine, 11 avril 1874. — Jugement : « Que dans le silence de la loi, il n'appartient pas aux juges de créer, par voie d'interprétation, des exceptions et des exemptions d'impôt. »

4021. Arrêt, 23 août 1875. Sociétés en nom collectif. — Le Rapporteur : « La loi est claire, il n'y a pas lieu de l'interpréter. Le juge ne peut se refuser à l'appliquer telle qu'elle est, sous prétexte qu'il n'en saisit pas les motifs. La Cour de cassation a constamment fait respecter ces principes, en matière fiscale comme en matière civile. (Arrêt de la chambre criminelle du 24 février 1809 et de la chambre civile du 1er février 1830.) Et l'observation n'en saurait être nulle part plus nécessaire que dans l'application des nouvelles lois fiscales. On sait que la plupart de ces lois, discutées en toute hâte, sous la pression de besoins urgents, ont donné lieu à des travaux préparatoires qui ne sont pas d'une grande précision juridique. Ce serait compromettre la loi que d'en subordonner l'application à des explications de tribune souven confuses et insuffisamment méditées. C'est dans un but facile de perception que la loi a voulu l'avance par la société. »

Interprétation, voir page 105.

PARIS, sénateur.—**Dissimulation, preuves de droit commun, l'Administration de l'enregistrement.**— (*Journal officiel*, 25 décembre 1880, p. 12847, 1re col.) M. Paris s'élève avec force contre l'introduction dans la loi de l'article 13 de la loi du 23 août 1871 relatif aux *dissimulations* pouvant être établies « par tous les genres de preuves admises par le droit commun. »

« Voulez vous savoir, messieurs, en quels termes fort justes M. Mathieu Bodet, devenu Ministre des Finances, apprécie quelques années après l'essai qui avait été fait de cet article 13.

« Je lis dans l'exposé des motifs de la loi des finances du 11 janvier 1875 :

Mesures de répression.— « L'Administration a immédiatement mis en pratique les mesures répressives votée par la Chambre, mais ses efforts sont restés infructueux. En effet, le moyen de répression le plus efficace du système consiste dans la preuve testimoniale. Or, l'Administration est mal placée pour recourir à ce procédé exceptionnel en matière d'impôt; l'enquête exige, de la part des agents, des investigations extérieures qu'ils n'ont ni le temps ni les facilités de poursuivre. Elle nécessite une procédure aussi compliquée qu'onéreuse, toujours redoutable par suite de ses fâcheux retentissements, toujours incertaine par la difficulté de trouver des témoins et par la fragilité de leur témoignage. L'expérience des trois dernières années a fait reconnaître que l'emploi de l'enquête rencontrait de telles difficultés qu'il était à peu près impossible d'y recourir utilement. » On ne saurait mieux dire.

Observation.—Si, l'on saurait mieux dire: c'est parce que ce *vil métier répugne à tous les agents de l'Administration de l'enregistrement*, de cette grande, noble et savante Administration qui instruit nos avocats et nos juges, qui fait la leçon aux législateurs en herbe et qui, quoiqu'elle ait du courage, n'aura jamais la force de faire passer les congrégations religieuses, au moyen des déclarations justifiées et des preuves de droit commun, sous les fourches caudines d'un *despotisme naissant*. (V. Brisson, Haute administration.)

« De même, dit M. Paris, il importe que l'Enregistrement, qui a toujours eu l'honneur d'être placé par l'opinion au premier rang de l'Administration (sauf pour les appointements !), depuis les chefs qui sont au sommet de la hiérarchie, jusqu'aux plus modestes employés (Très bien ! très bien ! à droite) ait le souci des intérêts de l'État, intimement liés à ceux de la société française, le souci de sa propre dignité, et que jamais, pour conserver le caractère traditionnel, les agents ne se montrent tracassiers. Aussi est-ce à la preuve écrite, aux actes énoncés (contrôle ordinaire), aux décisions judiciaires qui leur sont opposables, que les receveurs ont recours. De telle sorte que l'Enregistrement ne fait guère de procès qu'armé de toutes les vraisemblances de bon droit ou pour faire déterminer judiciairement le sens douteux d'un texte de loi. »

« Eh bien! Messieurs, si vous adoptiez la proposition de la Commission, vous porteriez une perturbation profonde dans l'économie de la législation fiscale, dans les habitudes de l'enregistrement. Vous courriez le risque de faire déchoir une Administration si justement considérée du rang qu'elle occupe, vous la priveriez des avantages qui font sa force morale et son honneur, vous l'abaisseriez au rang d'un plaideur ordinaire... Si, de la procédure, je passe au nouveau mode de preuves, quelles conséquences autrement funestes il est permis d'entrevoir! Désormais les fonctionnaires de l'Enregistrement auront à prêter l'oreille à ces hommes lâches et pervers que nous voyons aujourd'hui sortir de l'ombre comme ils apparaissaient jadis au grand jour dans les temps troublés de la décadence romaine : à cette décadence méprisable des délateurs! »

Observation. — Nous en donnerons des preuves.

« Vous jugerez comme moi, Messieurs, que le rôle que le projet de loi (ajoutons : et que l'instruction du Ministre des Finances) veut attribuer au fisc sera vraiment odieux; que l'administrateur de l'Enregistrement, au lieu d'être entouré, comme il l'est aujourd'hui, de la considération publique, réveillerait les odieux souvenirs de la gabelle! » (A rapprocher de la partie du discours de M. Wilson relative au but de la déclaration.)

Observation. — M. Paris, M. Chesnelong, il y a aujourd'hui une chose contre laquelle ne prévaudront ni l'éloquence, ni la dignité, ni la liberté : C'est le droit du plus fort qui est le droit du plus lâche et du plus astucieux.

PART, PART D'INTÉRÊT. — Voir p. 53. — Voir Actions, 4179. — Voir Code civil, 4559.

PATRIMOINE SOCIAL. — P. 34, 107, 109, 130. — Voir Wilson, But de la déclaration.

PÉNALITÉS. — N° 24, p. 144. — Voir Paris. Mesures de répression.

PERIER (Casimir). — Rapport de 1871, p. 104.

PETITES SŒURS DES PAUVRES. — P. 37.

PRESCRIPTION. — 5050. Grasse, 18 février 1878. Le Crédit. — Jugement : « Attendu que la loi du 29 juin 1872, article 5, en disposant que le recouvrement de la taxe serait suivi et que les instances seraient instruites et jugées comme en matière d'enregistrement, a entendu simplement déterminer l'administration à laquelle serait confiée la perception de l'impôt et de régler une *question de procédure;* mais qu'elle n'a édicté aucune prescription spéciale et que, dans son silence, l'action de la régie reste, pour sa durée, soumise aux règles du droit commun, qu'il doit en être d'autant mieux ainsi, que la taxe dont il s'agit ne participe, en aucune manière, de la nature du droit d'enregistrement, et qu'on ne saurait notamment concevoir l'application à

de loi, que des *biens appartiennent à des congrégations non reconnues*, parce que ces congrégations *non reconnues ne peuvent avoir de biens*, et vous ne pouvez pas, tout en réservant la nullité de ces congrégations, leur constituer, en apparence du moins, un patrimoine qui, sur les registres de l'Administration, figurera au nom des congrégations non reconnues. »

« Vous entamez ainsi, que vous le vouliez ou non, le principe de notre droit public et, en même temps, il me semble que vous ne réservez pas suffisamment les droits individuels qui, malgré la nullité de toutes ces sociétés qu'à dénoncées l'honorable M. Brisson, subsistent et s'opposeraient, en cas de dissolution, à une main mise de l'Etat. J'ai donc repris le texte proposé et je l'ai redigé, je crois, de manière à le mettre d'accord avec les principes du droit public et avec les principes du droit civil, avec les droits individuels de propriété qu'il est nécessaire de respecter. Le Gouvernement à qui, je le répète, j'ai eu l'honneur de soumettre cette rédaction, a bien voulu l'accepter, et si la Chambre me le permet, je vais lui en donner lecture. « L'impôt établi par la loi du 29 juin 1872 sur les produits sera payé par toutes les communautés, congrégations religieuses reconnues, et par les *sociétés ou associations* même *de fait*, existant entre les membres de ces congrégations reconnues ou non reconnues, ou quelques-uns d'entr'eux, quels que soient la dénomination, la forme et l'objet de ces congrégations, sociétés ou associations, sur un revenu annuel... Le reste comme dans le texte de l'article.

« La Chambre voit, sans que j'aie besoin d'insister, quel est le changement de rédaction. Il consiste à ne pas dire que *des biens peuvent appartenir à une congrégation non reconnue*. Il saisit les biens des sociétés reconnues, parce qu'elles ont le droit de posséder ; quant aux congrégations *non reconnues*, il ne les vise pas *directement* ; il ne vise que les sociétés qui existent de fait, valables ou non, soit au sein des congrégations, soit à côté d'elles...

« UN MEMBRE DE LA GAUCHE. — Eh bien, on n'applaudit pas à droite.

« M. GASLONDE. — Il s'agit d'une loi fiscale. Il n'y a pas là de politique.

« M. RIBOT. — Je le reconnais, Messieurs, c'est toujours chose délicate que de faire intervenir à la fin d'une discussion un amendement qu'il est d'ailleurs difficile de saisir dans ses nuances. Ce sont là des questions que les jurisconsultes doivent examiner de très près. — Je fais ressortir la différence entre le texte que je propose et celui de la Commission. Je ne vise que les congrégations reconnues qui sont capables de droit, qui peuvent avoir un patrimoine ; quant à celles qui ne sont pas reconnues, je ne veux pas qu'on dise dans la loi qu'elles ont un patrimoine ; je ne veux pas que les dispositions de la loi aient l'air de leur constituer un patrimoine, sauf à porter un jour la main de l'Etat sur ce patrimoine. Mais, je saisis toute société de fait, valable ou nulle, je ne tranche pas la question, formée entre tous les membres d'une congrégation reconnue ou non reconnue, ou entre quelques membres seulement de ces congrégations »

(*Journal Officiel*, 12 décembre 1880, page 12233, 2e colonne.) — En réponse à une juste observation de M. le baron Reille, M. Ribot dit : « J'ai eu la pensée de rattacher intimement le deuxième paragraphe au premier, et, par conséquent, d'y reproduire les termes mêmes dont je m'étais servi dans le paragraphe 1er. J'ai donc visé les congrégations et aussi l'association. M. Reille dit que le mot « Société » ne se retrouve pas dans le 2e paragraphe. Il est vrai que si l'on voulait faire un calque exact, il faudrait dire « congrégations, sociétés ou associations. » Je pense que personne ne s'y méprendra et que le mot « associations » est un terme générique, comprenant les sociétés civiles, auxquelles M. le baron Reille faisait allusion, sociétés qui se distinguent des congrégations. Je crois donc que M. le baron Reille a satisfaction. »

Observation. — Il n'est pas facile de comprendre l'amendement de M. Ribot. Nous avons dit sous le paragraphe 2 du n° 1, But de la loi, que le mot *association* inscrit au 2e paragraphe équivaut au mot *société* inscrit dans le premier.

M. ROGER-MARVAISE, Sénateur, rapporteur. — **La loi de 1872 et le cas d'interdiction de distribution.** (*J. off.*, 24 décembre 1880, p. 12775, 3e col. et pages suivantes.) — Il reconnaît que la loi de 1872 « n'était pas applicable aux cas qui doivent tomber sous l'application de l'article 3, et c'est parce que la loi de 1872 n'était pas assez large, ne comprenait pas certains cas, laissait une lacune dans notre législation, que nous avons cru devoir adopter cet article, non pas comme une application pure et simple de la loi de 1872, mais uniquement comme le développement des principes qui auraient été déposés dans cette loi. »

Observations. — Oui, c'est vrai, la loi de 1872 n'a pas prévu ce cas. Nous ajoutons qu'elle ne pouvait pas le prévoir, puisqu'elle ne s'attachait exclusivement qu'aux sociétés qui doivent nécessairement distribuer des revenus.

Nous nous emparons de cet aveu et nous disons : Pourquoi donc alors l'Administration a-t-elle invoqué les dispositions de la loi de 1872, pour poursuivre les Zélatrices de l'Eucharistie qui ne doivent jamais distribuer? Pourquoi dit-elle que, d'après cette loi, on doit poursuivre indistinctement toutes les sociétés civiles qu'elles produisent ou non des revenus ? (V. ses Prétentions et ses Contradictions, et les Vrais Principes, exposés par Garnier, aux mots *Bénéfices réalisés.*)

« ..... Quand la loi se sert de l'expression « civile », de l'expression « entreprise quelconque », est-il possible de soutenir que les congrégations ne tombent pas sous l'application de cette loi de 1872 ? Non, ce n'est pas possible, à mon sens, parce que les congrégations constituent des associations civiles, et par cela même elles tombent sous l'application de la loi de 1872. »

Observation. — Oui, cela est vrai, mais ce n'est vrai que pour celles qui doivent distribuer ou tout au moins réaliser des bénéfices.

« Voilà pourquoi, dans l'article 3, votre Commission vous propose d'étendre le texte de la loi de 1872 et de comprendre parmi les associations qui peuvent être l'objet d'une réclamation, lorqu'il s'agit de l'impôt de 3 pour 100, ces sociétés, celles mêmes où les *associés ne sont pas appelés à prendre leur part dans les bénéfices faits par l'association.* Voilà, Messieurs, tout ce qui est dans l'article 3. »

Il résulte du discours de M. Roger-Marvaise un grand enseignement qu'il ne faut pas perdre de vue, à savoir que la taxe n'est due que par les associations qui ont pour *objet de réaliser des bénéfices.*

C'est ce que nous soutenons dans tout le cours de l'ouvrage.

« ..... Nous prétendons que *toutes les fois qu'il y a un bénéfice fait par l'association*, que ce bénéfice soit réparti entre les associés ou qu'il soit retenu par l'association, afin d'assurer sa puissance et le développement de sa richesse, le principe de l'impôt doit recevoir son application, et la taxe de 3 pour 100 sur le revenu doit être perçue. » Voilà tout le secret de l'article 3 voté par la Commission.

Observation. — Ce n'est point là le principe de l'impôt. Le vrai principe de l'impôt repose sur deux présomptions de distribution : la première, celle que l'on rencontre dans l'intérêt qu'ont les sociétés par actions de publier le chiffre de leur distribution ; la seconde, celle que l'on rencontre dans la nature du contrat lui-même d'une société non formée par action. Quand le contrat a pour objet de réaliser des bénéfices, il renferme l'obligation d'une distribution. C'est donc, d'un côté, cette publicité ; d'un autre côté, cette obligation, qui sont la base fondamentale de la loi de 1872. On doit en conclure, en se plaçant sur le terrain de la loi nouvelle que, chaque fois qu'il sera démontré qu'une congrégation qui, d'après les statuts, ne doit pas distribuer de revenus, ce sera à l'Administration à faire la preuve qu'elle en a *réalisés*, puisque M. Roger-Marvaise, s'attachant peu au fait de distribution ou de non distribution, vise le *revenu réalisé* venant accroître la richesse et la puissance de la congrégation.

Alors donc, nous verrons comment l'Administration fera cette preuve.

WILSON, Député. — **Clause de non distribution de bénéfices.** — (*J. Off.*, 28 décembre 1880, p. 12985, 3e col.) « Pourquoi avons-nous été obligés de demander à la Chambre une modification à la loi de 1872 sur l'impôt de 3 pour 100 sur le revenu? Parce que nous ne pouvions pas percevoir cet impôt dans un cas déterminé: c'est lorsque la société, et la plupart des sociétés religieuses sont dans ce cas, a inséré dans ses statuts cette clause que les bénéfices de ses produits ne sont jamais distribués en tout ou en partie contre ses membres.

« ..... L'honorable M. Brisson a manifesté ses préoccupations notamment au sujet des sociétés de secours mutuels, scientifiques, etc. Eh bien, Messieurs, il suffit de répondre que toutes ces sociétés et toutes autres de même nature ne peuvent tomber sous l'application de la loi nouvelle pour une raison bien simple, c'est que la loi *est uniquement faite pour les associations renfermant une clause de prohibition de jamais distribuer des bénéfices entre leurs membres*, et que les sociétés dont on se préoccupe très justement ne renferment pas une stipulation semblable qui est contraire à leur *essence*, à leur *but* et à leur *organisation*. Ces sociétés restent sous l'empire de la loi du 29 juin 1872.

« ..... Je le répète, la loi, telle qu'elle est rédigée par le Sénat, atteint exclusivement les associations constituées en vue de la mainmorte, et qui contiennent à cet effet des clauses *statutaires* ayant pour objet de prohiber la distribution des produits. »

Réserves. (*Journal Officiel*, 24 décembre 1880, p. 12784, 3e col.) — « En principe, la loi de 1872 frappe tous les revenus, tous les bénéfices des sociétés. Cependant quand ces sociétés mettent à la réserve certains bénéfices, l'impôt n'est pas perçu. Pourquoi? parce que la mise en réserve n'est pas une distribution effective, et que dans l'esprit de la loi de 1872, c'est le fait de la distribution qui justifie la perception de l'impôt. Mais si ces bénéfices, ainsi réservés échappent actuellement au droit, ils deviennent soumis, dès que sous une forme ou sous une autre, ils font l'objet de la distribution qui est le but essentiel de l'entreprise. Pourquoi nous proposons-nous aujourd'hui d'atteindre ces mêmes bénéfices? C'est parce que nous nous mettons en présence de sociétés ou d'associations dans lesquelles la distribution est à jamais interdite par les statuts. Ces sociétés arrivent ainsi par la clause qui prohibe la distribution en sa forme habituelle à éluder en réalité, d'une manière indéfinie, la perception de l'impôt. Alors le trésor reprend ses droits. » (*Approbation à gauche*).

Observation. — Nous avons fait remarquer plusieurs fois que la gauche approuve ou applaudit chaque fois qu'un partisan de la loi commet une erreur de fait ou de droit. Dans sa réserve de quinze millions, la banque parisienne comprend son hôtel de la rue Chauchat pour deux millions au moins. Voilà deux millions indistribuables pendant l'existence sociale et qui ne seront distribués ou partagés qu'après sa dissolution, soit dans cent ans. Est-ce que, de ce chef, il n'y a pas assimilation parfaite entre cette charge et l'association dont parle M. Wilson? C'est l'évidence même. Donc, les paroles de M. Wilson, la gauche, qui l'a approuvé, et la loi consacrent une inégalité monstrueuse en frappant cette association dans ses produits immobiliers indéfiniment réservés. (V. Réserves et p. 66. — V. Freppel, Réserves).

Improductivité, justifications. — (*Journal Officiel*, 25 décembre 1880, p. 12838, 3e col.) « J'ai eu l'honneur de dire au Sénat, hier, que dans la réduction *primitive* adoptée par la Chambre des Députés, pour *déterminer le revenu imposable*, pour *fixer les produits* susceptibles d'être imposés, on évalue à 5 pour 100 le revenu, et c'est sur cette évaluation de 5 pour 100 que l'impôt de 3 pour 100 est perçu.

« Qu'en devait-il résulter? C'est que toutes les sociétés, *lors même qu'il n'y avait pas de bénéfice*, se trouvaient frappées. Alors nous avons dit, hier, l'honorable rapporteur M. Roger-Marvaise et moi, que l'une des modifications les plus importantes introduites dans le projet de loi avait été de mettre l'article 3 qui nous occupe en harmonie sur ce point avec la loi de 1872, en l'adaptant à la situation particulière des sociétés ou associations que le projet de loi a en vue. Or, qu'a voulu la loi de 1872? Établir l'impôt sur les *bénéfices et les produits*. Le législateur de cette époque a donc décidé que ces bénéfices seront établis par une délibération, et que c'est seulement à défaut d'une délibération de ce Conseil d'administration qu'on prendrait l'évaluation à 5 pour 100 du capital social, afin de baser l'impôt sur cette évaluation. Qu'en résulte-t-il?

C'est que quand une société *ne fera pas de bénéfice* et quand, en fin de compte, après avoir fait la balance de ses profits et pertes, après avoir mis d'une part ses produits, tels que la jurisprudence les définit, et d'autre part ses dettes, quand on donnera l'extrait régulier d'une délibération d'un Conseil d'administration établissant *qu'il n'y a pas de bénéfices, il n'y aura pas d'impôt.* Vous voyez que la disposition qui a été introduite par la Commission et que le Gouvernement a adoptée est une disposition fondamentale, une disposition qui modifie dans un sens extrêmement libéral la première rédaction. »

Observations. Sur la question de principe, c'est parfait; mais ce passage n'est pas très clair quant à l'application entière du principe. Il faut donc bien retenir ceci, c'est, qu'en cas d'improductivité, les sociétés ou associations qui doivent l'impôt sur les bénéfices distribués en vertu de délibérations, ou simplement sur le 5 pour 100 du capital, *n'auraient rien à payer*. M. Wilson dit bien que la pièce justificative de l'improductivité sera une délibération fournie à l'enregistrement, mais il ne dit pas comment la *justification d'improductivité* devra se faire, quand la société improductive sera une de celles qui ne prennent pas de délibérations. C'était là une importante question à résoudre. Nous la résolvons. (V. le mot *Justifications.* — V. la question d'*Improductivité* traitée, p. 92 à 101.) — V. l'extrait du discours de M. Freppel, Preuves d'un revenu inférieur au 5 %.)

But de la déclaration. — (*Journal officiel*, 28 décembre 1880, p. 12986, 1re colonne.) « Si, dit M. Wilson, cet article, tel qu'il a été voté au Sénat, est adopté par la Chambre, l'Administration *n'oubliera pas le but que vous vous proposiez d'atteindre, but qui était de continuer l'enquête sur la constatation de l'importance des biens de mainmorte.* » (Agneau au Sénat, Loup à la Chambre !) « Mais nous n'avons pas besoin de dispositions nouvelles pour obtenir ce *résultat.* Les moyens dont nous disposons aujourd'hui nous permettront, *au bout de peu de temps*, de donner à la Chambre et au pays les éléments d'informations qui lui sont nécessaires. Ils nous permettront de constater la *valeur du patrimoine* soumis à la mainmorte, d'en dégager le *revenu imposable* et d'assurer, par suite, l'application de la loi nouvelle. Je puis vous en donner l'assurance.... Les sociétés sont assujetties à des DÉCLARATIONS qui *devront renfermer la plupart des indications de la constitution* de leur PATRIMOINE et qui seront directement contrôlées par l'Administration à l'aide des procédés énergiques que vous connaissez.

Observations. — Le Ministère compte sur l'approbation du pays; nous, nous comptons sur la désapprobation des vrais républicains. Il dit qu'il veut atteindre le *revenu* et il se préoccupe de la *valeur!* La loi parle du revenu du CAPITAL SOCIAL, il vise le PATRIMOINE SOCIAL! Il veut user de *procédés énergiques*, et M. Mathieu-Bodet a dit, qu'en 1871, ces procédés n'avaient pas réussi! Nous le répétons, jamais les agents de l'Administration, ceux connus des notaires et du public, ne suivront le Ministère dans cette voie d'humiliations. (V. Paris et Administration de l'enregistrement.)

PARIS. — IMPRIMERIE P. MOUILLOT, 13, QUAI VOLTAIRE. — 8. 1936.

www.ingramcontent.com/pod-product-compliance
Ingram Content Group UK Ltd.
Pitfield, Milton Keynes, MK11 3LW, UK
UKHW020140220726
13923UKWH00001B/273